유럽사
속의
전쟁

WAR IN EUROPEAN HISTORY

유럽사 속의 전쟁

마이클 하워드 지음 **안두환** 옮김

현대의 고전 09

War in European History

글항아리

마크와 에릭에게

비교적 최근까지 전쟁 연구는 교훈적이고 규범적이었다. 과거의 전쟁들은 불변의 원칙이나 미래에 발생할 전쟁의 효과적인 수행에 지침이 될 만한 전개 과정을 도출할 목적으로 연구되었다. 폭력의 조직적 혹은 위협적 사용이 국가 간 관계의 운용에 있어 하나의 수단으로 존재하는 한 그와 같은 분석적 연구는 계속 필요할 것이다. 하지만 전쟁을 전쟁이 일어난 상황으로부터 추상화하고, 전쟁의 기술을 놀이의 기술처럼 연구한다면, 이는 전쟁 자체뿐만 아니라 전쟁을 치렀던 사회를 이해하는 데 반드시 필요한 측면도 간과하는 것이다. 교전의 규준을 도출하기 위해서가 아니라 과거에 대한 이해를 넓히기 위해 전쟁을 공부하는 역사가는 단순한 '전쟁사가'가 될 수 없다. 왜냐하면 인간사의 어떠한 분야도 크든 작든 그의 연구 주제와 연관되어 있지 않은 경우는 없기 때문이다. 그와 같은 역사가는, (한스 델브뤼크[1848~1929. 독일 역사가. 주요 저서로는 『정치사의 관점에서 본 전쟁사』가 있다]가 주장했듯이), 전쟁을 정치사의 관점에서만 공부할 것이 아니라 경제·사회·문화사의 관점에서도 연구해야만 한다. 전쟁은 인간 경험의 총체성의 한 부분으로 존재해왔으며, 따라서 이는 다른 부분과의 관계 속에서만 제대로 이해될 수 있다. 사람들이 무엇을 위해 싸웠는지를 얼마간이라도 설명하지 않고서는 어느 누구도 그들이 어떻게 전쟁을 치렀는지를 제대로 그려낼 수 없다.

이와 같은 철학을 전쟁사 연구를 위한 방법적 기초로 삼아 쓰인 책들은 이제 셀 수 없이 많으며, 내가 이 책에서 한 일은 그 책들을 읽으면서 느낀 생각을 매우 피상적으로 한데 모은 것에 지나지 않는다. 이 책 말미의 더 읽을거리에서 그 목록을 찾을 수 있다. 또한 중세에 대한 어처구니없이 잘못된 나의 생각들을 재치 있게 바로잡아준 동료 J. M. 윌리스해드릴 교수와 라이어널 버틀러 교수와의 토론에서 많은 도움을 받았다. 그리고 근대 사회에서 군의 지위에 관한 S. E. 파이너 교수의 통찰은 정말로 유용했다. 끝으로 나의 생각들을 1975년 봄 학기 '래드클리프 강좌'를 통해 시험해볼 수 있도록 자리를 마련해줬을 뿐만 아니라, 실제 보수까지 챙겨준 워릭대 총장님과 교수님들 그리고 학생들에게 감사드린다.

올 소울스All Souls 칼리지, 옥스퍼드

1975년 11월

마이클 하워드

이 책은 30여 년 전에 처음 출판되었다. 당시 '군사사military history'는 거의 한 세기 동안 전문 역사가들, 특히 영국의 역사가들이 만들어놓은 고립상태로부터 겨우 벗어나고 있었다. 그때까지만 해도 전쟁 연구는 주로 교훈의 도출, 즉 불변하는 '전쟁의 원칙들' 혹은 미래에 좀 더 효과적으로 전쟁을 치르기 위한 길잡이로서 일련의 전개 과정을 파악하는 데 관심을 둔 대중작가들과 군사 전문가들에 의해 이루어졌다. 전쟁 연구는 단지 두 영국 대학―옥스퍼드대와 더 근래에는 런던대―에서만 진지하게 받아들여졌으며, 안타깝게도 오늘날 여전히 대부분의 서점이 그러하듯, 서점에서는 '군사사'를 서가에서 눈에 띄지 않도록 일반 역사로부터 격리하여 진열했다.

　그럼에도 불구하고 두 차례 세계대전의 경험은 서서히 그와 같은 구분이 전문가나 일반사가들 모두에게 얼마나 비생산적인 것인지를 분명히 일깨워줬다. 특히 두 전쟁에 참전했던 역사가들의 경험은 말할 필요도 없다. 전문가들과 관련해볼 때, 전쟁의 수행을 전쟁이 치러진 사회·문화·정치·경제적 배경으로부터 분리하고 추상화하는 것은 전쟁을 이해하는 데 본질적인 측면을 간과하는 것이었다. 일반사가들과 관련해볼 때, 대부분의 사회가 끊임없이 휘말렸던 전쟁이 어떻게 해당 사회의 경제 및 정치 체제 그리고 종종 문화 전반을 바꾸어 놓았는지를 파악하지 않고서는 그 사회의 발전 경로를 이해할 수 없다.

내가 이 책을 집필하게 된 첫 번째 동기는, 그리고 이 책의 집필을 부탁한 옥스퍼드대 출판부의 첫 동기는 단순히 유럽에서 일어난 전쟁의 발전에 대한 간략한 소개서를 제공하는 것이었다. 하지만 당혹스럽게도 나는 곧 내가 유럽 사회 전체의 발전을 그려내는 훨씬 더 야심찬 일을 맡고 있다는 사실을 깨달았다. 운 좋게도 '전쟁과 사회'라는 주제는 런던과 옥스퍼드 그리고 미국에 있는 많은 동료의 관심을 사기 시작했다. 이들과의 대화를 통해 나는 이 책에서 그들이 자신의 것이라 쉽게 알아차릴 많은 생각을 끌어낼 수 있었다. 물론 끝맺는 말을 새로 쓰기는 했지만, 제대로 된 감사 인사를 받지 못한 이들의 도움 덕택에 이 책은 많은 비판에도 불구하고 옥스퍼드대 출판부가 크게 손보지 않고 다시 출판할 위험을 무릅쓸 정도로 지난 30년간 잘 버텨냈다. 하지만 더 읽어야 할 책 목록을 최신의 것으로 완전히 바꿔야만 했으며, 나는 이를 제공해준 런던 킹스 칼리지 전쟁연구학과의 패트릭 로즈에게 큰 빚을 지고 있다.

2008년 4월

마이클 하워드

차례

제1장

기사들의 전쟁

최근 한 중세사가는 '유럽의 기원은 전쟁의 모루로부터 주조되었다'라는 점을
우리에게 다시 한번 상기시켜줬다.[1] 로마 제국 지배 아래에서의 불안정한 평
화(팍스 로마나Pax Romana)가 와해된 뒤 일련의 침략자들, 동에서는 고트Goth
족과 반달Vandal족이, 남에서는 이슬람교도들이, 마지막으로 북에서는 가장
흉포한 바이킹들Vikings이 들이닥쳤던 유럽 대륙의 상황을 담아내기에 '전쟁'
은 진정으로 너무나 호의적인 표현이다. 처음 야만인들의 침략이 있었던 4세
기로부터 마지막 침략자들이 동화되거나 격퇴된 10세기 말까지는 600여 년
이라는 시간의 간격이 있었다. 그러고 나자 이번에는 유럽인들이 팽창하기 시
작했다. 처음에는 동으로, 점차 항해술을 습득함에 따라 남과 서로 나아가기
시작했다. 그래서 13세기 이전까지 평화는, 이를테면 기독교 교회들이 예배
를 통해 진심으로 소망했던 바로 그 평화는, 시간적으로나 공간적으로나 예외
적이고 위태로운 오아시스처럼 존재했다. 그와 같은 환경 속에서 유럽인들이

살아남을 수 있도록 한 사회 양식이 잉태되었다는 사실은 그다지 놀라운 일이 아니다. 후대의 역사가들은 이 양식을 '봉건제feudalism'라 일컬었다.

　유사─유목적인 전사들의 사회는 마치 성난 파도와 같이 유럽 대륙으로 연달아 밀려오면서 서로 충돌하고 합쳐졌다. 고트족과 4세기의 다른 침략자들을 뒤따라 프랑크Frank족이 들어왔다. 메로빙거Merovinger 가문[클로비스 1세에 의해 설립된 왕조로 500~751년까지 독일 서부와 중서 유럽의 골Gaul 지역을 지배했다]의 지휘 아래 느슨하게 연결되어 있던 프랑크족은 8세기에 남쪽에서 치고 올라오는 이슬람교도들로부터 프랑스를 지켜냈으며, 9세기 초에는 카롤링거Carolinger 가문[751~987년까지 프랑스 지역을 지배한 왕조로 피핀 왕(714~768, 프랑크 왕 재위 751~768)에서 시작되었다]의 지휘 아래 잠시 동안이었지만 서유럽 지역의 통합을 일구어냈다. 라인 동부 지역은 100년 가까이 마자르Magyar족의 침공을 견뎌내야 했다. 북, 서, 남부 유럽의 해안 지역─그리고 긴 보트가 들어갈 수 있는 강 상류의 내륙─은 스칸디나비아로부터 내려오는 약탈과 방화를 일삼는 바이킹들에 의해 그보다 더 오랫동안 황폐화되었다. 바이킹들은 종종 정착을 하기도 했는데, 이들의 정착지는 10세기 초 노르망디 지역[영국 해협을 대하고 있는 프랑스 북부 지역]에 들어섰다. 이후 두 세기 동안 기독교로 개종하고 봉건화했던 유럽의 공인된 전사 지도자들인 노르만족은 자신들의 지배 영역을 차차 넓혀갔다. 노르만인들은 영국의 색슨Saxon 왕국[918~1023. 기원전 5~6세기 영국에 정착한 독일 서북 지역 출신 부족이 세운 왕조]과 남부 이탈리아와 시칠리아의 이슬람교도들을 평정했으며, 급기야 11세기가 끝날 무렵에는 첫 번째 십자군 전쟁을 시발점으로 공격의 방향을 유럽에서 아시아로 돌려 팽창해나갔다. 이와 동시에 독일의 전사 계층은 동일한 성스러운 기조 아래 헝가리에서 마자르족을 격퇴시킨 후, 이교도 슬라브족을 정복, 식민화하고 개종시키면서 자신들의 경계를 더 동쪽으로 밀고 나아갔다.

'봉건제'는 군사적 필요뿐만 아니라 경제적 필요에 대한 응답이기도 했다. 역사상 중요한 지중해의 무역 지대가 이슬람교도들에 의해 토막 나면서 경제 활동은 쇠락했고, 이는 곧 9세기가 시작될 즈음 유럽에서 정화正貨, specie가 희귀했으며, 토지만이 유일한 부의 근원이었음을 의미했다. 이에 더해 카롤링거 가문이 맞닥뜨린 다종다양한 위협은 무엇보다 바이킹들의 긴 보트 그리고 마자르족의 작고 강한 조랑말에 맞설 기동성을 카롤링거 군대의 가장 핵심적인 요소로 만들어놓았다. 이러한 기동성은 말만이 제공할 수 있었다. 그리고 8세기에 들어 등자鐙子가 프랑크족 사이에서 일반적으로 사용되면서 말은 단순한 이동 수단이 아닌 전쟁의 수단이 되었다.[2] 속도는 충격으로 전환될 수 있었다. 더 이상 창을 던질 필요가 없었다. 기다란 창을 옆에 끼거나 이것으로 적을 들이받을 수 있었다. 이렇게 무장한 기병은 땅바닥에서 싸우는 보병과 비교해 절대적인 우위에 있었다. 그와 같은 우위는 1000년 후 후장식 breech-loading 총으로 무장한 이들이 창만 들고 대항하는 이들에 맞서 누렸던 우위에 견줄 만한 것이었다. 그리고 이 두 경우 모두 군사적 우세는 종국에 정치적 지배로 이어졌다.

따라서 8세기와 9세기 동안 제대로 싸울 수 있었던 군인, 즉 헤아릴 가치가 있었던 군인miles은 말을 탄 전사인 기사뿐이었다.[3] 866년 샤를마뉴[742? ~814, 프랑크 왕 768~814, 신성로마제국 황제 샤를 1세 재위 800~814]의 손자인 대머리 왕 샤를[823~877, 프랑스 왕 샤를 1세 843~877, 신성로마제국 황제 샤를 2세 재위 875~877]은 자신의 수봉자들tenants-in-chief을 호출하면서 말을 타고 참석하라고 명했으며, 그러한 관행은 이후에도 계속 이어졌다. 이로써 오늘날 우리에게 매우 친숙한 고비용의 경쟁이 시작되었다. 기마군들 사이의 충돌

'생갈의 황금 시편Golden Psalter of St. Gall'으로 알려진 9세기경 프랑크족의 작품에 실린 삽화. 쇠미늘 갑옷을 착용한 전형적인 카롤링거 시대 기마병의 모습이다.

800년 크리스마스에 교황 레오 3세가 샤를마뉴에게 황제관을 씌우고 있다. 이는 이후 15세기까지 관례가 되었다.

시 그 우위는—후일 전차전이나 해전에서처럼—사거리射距離와 방어 그리고 속도의 결합에 의해 결정되었다. 사거리는 더 길고, 따라서 더 무거운 창으로 부터 나왔다. 방어는 갑옷이 담당했다. 처음에 갑옷은 목부터 무릎까지 덮는 쇠미늘로 된 코트였다. 이는 값비싼 장비들 중 하나였으며, 말 다음으로 기사에게 가장 소중한 재산이었다. 기마 속도는 점증하는 짐의 하중을 지탱하기 위해 요구되는 말의 체중과 균형이 맞아야 했다. 따라서 말들은 운송 능력과 지구력 그리고 돌격 시 발휘할 수 있는 가속도를 기르기 위해 특별히 사육되었다. 장기간에 걸친 출정을 위해서는 그와 같은 말이 한 마리 이상 필요했으며, 기사는 주체하기 힘들 정도로 늘어난 창, 검, 투구, 방패 등의 수화물들을 다루고 짊어지기 위해 어쨌든 도움을 필요로 했다. 최소한 그는 방패지기 shield-bearer, escuyer, esquire를 두어야 했다. 또 십중팔구는 마부와 수색이나 기습 공격을 대신할 좀 더 가볍게 무장한 기병 그리고 보초를 설 병사 한둘을 필요로 했다. 이에 따라 한 명의 기사는 마치 거대한 전차의 전차병들처럼 여

1450년경에 출판된 작자 미상의 영국 서적에 실린 삽화. 기사가 출정에 앞서 하인의 도움을 받아 갑옷을 착용하고 있다.

섯 명으로 구성된 한 팀, 즉 '랜스lance'로 확장되었다. 이 모든 것을 갖추자면 실로 엄청난 비용이 들었다.

이렇게 무거운 무기와 말을 전투 중에 관리하는 일은 아마추어가 할 수 있는 일이 아니었다. 또한 이렇게 비용이 많이 드는 군대는 생계유지 수준의 경제에서는 쉽사리 찾아볼 수 없었다. 10세기에 이르면서 전쟁은 유년 시절부터 훈련을 받은 부유한 전문가들의 일이 되어갔다. 어떻게 이들은 자신들만의 전문적인 일에만 몰두할 수 있는 경제적 여건을 갖출 수 있었을까? 무엇보

프랑스의 필리프 6세(1293~1350, 재위 1328~1350)가 귀족들에게 율령을 수여하고 있다. 이 귀족들은 이를 다시 자신들 밑에 있는 귀족들에게 하달했다.

백년 전쟁 당시 영국 남부에 세워진 보디엄Bodiam성으로, 중세 기사 이야기에 나오는 전형적인 동화 같은 성의 모습을 잘 간직하고 있다.

다 영주에게는 복종과 '충성'을 맹세한 대가로 하사되었던 토지가 있었다. '봉토fief'라 불린 이 토지는 봉건 사회의 기초였다. 즉 군사적 전문화, 토지 보유권, 개인적 의무의 삼각관계가 성립되었으며, 이로부터 한 해에 정해진 며칠 동안 영주를 위해 말을 타고 봉사하는 것을 제외하고는 모든 의무로부터 면제된 토지를 소유한 전사계급이 탄생했다. 이들은 자신들의 토지 소유를 확실히 다지기 위해 성을 건축했다. 성은 대개 진입로 장악이 용이한 위치에 지어졌으며, 기사의 가족들이 기거할 수 있는 '내성donjon' 혹은 아성 그리고 가신들을 위한 딴채로 이루어졌다. 성 전체는 적이 기어오르지 못하도록 성가퀴로 둘러싸였으며, 성곽의 둘레는 해자로 보호되었다. 중세의 성들은 권력의 효과적인 상징이었으며, 전쟁은 대체로 성의 소유를 둘러싼 명확히 규정된 싸움이었다.

이 전사계급의 후예들, 상호 결혼과 새로운 인원의 충원을 통해 자신의 힘을 증대시켜왔던 수백여 가문들은 16세기까지 유럽의 토지를 지배했으며, 18세기까지 정치권력을 독점했다. 그리고 이들의 사회적 영향력은 오늘날에도 찾아볼 수 있다. '문장을 표지하는 것to bear arms', 즉 투구에 장식을 각인하고 전투가 최고로 고조된 상황에서도 바로 알아볼 수 있도록 상징물을 방패에 새기는 일은 1000년 동안 유럽 사회에서 귀족의 표상이 되었다. 이는 오늘날까지도 어느 정도 이어지고 있다. 하지만 중세 내내 이는 '기능function'을 의미하는 징표였으며, 따라서 그 기능을 수행하는 모든 이에게 부여될 수 있었다. 그때까지 유럽의 귀족은 폐쇄적 세습 계급이 아니었으며, 전쟁은 여전히 재능 있는 모든 이에게 열려 있는 직업이었다.

하지만 군사적 능력을 통해 귀족의 지위를 획득한 중기병man-at-arms은 일정하게 정해진 행동양식에 따라 처신하도록 기대되었다. 장엄한 예식의 차원이 빠른 속도로 전사의 기능에 가미되었다. 여전히 '중세'의 상당 부분은 15세기 전설의 왜곡된 렌즈를 통해 인식되고 있다.[4] 그 전설 속에서 '기사도chivalry'의 세계는 황금빛 가공의 매력, 즉 자신의 소멸을 의식하고 있는 사회로부터 뿜어져 나오는 석양의 광채를 입고 있었다. 그러나 본래 '기사들chevaliers, knights'의 행동양태를 지칭하는 '기사도'라는 개념 자체는 이보다 훨씬 더 오래된 것이었다. 적어도 기사도라는 개념은 12세기 유럽 문학의 여명기에 용맹의 덕뿐만 아니라 명예, 친절함, 예의 바름, 그리고 대체로 고상함의 덕을 칭송했던 음유시인들만큼이나 오래된 것이었다. 기사는 '겁이 없어야sans peur' 할 뿐만 아니라 '흠결이 없어야sans reproache' 했다. 기사도는 로마 교회의 의식을 통해 인정받고 문명화되었던 삶의 한 방식이었으며, 이는 교회 수도원의 위계 서열과 구별이 불가능할 정도로까지 발전했다. 실제로 12세기의 군사적 위계 서열—템플 기사단Templars, 사도 요한 기사단Knights of St. John,

튜턴 기사단Teutonic Knights―은 수도원의 기초를 염두에 두고 세워졌다. 삭발의 여부가 수사와 신부를 구분했듯이, 검대와 박차가 기사들을 확연히 나누었다. 또한 파르시팔Parsifal[중세 성배에 관한 신화에 등장하는 영웅]과 갤러해드Galahad[6세기 아서왕의 전설에 나오는 인물로 원탁의 기사들 중 가장 고결한 기사로 성배를 되찾을 운명을 지녔다]와 같은 신화적 인물 속에서 신부와 기사는 중세 기독교가 추구했던 이상의 모습으로 똑같이 헌신적이고, 똑같이 성스러웠기에 서로 구분할 수 없었다.

이와 같은 독특한 게르만 전사와 라틴 '성직자sacerdos'의 융합은 모든 중세 문화의 근저에 놓여 있었다. 처음부터 교회는 전사계급을 인정했으며 축복했다. 사실 다른 방도가 있었던 것도 아니었다. 왜냐하면 그들은 이교도들인 이슬람교도, 마자르족, 그리고 노르웨이 바이킹들의 침략에 맞서 기독교 사회를 지키기 위해 싸웠기 때문이다. 기독교 교회의 일원들―주교들과 수도원장들―도 자신들이 왕위에 앉힌 바로 그 국왕이 수여한 봉토에 부과된 군사적 의무를 기꺼이 수행했으며, 자신들이 직접 피를 보지 않는 한 무기를 드는 것에 대해 별다른 거부감을 보이지 않았다. 그러한 점에서 직장mace은 상당히 유용한 무기였다. 이와 동시에 성직에 있는 이들은 전쟁을 치르는 방식과 기독교 도덕을 논쟁의 중심으로 끌어들이고자 시도했다. 이들의 노력은 야만인들의 침범이 잠잠해짐에 따라 더 많은 결실을 맺었다. 바이킹족이 번지는 불길처럼 토지를 약탈하면서 몰아치고 있을 때, '전쟁 개시에 관한 법jus ad bellum'과 '교전 법규jus in bello'의 개념은 사실 별 의미가 없었다. 마찬가지로 성직자들은 자신들의 칼이 닿는 곳까지 다른 종교를 믿는 이들을 쫓아내거나 개종시키고자 광적으로 노력하는 이슬람교도들에게 그와 같은 개념들을 적용시키기가 어렵다는 점을 인지했다. 따라서 이교도들과의 전쟁에 있어서는

십자군을 이끄는 예수의 상상화로 13세기 무렵 그려진 것으로 추정된다.

어떠한 방법도 용인되었다. 실제로 기사들은 이교도들에 맞서 싸움으로써 자신들의 죄를 용서받을 수 있었다. 12세기 튜턴 기사단은 로마 교회의 승인 아래 동유럽에서 슬라브족과 벤드Wend족에 맞서 사실상 무차별적인 학살에 다름없는 십자군 전쟁을 감행했다.

　하지만 기독교 사회 내부의 상황은 적어도 원칙상 그와는 거리가 있었다. 기독교인들끼리 싸워야 한다는 사실은 애석한 일이었고, 교회는 이후 줄곧 그러하듯 이러한 사실을 정기적으로, 하지만 별다른 성과 없이 통탄해왔다. 그럼에도 기독교 신학자들은 어떤 전쟁, 일반적으로 법적 상급자에 의해 승인된 도덕적으로 올바른 목적을 위한 전쟁은 '정당just'하다고 보았다. 그리고 수 세대에 걸쳐 전쟁을 위해 길러진 계급이 외부의 적이 별로 없을 경우 (심지어는 외부의 적이 많을 경우에도) 서로 싸우게 되는 것은 놀라운 일이 아니었다. 자신의 판결을 강제할 힘을 가진 어떠한 공동의 권위체도 존재하지 않는 경우, 무장 충돌은 이보다 덜 호전적인 사회에서도 유발될 수밖에 없었을 것이다. 중세의 토지 소유에 따른 권리와 책무, 의무와 충성의 망은 끝없는 다툼을 낳았고, 명확한 법과 법 집행의 체제가 결여된 상황에서 사람들은 당연히 자신들의 권리를 전장에서 판가름 내고자 했다.

그와 같은 싸움은 신에게 결정을 호소하는 것으로 여겨졌으며, 신의를 중히 여기는 모든 이는 중세의 상당 기간 동안 전쟁을 통해 신에게 호소할 권리를 지니고 있었다. 개인 사이의 '사적 전쟁private war'과 군주들에 의해 행해지는 '공적 전쟁public war'의 구분은 로마법 개념의 영향 아래에서 매우 점진적으로 이루어졌다. 특히 전자의 범주가 법적으로 금지된 것은 더욱 점진적이었다. '사적 전쟁private war, guerre couverte'은 공동체 전체에 가능한 한 적은 피해를 주는 범위 내에서 행해져야 한다고 믿어졌다. 예컨대 자신의 적을 전장에서 죽일 수는 있어도 그의 재산을 불태우거나 탈취해서는 안 되었다. '공적 전쟁'에 있어서 그 범위는 더 넓었다. 적을 포로로 잡은 후 몸값을 받고 팔아넘길 수 있었으며, 적의 재산은 법적으로 승인된 노획물이었다. 또한 자신의 지배 아래 들어온 사람들에게 강제로 세금을 물릴 수도 있었다. 성직자들과 그들의 재산뿐만 아니라 농민들은 원칙적으로 약탈과 강탈로부터 보호받았다. 하지만 이러한 예외는 그들이 적을 '도와주거나 지원을 했다'고 의심될 경우에는 적용되지 않았으며, 사실 대부분의 상황이 그러했다. 끝으로 이 모든 것보다 더 소름끼치는 형태의 전쟁이 있었는데, 이는 포위된 성이 항복하기를

1099년 예루살렘 공략을 묘사한 중세 그림으로, 바퀴가 달린 포위탑과 투석기를 사용하고 있는 십자군의 모습을 보여준다.

거부했을 경우 발생하는 공성전에서 가장 빈번히 나타났다. '목숨을 건 전쟁 guerre mortelle'이라 일컬어졌던 이와 같은 전쟁에서는 재산뿐만 아니라 정복된 이들의 목숨까지도 점령자의 손에 달려 있었다.

14세기에 이르면서 전쟁의 수행에 관한 법률과 규제는 더욱 정교하게 발달했다. 이 주제와 관련하여 많은 글이 쓰였으며, 그 글들은 서구 기독교 사회 전반에 걸쳐 상당히 균일했다. 그러한 법과 규제는 부분적으로 교회의 압력으로 인해, 또 점차 증대하고 있었던 로마법의 영향에 따라, 그리고 없어서는 안 될 전문가인 기사들의 변호사들, 즉 헤럴드들Heralds에 의해 수 세기 동안 집행되어온 관례의 법제화에 따라 마련되었다. 또한 그러한 법과 규제는 명예 법정에 의해 유럽 전역에서 강제되었으며, 실정법 체제나 인도주의에 의거한 의식적인 제약들이라기보다 일종의 사회적 행동에 관한 규약으로 받아들여졌다. 즉 이는 기사들 사이에서 '행해진 것'과 '행해지지 않은 것'의 구분이었다. 어떤 경우에 있어서는 (예컨대 전투 개시 때 '목숨을 건 전쟁'이 구두로나 문서로 선포되었을 경우) 포로들을 죽이는 것이 용납되었지만, 어떤 경우에는 금지되었다. 여자들이나 어린아이들에게 '무조건적으로eo ipso' 면책 특권이 주어지지 않았던 것처럼 그와 같은 행위는 그 자체로 옳지 않다고 간주되지 않았다. 항복 권유를 거부한 후 성의 요새가 습격에 의해 넘어갔을 경우, 요새의 주둔병들은 학살당했으며 그들의 운명에 대한 책임은 항복 권유를 거부한 지휘관에게 돌아갔다.

하지만 전쟁법의 성문화가 가속화된 것은 사실 기독교나 법 혹은 기사도적 양심의 추구에 따른 것이 아니었다. 그것은 전혀 다른 발전 과정인 전쟁의 상업화에 따른 것이었다.[5] 몸값과 노획물을 더 이상 유쾌한 보상이 아니라 전쟁의 주된 목적으로 여기는 이들의 수가 늘어났다. 입대한 이들에게 주어진 급료는 언제나 매우 적었지만, 출정에 따른 이익은 엄청난 부를 가져다줄 수도 있었다. 따라서 만약 전쟁의 수행과 평화 협정이 순조롭게 이루어질 경우, 어떠한 노획물들을 언제 취할 수 있는지, 그 노획물들은 어떻게 분배될 것인지 그리고 어느 정도의 몸값을 부를 수 있는지, 또한 누가 이를 정당하게 요구할 수 있는지를 아는 것은 중요한 문제였다. 중세 말 사람들을 전쟁으로 이끌었던 동인 중 하나는 묵묵히 명령을 따른 수고, 용기로 맞선 위험, 그리고 끈기를 가지고 참고 견딘 고생에 대한 합당한 보상이 있을 것이라는 기대였다. 봉건제의 엄밀한 구성에 따른다고 해도 전쟁은 사회의 모든 계급에 걸쳐 돈이 주된 목적인 일 가운데 하나가 될 수 있었다.

어쨌든 중세사가들이 애써 되풀이하여 알려주고 있듯이, 봉건제는 균일하지 않았을 뿐만 아니라 유럽의 다른 봉토 체제나 봉직 체제에 대해 배타적이지도 않았다. 여기서 몇몇 변종을 살펴볼 필요가 있다.

봉건 체제가 기원했던 프랑스에서는 노르웨이 침략자들에 맞서 간신히 영토를 보호하려는 시늉밖에 취하지 못한 후기 카롤링거 왕조의 무능력으로 인해 서열상 하위에 있다고 여겨졌던 '백작들counts'(comites, 고대 게르만 전사 무리에서의 '동업자들companions')로 권력이 효과적으로 분산되기 시작했다. 그들은 세습되는, 그러므로 실질적으로 독립된 봉토인 에노Hainaut[서남 벨기에 지역], 플랑드르Flandre[현 벨기에, 네덜란드, 프랑스 접경 지역], 브리타니Brittany[프랑스 서북 지역], 그리고 프로방스Provence[프랑스 동남 지역]에 뿌리내리고 살고 있었으며, 점점 자신들을 강제할 수 없는 위치에 처하게 된 국왕에 대한 의무를 저버리기 시작했다. 따라서 국왕은 자기방어를 위해 필요할 때마다 가문 소속의 기사들뿐 아니라 돈을 받고 고용되는 '용병soldi'에 의존할 수밖에 없었다. 이들 군대는—유럽에 평화가 서서히 들어서고 인구가 증가함에 따라 날로 늘어나고 있던—토지를 소유하지 못하고 빈둥거리는 기사들이나 기사들보다 저렴하게 무장한 말을 탄 '기사병들servientes, sergeants'이라 알려진 자들, 아니면 '소년들fanti'이라 경멸조로—아니면 친근하게?—불린 보병들, 혹은 대개 이탈리아나 프로방스 지역에서 모집된, 12세기 기술력의 기적이라 할 수 있는 석궁cross bow으로 무장한 몸값 비싼 전문가들로 이루어졌다.

이 모든 것을 위해서는 돈이 있어야 했다. 하지만 12세기에 경제가 회복되면서 돈은 점점 상인들이나 성직자들로부터 나왔으며, 심지어는 군사적 봉사 대신 현금 지불—'병역면제세scutage'—을 선호한, 즉 부르주아 습성을 체득한 일부 귀족들로부터 나오기도 했다. 그리하여 13세기가 시작될 무렵 프랑스 왕 필리프 오귀스트[1165~1223, 재위 1180~1223]는 자신의 앙주Anjou 왕가의 사촌인 영국 왕 존[1167~1216, 재위 1199~1216]에 맞서 상당한 수의 상비군을 동원할 수 있었다. 하지만 국왕의 사법권과 과세권의 확대를 통해 독립적인 군사력을 키우고자 했던 후자의 시도는 필리프가 아니라 자신의 가신들에 의해 러니미드Runnymede[영국 템스 강 유역 저지대로 이곳에서 1215년 존 왕이 대헌장Magna Carta을 승인했다]에서 파국을 맞이했다.

남유럽에서 왕들의 지위는 한층 더 복잡했다. 이는 부분적으로는 스페인과 남부 이탈리아에서 이슬람교도들에 대항한 계속된 전쟁 때문이기도 했지만, 지중해 지역에서 화폐경제가 완전히 몰락하지 않았을 뿐만 아니라 어느 곳에서보다 빨리 회복되었기 때문이기도 했다. 이에 이 지역의 기사들은 더 독립적이었고, 더 용병에 가까웠다. 남부 프랑스의 기사들은 각자의 성을 소유하고 있었고, 어떠한 대군주overlord도 인정하지 않았다. (성들의 나라라는 지명에 여실히 나타나 있듯이) 카스티야Castilla 지방 귀족들의 오만한 자립 의지는 중세 유럽에 있어서조차 악명 높았다. 반면 교통이 대단히 편리했던 카탈로니아

Catalonia 지역 바르셀로나의 백작들은 멀리 떨어져 있던 봉신들까지도 좀 더 효과적으로 종속시킬 수 있었으며, 중부 및 남부 스페인을 이슬람교도들로부터 되찾는 레콩키스타reconquista[영토수복운동]를 광적으로 호전적인 교회의 도움을 받아 지속적으로 그리고 좀 더 빠른 속도로 추진할 수 있었다.

이탈리아에서는 도시 공동체들이 농촌 귀족들의 틈에서 살아남았다. 이들 도시 공동체들은 북쪽에서는 카롤링거 가문에 의해 롬바르디아Lombardia[이탈리아 중북부 지역]로부터, 그리고 후일 남쪽에서는 노르만족에 의해 확산되었던 봉건제로부터 살아남았다. 그리고 북으로부터 내려오는 마자르족의 습격과 바다를 통해 들어오는 이슬람교도들의 공격에 의해 위협받을 경우, 이 지역의 상인들과 토지 소유자들, 도시민들과 농민들은 어떠한 차별 없이 모두 무기를 들었다. 병역은 보편적이었다. 이들 도시들은 각자의 시민군들에 의해 방어되었다. 다른 곳에서와 마찬가지로 어떠한 무기로 무장했는가에 따라 지위가 결정되었지만, 이탈리아에서 무장은 봉토가 아니라 부에 따라 결정되었다.

12세기에 접어들면서 시칠리아와 이탈리아 남부에 엄정하고 효과적인 지배를 수립했던 노르만족을 제외한 모든 침략자가 이탈리아 반도에서 영원히 축출되었다. 그러나 500년에 걸친 군사적 관습은 쉽사리 사라지지 않았다. 11세기 말, 교황과 신성로마제국 황제 사이의 갈등은 이탈리아 사회를 둘로 갈라 놓았다. 이들의 계속된 불화는 도시와 도시를, 가문과 가문을 나누어 놓았으며, 이에 따른 내전은 돈을 목적으로 하는 용병들에게는 천국이나 다름없었다. 하지만 정말 다행히도 이들 용병들은 자신을 고용한 고용주들이 자신에게 계속해서 돈을 지급할 수 있도록 해준 경제 성장을 방해하지는 않았다.

프랑스 북부에서와 같이 독일 라인 강 유역에서도 봉건제는 집약적으로 발전했으며, '기사도Rittertum'의 매력 또한 유럽 어느 곳에서보다 굳건히 뿌리를 내렸다. 하지만 그보다 더 동쪽의 경우 군역에 의한 봉토는 기마전과 마찬가지로 더디게 소개되었다. 작센Sachsen, 프랑코니아Franconia, 스바비아Swabia의 게르만 부족들은 10세기 북부 독일의 평야 지대를 거쳐 서진하고 있었던 기마궁병들로 이루어진 유목민 마자르족의 침략에 따른 충격이 있기 전까지 타키투스[로마 제정시대의 역사가로 『게르마니아Germania』를 저술] 시대의 조상들처럼 도끼와 창으로 무장하고 보병으로 싸우는 자유농으로 살았다. 이후 뒤처진 감이 있었지만 게르만족은 서유럽의 사촌들을 따라 기마군과 이를 지탱하기 위한 사회체제를 발전시켜나갔다. 그리고 마침내는 작센의 헨리[색슨 왕조의 시조]와 오토[신성로마제국 황제 재위 926~973]의 지휘 아래 933년에는 메르제부르크Merseburg[독일 동부 도시]에서, 955년에는 레히펠트Lechfeld[독일 아우크스부르크 남쪽 범람 지대]에서 승리를 거두었다. 레히펠트에서의 승리로 인해 카롤링거 왕가를 이을 오토 왕조가 탄생했으며, 오토는 신성로마제국의 황제로 등극했다. 이후 새로운 봉건 귀족계급의 일부는 황제를 따라 큰 손해를 보게 될 이탈리아 원정에 오르기도 했다. 다른 이들은 새로운 십자군 조직인 튜턴 기사단에 몸을 싣고, 모험과 토지 그리고 영혼의 구원을 찾아 쿠를란트Courland[현 라트비아 지역]와 폴란드 그리고 프러시아의 평야와 산림 지대가 있는 동유럽으로 진출했다. 그들의 약탈과 학살은 그에 관대했던 교회의 승인 하에 자행되었다. 그곳에서 그들은 지배계급으로 자리를 틀었으며, 후일 유럽 역사에 다시 등장하게 된다[프러시아의 토지 귀족 세력인 융커junker를 뜻한다].

영국의 경우, 9세기와 10세기에 걸친 노르만족의 침입으로 인해 색슨 왕들은 자유민이라면 모두 무기를 들어야만 했던 의무 체제인 퓌르드fyrd[민병대]를 당시 영국 해협 건너편의 카롤링거 왕족들이 건설한 것과 유사한 봉토 체제로 대체했다. 하지만 유럽의 다른 지역에서와 마찬가지로 영국에서 봉건 토지와 봉건 의무 체제의 설립을 가능케 했던 것은 모든 토지를 국왕의 손에 쥐어줬던 노르만 정복Norman Conquest•이었다. 노르만 왕들은 색슨 '호족들thegns'을 자신들의 수봉자들로 교체했으며, 이들 수봉자들은 적지에서 점령군의 임무를 수행하기 위해 성을 건조했고, 그 성들은 오늘날까지 남아 있다.

하지만 군사적으로 볼 때 영국의 노르만 왕조와 그들의 후계자들은 감당하기 힘들 정도로 과대 팽창해 있었다overstretched. 이들은 토착 영국인들을 통치하는 동시에 국경선을 스코틀랜드와 웨일스 지역으로까지 확장해야 했을 뿐만 아니라 유럽 대륙에서의 자신들의 권리 또한 지켜내야 했다. 수봉자들로부터 받는 '의무적 봉사servitium debitum'는 노르만 군대의 중추였으며, 이는 이후 11~12세기에 앙주 왕가 군대의 근간이 되었다. 하지만 관례상 60일 정도였던 그와 같은 봉사는 스코틀랜드와 웨일스 산악 지대에 살고 있었던 반란군을 진압하는 것은 말할 필요도 없거니와 군대를 소집하고 유럽 대륙으로 보내 전쟁을 치르도록 하기에는 턱없이 모자랐다. 간단히 말해, 봉건제로는 어림도 없었다. 영국의 왕들은 하루빨리 무슨 수를 써야 했다. 우선 영국의 노르만 왕들은 대륙으로부터 용병을 고용했다. 또한 자신의 근위대를 키워나갔다. 그리고 이들은 '기사 신분 부여distraint of knighthood••'를 통해 봉건 의무를 강화한 후, 의무가 있는 이들에게 자신들의 의무를 대신할 용병을 고용하는 데 쓰일 현금의 납부를 허용했다. 이에 더해 영국의 노르만 왕들은 자신의

• 1066년 노르망디 공작이었던 정복자 윌리엄(1027?~1087)의 헤이스팅스 전투 승리에 따른 영국 사회의 전반적인 변화 일체를 말한다.
•• 일정한 재산을 가진 자유민으로 하여금 왕의 대관식에 출석하여 기사 작위를 받도록 한 관례로 13세기 헨리 3세(1207~1272, 재위 1216~1272)에 의해 시작되었다.

1066년경 직조되었다고 추정되는 바이외Bayeux 자수로 노르만 정복 당시 전투 상황을 사실적으로 묘사하고 있기로 유명하다. 창과 칼로 무장한 노르만 기사들이 마지막 앵글로색슨 왕인 해럴드 고드윈의 보병대를 공격하고 있다.

봉신들과는 현금 대체가 아닌 '고용 계약indenture'을 맺었다. 특히 이들은 자신의 섬 안에서 일어나는 전쟁을 위해 '군대 소집령commission of array'을 공표해 지역민들을 보병으로 징집했다.

보병들. 그들 중에는 13세기 말 웨일스 산악 지대에서 에드워드 1세[1239~1307, 영국 왕 재위 1272~1307]가 치러야만 했던 게릴라전을 통해 그 진가를 보여준 궁수들도 속해 있었다. 그와 같은 게릴라전에서 봉건 군대의 중기병대는 그 자체로는 별다른 가치가 없었다. 이들 기사들은 자신과 비슷한 종류의 군대와 싸우도록 훈련을 받았으며, 그 과정에서 말을 탄 적들이 대체로 선호하는 전투지인 평야에서 보호받지 못하고 서 있는 보병들을 쓸어버리도록 훈련받았다. 하지만 웨일스에서 이 기사들은 자신들과 같은 군사 귀족이 아닌 다른 종류의 적들과 마주쳤다. 그 적들은 그들의 땅으로 쫓아낼 수 있는 정복 부족도 아니었다. 그들은 자신들의 산을 지키는 원주민들로 좀처럼 당당히 나와 맞서 싸우지 않고 교묘히 에드워드 1세의 기사들을 괴롭혔다. 그들과의 전쟁은 기독교인들 사이에서의 전쟁이라기보다 오히려 사냥놀이에 가까웠다. 보병들은 웨일스 게릴라들을 은폐물로부터 끌어내는 몰이꾼 역할로 긴요했으며, 장궁병은 먼 거리에서 그들을 쏴 죽이거나 도망가는 자들을 사살하는 임무를 맡았다. 장궁병들은 또한 전면 대결에서 기사들이 '최후의 일격coup de grâce'을 가하기 전 적진을 혼란시키기 위해 발사 무기를 쏘는 전통적인 '포병artillery'의 역할에서 진가를 발휘했다. 이러한 기술들은 14세기 초 스코틀랜드인들에 맞서 매우 효과적으로 사용되었다. 12세기부터 이는 석궁병들의 임무가 되었다. 하지만 석궁 한 발을 장착하기 위한 시간에 6인치 자루로 이루어진 장궁은 대여섯 발을 쏠 수 있었다. 게다가 장궁은 14세기 후반에는 400야드 거리까지 치명타를 입힐 수 있었으며, 석궁의 파괴력에는 당연히 미치지 못했지만 그래도 쇠미늘 갑옷을 관통할 수 있었다.

이는 어찌되었든 1346년 크레시Crécy[프랑스 북부 마을] 전투에서 확연히 증명되었다. 7년 전 에드워드 3세[영국 왕 재위 1327~1377. 프랑스와 백년 전쟁 개시]는 프랑스 왕위에 대한 자신의 권리를 확정짓기 위해─이는 유럽의 군사 '귀족noblesse'계급이 다음 4세기 동안 기꺼이 몰두할 왕위 계승과 관련해 끊임없이 발생했던 문제들 중 하나였다─한자 동맹Hanseatic League[14세기 중반 독일 북부 지역 도시들의 상업 연합]의 상인들로부터 빌린 돈으로 고용한 독일 약소 군주들이 중심을 이루는, 막대한 비용을 들인 군대를 이끌고 프랑스를 침공했다. 프랑스 왕은 신중하게 전쟁을 회피했다. 이에 에드워드의 동맹국들은 자금이 떨어지고 에드워드의 신용까지 추락하자 하나둘씩 철군했다. 1346년 전투에 이르러서는 말을 탄 기사의 수가 너무나 부족했기에 에드워드

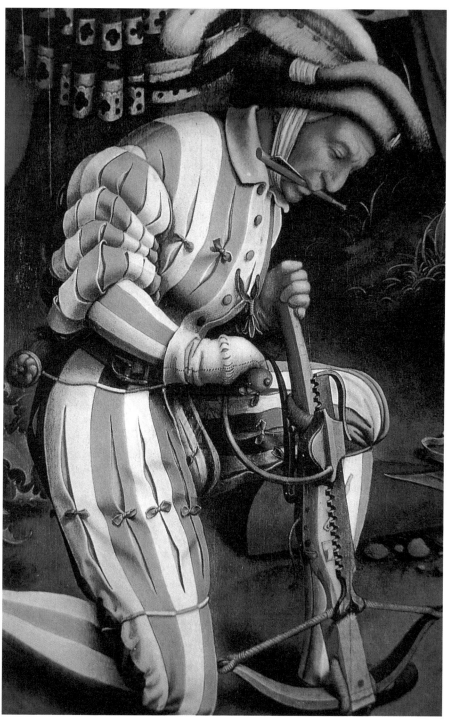

16세기 초 한스 홀바인의 작품에 나오는 당시 석궁병의 모습으로 장전을 위해 석궁을 입에 물고 힘겹게 태엽을 감고 있다.

장 프루아사르의 『연대기』에 실린 백년 전쟁 당시 장궁병들로 이들은 분당 6발에서 12발까지 쏠 수 있었다.

장 프루아사르의 『연대기』에 실린 1346년의 크레시 전투 장면을 담은 그림으로, 장궁병들에게 밀리고 있는 석궁병들의 모습이 보인다.

는 기사들로 하여금 우월한 프랑스 기사군과 마주쳤을 때, 스코틀랜드에서 싸우면서 배웠듯이, 말에서 내려 궁수들 사이에서 그들이 물러서지 않게끔 격려하며 전투를 치르도록 명했다. 크레시 전투에서 주목할 점은 장궁병들이 프랑스 기사단에 입힌 피해가 아니라—믿을 만한 출전에 따르면 영국군의 사상자는 100여 명 정도인 데 반해 1500명 이상의 프랑스 기사들이 '죽었다'고 한다[6]—이들이 대개 중세 전쟁에서의 보병들과는 달리 적군의 기마병이 처음 공격해 들어왔을 때 도망치지 않고 자리를 지키며 적에게 어떠한 피해라도 입히려고 했다는 사실에 있다.

크레시 전투가 말을 탄 봉건 군대가 보병에 의해 처음 격파된 경우는 아니었다. 1302년 쿠르트레Courtrai[오늘날 벨기에 서부 도시]의 도시민들은 미늘창과 장창으로 아르투아 백작[1250~1302]이 이끄는 기사들을 성공적으로 막아냈다[아르투아 백작은 이 전투에서 전사했다]. 그러나 크레시에서의 치욕은 당시 서구 세계의 유행을 선도하고 있었던 프랑스 기사대로 하여금 자신들의 무기와 전략을 재고하도록 만들었다. 프랑스 기사들은 쇠미늘 갑옷을 대신하여 판금 갑옷을 고안해냈다. 어쨌든 판금은 부와 지위를 과시하기 위한 장식용 치장이 매우 용이한 재료였다. 그리고 이들 역시 말에서 내려왔다. 이는 부분적으로는 말이 가지고 있는 취약성 때문이기도 했지만, 완전무장을 한 '랜스들'을 유지하는 데 들어가는 비용이 증가했기 때문이기도 했다. 이는 또한 순수한 용기를 고려한 조치이기도 했다. 말에서 내린 기사는 혼자 살기 위해 도망칠 수 없었고 자리를 지키고 서서 싸워야만 했다. 버티고 '서서' 싸우는 한 프랑스 기사대는 얼마간 성공을 맛볼 수 있었다. 하지만 공격을 감행할 경우 화살 공격에 대한 프랑스 기사대의 강점은 그들의 부자연스러운 움직임과 투구로 인한 시야의 제한에 의해 상쇄되었다. 그러한 이유로 영국군은 1356년

장 프루아사르의 『연대기』에 실린 1356년 푸아티에 전투의 장면을 담은 삽화다. 장궁병을 앞세운 영국군에 밀려 후퇴하고 있는 프랑스 기사대의 모습을 묘사하고 있다.

14세기 말 출판된 장 프루아사르의 『연대기』에 실린 1415년 아쟁쿠르 전투 당시 영국 장궁병과 석궁병의 모습이다.

1415년 아쟁쿠르에서 프랑스 기사대를 상대로 싸우고 있는 영국 장궁병들의 모습을 담은 삽화로, 장 프루아사르의 『연대기』에 실려 있다.

푸아티에Poitiers[프랑스 중남부 도시]에서 그리고 1415년 아쟁쿠르Agincourt[프랑스 북부 마을]에서 프랑스 기사대에 맞서 두 차례 더 승리를 쟁취했다. 가장 유명한 아쟁쿠르 전투에서 영국군은 수백여 명의 사상자로 대략 '5000여 명'의 프랑스군을 사살했으며, 이들 중 1000여 명은 포로로 생포한 뒤 죽였다.[7]

따라서 15세기에 들어서면서 모든 무기를 갖추고 종복들을 거느린 '중기병'은 전장에서 무용지물이 되어가고 있었을 뿐만 아니라 유지 비용이 너무 많이 들었다. 그러나 이들이 쓸모없어지는 데 반하여 이들의 허세는 더욱 커져갔다. 이들의 갑옷은 지나칠 정도로 호화롭게 치장되었으며, 마상 시합에는 점점 더 많은 비용이 들었다. 이들의 사회적 지위는 갈수록 군사적인 기능과 관계가 적어짐에 따라 지위와 관련된 부분에 초점을 둔 문장 지식heraldic

영국 왕 헨리 8세의 은도금 갑옷으로 1515년경 주조된 것으로 추정된다.

리처드 2세(1367~1400, 재위 1377~1399)의 주관으로 램버스Lambeth 궁에서 열린 마상 시합의 장면을 담고 있는 15세기 무렵 플랑드르의 세밀화다.

lore[가문의 계보와 권위를 상징하는 장식적인 표지에 대한 지식]을 통해 더 면밀히 고수되었다. 12세기에 세를 떨쳤던 기사단을 의식적으로 모방한 새로운 기사단들도 등장했다. 가터Garter 기사단과 금양모Golden Fleece 기사단은 템플 기사단과 예루살렘의 사도 요한 기사단의 전사들 그리고 스페인의 위대한 전사 기사단들의 타락한, 굳이 좋게 말하자면 치장을 좋아하는 후계자들이었다. 가장 놀라운 점은 날로 팽창하고 있었던 오스만튀르크가 동지중해 지역에 위치한 십자군의 마지막 근거지를 마음대로 약탈하고, 심지어는 서양의 본거지를 위협하기 시작하고 있었음에도 불구하고 이들 모두 고집스럽게 예루

15세기 무렵 기사의 사회적 위치와 군사적 신분을 담은 문장 장치를 잘 보여주고 있는 그림으로, 출처는 15세기 초 작성된 『카포딜리스타 고사본Codex Capodilista』이다.

살렘의 재정복을 계속 염두에 두었다는 점이다. 사실 예루살렘의 재정복은 1494년 프랑스의 샤를 8세[1470~1498, 재위 1483~1498]가 이탈리아를 침공했을 때 그의 목전에서 어렴풋이 아른거렸던 목표 중 하나이기도 했다.

의심할 여지없이 잔 다르크[1429년 오를레앙에서 영국군 격퇴. 1430년 영국군 포로로 잡힌 후 화형당했다]의 활약으로 프랑스 기사단은 크게 분발했지만, 영국군을 그들의 섬으로 끝내 내쫓은 것은 프랑스 기사단이 아니었다. 영국군을 물리친 이는 어떠한 사회적 지위도 누리지 못했던, 심지어는 미천한 병사의 지위조차 좀처럼 받지 못했던 또 다른 직업 집단인 포수들이었다.

'그리스 화약Greek fire'이라 막연히 통칭된 가연성 재료는 공성전이나 해전에서 투석기로 발사되는 소이탄의 형태로 오래전부터 비잔틴 군대와 이슬람교도들에 의해 사용되어왔다. 하지만 발사 과정을 역으로 하여 화약 자체를 발사 무기의 추진력으로 사용하는 것은 더 어렵고 위험한 일이었다. 무엇보다도 이를 위해서는 금속 주물에 관한 전문 지식이 요구되었는데, 이는 역설적이게도 가장 평화적인 목적이라 할 수 있는 교회의 종 주조를 위해 서양에서 발달되었다. 종에서 대포로 넘어가는 것은 너무나 쉬운 일이었으며, 이는 14세기 초 진행된 것으로 보인다. 종종 그 첫 실험작들, 예컨대 중세 기능공들에 의해 용과 악마의 형상으로 멋들어지게 주물된 지옥의 무기로, 하루에 단 한 발만 발포 가능했던 거대한 구포 '리볼데퀸ribauldequin'이나 초기 '미트라예즈mitrailleuse'와 같은 관다발은 오래된 출판물들에 종종 매우 공상적으로 묘사되었다. 15세기에 이르면서 이렇게 별나게 생긴 무기들은 사라졌고, 향후 500여 년 동안 전쟁의 수행을 지배할 두 무기인 대포와 총이 오늘날 우리가 쉽게 알아볼 수 있는 형태로 등장하기 시작했다. 오늘날 네이팜Napalm탄에 대해 그러하듯, 당시 사람들은 대포와 총에 대해 적잖은 불만을 토로했다.

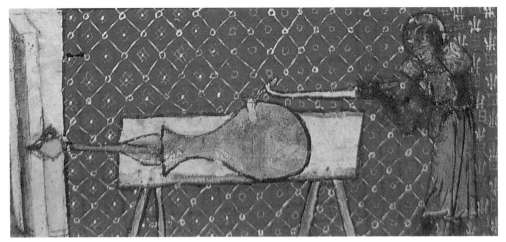

후일 에드워드 3세가 될 에드워드 왕자에게 1326년에 바쳐진 월터 드 밀램미트의 『왕의 숭고함과 지혜 그리고 분별력De Nobilitatibus, sapientiis et prudentiis regum』에 실린 그림으로 현존하는 가장 오래된 유럽 화약 대포 그림이다.

이는 단순히 이들 무기가 비인간적인 파괴력을 지녔기 때문만은 아니었다. 오히려 이들 무기로 인해 고귀한 중기병의 목숨이 비열하고 미천한 사람들에 의해 좌우되면서 전쟁의 품위가 떨어졌기 때문이었다. 하지만 오늘날과 마찬가지로 적군의 손에 이러한 무기가 쥐어진 것에 대해 불만을 쏟아낸 이들은 그러한 사실 자체를 자신의 군대에 이러한 무기를 똑같이 지급하도록 할 당연한 근거로 여겼다.

대포와 총은 15세기 부활한 프랑스 군대의 일부가 되었으며, 군사적 향수와 정치적 혼란의 결합으로 인해 그에 견줄 만한 어떤 혁신도 이루지 못한 영국에 맞서 효과적으로 사용되었다. 전장에서 전투 개시 전 몇 발의 포격은 정렬된 궁수들을 와해시켰으며, 중기병들로 하여금 동등한 조건에서 접전을 치를 수 있도록 해주었다. 더 일반적으로 프랑스 왕들은 공성포 부대를 발전시켰다. 이로써 프랑스에서 영국 왕의 영토를 방어했던 성들은 돌무더기가 되어 무너져 내렸다. 14세기 말 유럽을 특징지었던 영국의 군사적 우위는 50년 후

1483년 스위스 베른 출신의 디볼트 실링(1445~1485)이 쓴 『연대기』에 실린 삽화로, 당시 야전 포병과 화승총의 모습을 담고 있다.

완전히 사라졌다. 그리고 크레시와 아쟁쿠르의 궁수들은 역사적 호기심의 대상으로 전락했다.

　미래는 또 다른 종류의 보병들에게 달려 있었다. 기마군에 맞서 보병이 보유할 수 있는 가장 간단한 무기는 장창이었다. 만약 창이 충분히 길고, 대열이 촘촘하고, 군인들의 사기가 충천하다면, 그와 같은 진형은 포격에 의해 와해되지 않는 한 거의 무적이었다. 어쨌든 마케도니아의 방진은 기록상 최초의 보병 대형이었다. 중세 기사의 우위는 기술적인 것만큼 도덕적이고 사회적인 것이었다. 기사군은 그 기동력 덕택에 발전했고, 절대적인 사회경제적 지배력을 누리며 수 세기 동안 모든 군사 행동을 사실상 독점했다. 보병들은 단순히 경멸받는 보조물에 지나지 않았다. 그러나 플랜태저넷Plantagenet 왕가[1154년 헨리 2세의 즉위부터 1485년 리처드 3세(1452~1485, 재위 1483~1485)의 사망 때까지 영국을 통치한 왕조]가 웨일스의 산악 지대로 자신들의 지배를 확장하고자 했던 13세기에 기사군의 효율상 한계가 드러나기 시작했으며, 이는 그로부터 100여 년 후 오스트리아 왕가가 스위스 산악 지대에서 똑같은 시도를 감행했을 때 더욱 명백해졌다.

　원래 스위스 산악 지대 사람들의 무기는 그들을 유명하게 만든 장창이 아니라 단순한 도끼, 즉 창과 도끼를 결합한 8피트 정도 길이의 도끼창halberd이었다. 1315년 오스트리아 기사들을 모르가르텐Morgarten의 협곡에 몰아넣었을 때뿐만 아니라, 1339년 라우펜Laupen에서 그리고 1386년 젬파하Sempach의 평원에서도 스위스인들은 이 도끼창으로 오스트리아 기사들의 갑옷을 찢으며 그들을 도살했다. 이로써 보병대의 부활은 어떠한 기술상의 변화보다도 도덕적인, 따라서 사회적인 요인에 의한 것이라는 점이 여실히 증명되었다. 장창은 좀 더 지난 1476년과 1477년에 부르고뉴Bourgogne[프랑스 중동부 지역]의 기

1476년 스위스 그랑송에서의 전투 장면을 묘사한 작자 미상의 당시 삽화로 부르군디 기사들에 맞선 스위스 창병들의 모습을 잘 보여주고 있다.

사대에 대적한 스위스의 승리에 맞춰 등장했다. 이즈음 스위스 창병은 침투 불가능한 거대한 고슴도치처럼 방어하는 기술을 체득했으며, 더 나아가 어떻게 움직이는지도 배웠다. 이들의 방진, 즉 수천 명으로 이루어진 견고한 '대대battle'는 바퀴처럼 움직이며 자신들이 지나가는 길목에 어리석게 자리한 모든 이를 몰살했다. 더 나아가 스위스 창병은 일단 연방주canton의 독립을 확보한 다음에는 이 '대대'를 이웃 군대에 빌려줄 준비가 되어 있었다. 이는 드문드문 있는 목축 경제로는 유지 불가능할 정도로 팽창한 인구를 지탱하기 위한 매우 자연스러운 방책이었다.

그러나 스위스 창병의 전술 중 다른 이들이 모방할 수 없었던 것은 전무했다. 이들과 마찬가지로 가난했고 호전적이었던 남부 독일과 오스트리아의 이웃들은 '란츠크네히트landsknechte, lansequenets'라 알려진 그들 나름의 대형을 짜기 시작했다. 란츠크네히트와 스위스 창병의 유일한 차이점은 전자가 더 광범위한 사회적 배경으로부터 모집되었다는 데 있다. 이 지역의 귀족들은 보병을 모집하고 조직하는 일뿐만 아니라 자신들의 대열에서 보병으로 복무하는 데 어떠한 주저도 없었다. 이후 독일 귀족계급에게 '창을 세우는 것to trail a pike'은 후일 영국에서와 마찬가지로 매우 자연스러운 군사 활동의 한 형태로 받아들여졌다. 스페인에서는 마초가 부족했기 때문에, 또한 레콘키스타의 더딘 진행으로 인해 중기병대가 기독교 군대의 핵심 요소가 되었던 적은 없었다. 그리고 스페인 왕들은 가난하지만 자부심 강한 카스티야 지방의 귀족들을 보병으로 모집하는 데 어떠한 어려움도 겪지 않았다.

이렇게 하여 15세기 말에 이르면 '대대battle, battalion'라 통칭되었던 창병들은 중무장한 모든 군대의 필수적인 요소가 된다. 그리고 이들 옆에는 점차 총, 특히 '갈고리 모양hooked'의 총인 하켄부크세Hackenbüchse 또는 아퀘부스

1520년대 후반 만들어지고 1560년경 출판된 다비드 드 네커의 목판화로 전형적인 독일 란츠크 네히트의 모습을 보여주고 있다.

1555년 출판된 독일의 한 서적에 나오는 란츠크네히트의 모습이다. 당시 이들은 매우 뛰어난 용병으로 대우받았으며,
자신들의 힘을 과시하기 위해 화려한 옷을 즐겨 입었다고 한다.

arquebus로 무장한 분견대가 따라붙었다. 이들 총은 그 후예인 머스킷musket 총과 함께 다음 200여 년 동안 보병대의 화기火器가 되었다. 마침내 보병대 infantry가 탄생했다.

마찬가지로 앞서 보았다시피 포병도 탄생했다. 물론 주체하기 어려울 정도로 거대한 부품들로 만들어진 대포 한 문門을 운반하기 위해서는 최대 40마리의 말이 필요했다. 역설적이게도 보병과 포병이 전장에서 말의 자리를 되살려 놓았다. 크레시 전투 이후 화살과 끈기로 기병의 돌격을 분쇄했던 보병대는 이제 다른 보병이나 포격에 의해 와해될 수 있었다. 기병의 돌격은 때만 잘 맞춘다면 여전히 가능했으며, 그렇지 않다 하더라도 화기로 무장한 기병대는 이제 기동력이 있는 화력을 제공할 수 있었다. 그러나 이와 같은 '기병대cavalry'는 봉건 군대의 전통적인 기사단chivalry이 아니라는 사실을 명심할 필요가 있다. 후자의 경우 승리보다 개인의 명예에 더 관심을 두었기에 자기 자신을 위해 돌격했다. 하지만 전자는 다른 병과와 결합되어야만 하는 부대로, 다른 병과와 마찬가지로 지휘하는 장군의 명령에 따라 배치되었다.

이와 같은 전환은 매우 더디게 이루어질 수밖에 없었다. 1494년과 1529년 사이 이탈리아 전쟁에 참가한 '프랑스 기병대gens d'armes'는 확실히 자신들이 즐겨 읽었던 아마디스 데 가울라Amadis de Gaula[14세기에 쓰인 기사 수련에 관한 이야기로 1508년 스페인과 포르투갈 지역에서 첫 출판]나 아리오스토[이탈리아 시인]의 이야기에 나오는 '기사들chevaliers'에 비추어 자신을 보았다. 이들은 '일전single combat'과 같은 시대착오적인 행동들을 되살리고자 시도했다. 그리고 전쟁의 세속적이고 잔혹한 본질에 대해 더 이상 어떤 환상도 갖고 있지 않았던 보병대나 포수들과는 달리 냉혹한 전쟁을 치르기 위해서가 아니라 과시할 목적으로 의장을 갖추었다. 이와 같은 고상한 시대착오는 이후 수 세기나 더 유럽 기병대의 특징으로 존속될 터였다. 이는 심지어 오늘날까지도 완전히 사라지지 않고 있다.

하지만 1494년에 이탈리아를 침공한 프랑스 기병대가 봉건적인 이데올로기로 무장하고 있었다면, 이들의 경제적 배경에는 봉건적인 요소가 전무했다. 보병이나 포수들과 마찬가지로 이들 또한 이제 순전히 돈을 위해 복무했다.

앞서 보았듯이, 군역에 대한 대가로 돈을 받는 관행은 중세 내내 있어왔다. 장기간에 걸쳐 원정을 나가는 수봉자들과 그들의 수행원들은 군주가 지급하는 단순한 생활비 이상의 급료를 요구했다. 봉건적 의무를 다하기 위한 사역의 대가에서 오직 돈을 위한 봉사로의 전환은 그리 어려운 일이 아니었다. 싸움 이외에는 달리 생각하고 시간을 쓸 일이 없었던 자들에게는 특히 더 그러했다. 12세기 이후 유럽은 더 이상 외세에 의해 공략당하지 않았다. 인구와 부는 증가하기 시작했다. 십자군 전쟁의 안전판 기능은 빠르게 쇠퇴하고 있었으며, 특히 가장 중요한 점은 사용 가능한 봉토가 급격히 감소하고 있었다는 것이다. 독일에서와 같이 재산이 무한정으로 분할 가능한 곳에서는 봉토가 더 이상 경제적으로 도움이 되지 못했다. 장자상속제가 지켜졌던 영국과 같은 곳에서 차남들은 십자군 원정에 자신의 운명을 걸거나 아니면 용병이 되는 것 이외에는 다른 대안을 찾을 수 없었다. 이렇게 하여 중세 말에는 이들을 수용할 농촌 지방이나 이들이 고용될 수 있는 전쟁을 뛰어넘는 규모로 군사계급이 성장했다. 그리고 만약 전쟁이 더 이상 일어나지 않을 경우 이들 군사계급은 스스로 전쟁을 일으키기도 했다.

가장 많은 돈을 지불하는 이에게 기꺼이 자신들의 무력을 빌려줬던 이와 같은 '자유 기사들freelances'의 존재는 처음에는 군주들의 힘을 증대시켰다. 물론 이는 군주들이 그들을 고용할 재력을 지니고 있는 한에서였다. 앞서 보

네덜란드 공화국의 최종 의결 기구 '전국 회의States-General'가 열리고 있는 회의장의 모습으로, 위에 장식되어 있는 깃발은 모두 독립을 쟁취하기 위해 싸운 스페인과의 전투에서 획득한 것들이다.

앞듯이, 14세기가 시작될 무렵 영국과 프랑스의 왕들은 자신의 모든 군사력을 급료를 지불하는 조건에 기초하여 키워나갔다. 심지어는 이들을 따르는 봉신들 중 가장 세력 있는 자들조차 '고용 계약' 혹은 계약에 의해 합의된 수의 군대를 제공했다. 그리고 일단 한 군주가 전쟁 철 내내 혹은 여러 차례 출정 내내 전장에 군대를 주둔시킬 수 있다면 그의 경쟁자들도 똑같이 그래야만 했다. 전쟁 자금은 동원될 필요가 없었던 봉신들로부터 대신 거둔 '병역 면제세'나 세금 혹은 교회로부터 받은 교부금으로 충당되었다. 그러나 전비의 상당 부분은 무역 수입으로부터 거두어져야만 했다. 즉 전비는 군주의 완전한 통제권 아래 있었던 세금이나 상인들의 대부금 혹은 도시의 대표자들이나 경제적으로 생산적인 계급이 기부한 특정한 보조금―대개 도움이나 주어진 특권에 대한 대가—에 의해 마련되었다. 점차 사회의 비군사적인 계층과 평민 계층을 대표하는 '의회Parliaments'나 '신분제회의Estates' 혹은 '하원assemblies'이 군주의 전쟁 능력을 결정하기 시작했다.

하지만 머지않아 돈이 떨어지거나 전쟁은 끝이 났다. 그리고 병사들soldiers (이제야 엄밀히 그들을 이렇게 칭할 수 있었다)은 어떠한 직업도 없이 내버려졌다. 그들에게는 돌아갈 땅이 없었으며, 종종 돌아갈 집조차도 없었다. 그들에게는 자신들의 '중대company, con pane'(이들에게 생계와 고용을 제공하는 조직[빵을 나누어 먹는다는 의미])가 유일한 집이었다.

갖가지 소규모 분쟁을 낳은 [11~12세기] 서임권 투쟁Wars of Investiture에 의해 신종의 의무가 구제할 길 없이 완전히 분쇄된, 게다가 현금이 언제나 넉넉했던 이탈리아에서는 13세기에 들어 이들과 같은 용병 떼거리들이 활개를 쳤고 독립적으로 행동했다. 종종 이들 용병 떼거리들은 돈을 지불할 의향만 있다면 누구에게든 주저 없이 군사적으로 봉사했으며, 때로는 단순히 공갈협박으로 돈을 뜯어내기도 했다. 이에 대해서는 제2장에서 좀 더 자세히 다룰 것이다. 프랑스에서 이들의 활동은 100년 후 소름끼칠 정도로 극에 달했다. 백년 전쟁[1337~1453]은 프랑스와 영국 양측 모두에게 이제까지 본 적 없는 이와 같은 용병 부대의 집중을 가져다주었으며, 이들 용병 부대에는 귀족 집안 출신과 천민 집안 출신이 모두 섞여 있었다. 이들 용병은 전쟁 막간에는 농촌을 갈취하며 보냈다. 14세기 중엽부터 15세기 중엽까지 '시체를 뜯어먹고 사는 놈들écorcheurs'이라는 혐오스러운 이름으로 별칭되었던 이들은 무리를 지어서 혹은 홀로 프랑스 전역을 내키는 대로 배회하며 약탈과 강간, 방화를 일삼았다. 이들은 정기적으로 급료를 제공할 수 있는 권력자에 의해 재고용되는 경우 이러한 활동을 잠시 미루기도 했다. 하지만 그런 기간은 점점 더 짧아져갔고 불규칙적이 되어갔다. 다급한 프랑스 왕들은 이들을 몰아내기 위한 목적으로 스페인과 헝가리로 기사들을 이끌고 출정하기도 했다. 상황은 백년 전쟁이 끝날 무렵에야 겨우 개선되었는데, 국왕이 프랑스 상인들의 절망감에 기대어 자신의 왕실 군대를 정규군화할 목적으로 특별 소작세인 '군인세taille des gens de guerre'를 거둘 수 있는 권리를 획득할 수 있었기 때문이었다. 15세기 말 이 토지세taille는 더 이상 신분제회의의 허가를 받을 필요가 없는 상설세가 되었다.

프랑스 신분제회의는 그 첫 교부금을 1439년 샤를 7세[1403~1462, 재위 1422~1461]에게 줬다. 1444년에 샤를 7세는 농촌 지역에서 우글거리고 있었던 용병 떼거리들 중 일부를 영구적으로 왕실에 봉사하는 군대로 수용하도록 칙령을 내렸으며, 그들을 앞세워 나머지 무리들을 강력히 해산시켜나갔다. 이러한 왕실 칙령군은 봉건적 의무나 각 부대장이 자기 몫의 총액에 따라 군대를 모집하고 급료를 지급하는 '고용 계약'에 따르지 않았다. 이제 모든 장교는 국왕에 의해 임명되었으며(따라서 이들은 진정으로 공직에 종사하는 '장교들officers, office-holder'이라 할 수 있었다), 장교와 사병 모두 국왕으로부터 직접 보수를 받았다. 또한 이들은 국왕이 지명한 도시에 주둔했다. 이들은 완전한 유급 군대였지만 아직 국민군은 아니었다. 독일인, 스코틀랜드인, 이탈리아인 모두 이 군대의 전우였다. 이들은 매우 위협적이었다. 이에 프랑스 왕의 부유한 경쟁자였던 부르고뉴의 용담공 샤를[1432~1477, 부르고뉴 공작 재위 1467~1477]은 25년 뒤 샤를 7세를 따라할 수밖에 없었다. 용담공 샤를은 즉각 이 새로운 군대를 동원해 일련의 군사적 모험을 감행했으나 스위스인들과 프랑스인들에 의해 막대한 피해를 입으며 탕진했다. 이로써 아주 쉽게 그렇게 될 수 있었는데도 불구하고 부르고뉴는 유럽의 열강으로 자리 잡지 못하게 되었다.

프랑스 왕들은 훨씬 더 신중했다. 프랑스 왕들은 반세기에 걸쳐 현명한 혼약을 통해 영토를 공고히 하고 부를 증대시켰으며, 자신들의 군사력을 헛되이 낭비하지 않았다. 마침내 1494년에 샤를 8세가 영광과 모험, 권력과 '군사적 미덕virtù', 그리고 르네상스의 그 모든 황홀한 노획물들을 찾아 이탈리아 원정에 나섰을 때, 그는 이제까지 유럽에서 찾아볼 수 없었던 최상의 군대를 거느리고 있었다. 스위스 창병들이 보병의 핵을 구성하고 있었고, 기병대는 자신감 넘치고 고상했으며, 청동 포병 연대는 공격 목표가 된 모든 성을 폐허로 만들 수 있었다. 그리고 이들 모두 잘 비축된 국고로부터 급료를 지급받았다. 샤를 8세의 군대는 그 구성에 있어 300여 년 후 나폴레옹[1769~1821, 프랑스 황제 재위 1804~1815]이 동일한 전장으로 이끌고 간 군대와 본질적으로 차이가 없었다. 프랑스 기병대들은 극구 부정했겠지만, 기사들의 전쟁은 종말을 고하고 있었다.

제2장

용병들의 전쟁

돌이켜보면 샤를 8세의 군대를 '근대적인modern' 군대의 시초라 칭할 수 있을 것이다. 왜냐하면 샤를 8세의 군대는 상호 보완적인 전략상의 조합을 위해 동원된 세 병과로 구성되었을 뿐만 아니라, 그들 중 상당수가 중앙의 국고에서 급료를 지급받았기 때문이다. 사실 역사가들은 대개 1494년 프랑스의 침공으로 개시되었던 이탈리아 전쟁[1494~1559]을 '근대 유럽사'의 시작으로 보고 있다. 하지만 15세기가 끝날 무렵 군사 분야 혹은 어느 다른 분야에서도 마찬가지로 새로운 세기가 다가오고 있다는, 즉 '기어 변속change of gear'이 이루어지고 있다는 사실을 인지한 이는 거의 없었다. 오히려 현실은 정반대였다.

앞 장에서 우리는 후기 중세의 자기의식적인 의고주의archaism, 특히 왕실 군대의 중핵을 구성하고 있었던 프랑스 기사군의 의고주의에 대해 살펴보았다. 그러한 의고주의는 16세기 중엽, 최소한 그와 같은 감정을 몸소 체현하고, 유럽의 모든 정치를 양분시켜놓았던 프랑스의 프랑수아 1세[1494~1547,

재위 1515~1547]와 신성로마제국의 카를 5세[1500~1558, 재위 1519~1558]의 경쟁이 끝날 때까지 존속되었다. 16세기 전반을 메웠던 전쟁은 카토-캉브레지Cateau Cambresis[프랑스 북부 마을]에서의 교착 상태에 의해서야 겨우 종식되었으며, 그 동기 면에서 전적으로 '중세적'이었다. 바꿔 말해, 이 시기 전쟁은 재산과 왕위 계승의 개인적인 권리를 주장하거나 방어하기 위해, 아니면 말을 듣지 않는 봉신들을 처단하기 위해, 혹은 이슬람교도들에 맞서 기독교 사회를 지키기 위해, 또는 이교도들로부터 교회를 지키기 위해 치러졌다. 샤를 8세는 아라곤Aragon 왕가[11세기부터 1479년 사이 스페인 북동 지역을 지배]에 맞서 나폴리 왕권에 대한 앙주 왕가의 권리를 확정짓고, 그 후 예루살렘을 재탈환하는 십자군 전쟁을 지휘하기 위해 이탈리아를 침공했다. 그의 후계자인 오를레앙Orléans의 루이 12세[1462~1515, 재위 1498~1515]는 스포르차[1450년 이래 밀라노 실질적 통치. 1494년 루드비코 스포르차는 밀라노 공으로 합법적 지위를 획득] 가문과 그들의 신성로마제국의 동조자들로부터 밀라노 공국에 대한 자기 가문의 권리를 지킬 목적으로 전쟁을 이어나갔다. 신성로마제국의 황제 카를 5세는 1519년에 선출된 이후, 두 싸움을 모두 넘겨받았다. 나폴리 왕권에 관한 쟁투는 자신의 외조부인 아라곤의 페르디난트로부터, 밀라노 공국을 둘러싼 갈등은 조부인 막시밀리안 황제로부터 물려받았다. 이에 더해 카를 5세는 외조모인 카스티야의 이사벨라로부터 나바라Navarra[남서 유럽 지역. 현재 스페인과 프랑스 국경 부근] 왕위를 둘러싼 싸움을, 그리고 조모인 부르고뉴의 메리[1457~1482, 재위 1477~1482]로부터 그녀의 부친인 용담공 샤를이 프랑스 왕에게 빼앗긴 영토를 둘러싼 전쟁을 넘겨받았다. 이 모든 전쟁에 있어서 카를 5세의 주적은 프랑스 왕인 프랑수아 1세였다. 프랑수아 1세는 신성로마제국의 황제권을 둘러싸고 카를 5세와 다투었다. 또한 프랑수아 1세는 독일 지역에서 황제로서 자신의 지배권을 천명하고자 한 카를 5세의 시도에 저항하던 반항적인 개신교 군주들을 돕는 한편, 지중해 지역에서 매우 위협적으로 진군함으로써 카를 5세가 힘을 집중시키지 못하도록 만들고 있었던 이슬람교도들과도 묵약을 맺었다. 따라서 적어도 16세기 전반부에 있어서 전쟁은 상속권을 둘러싼 개별 군주들 사이의 사적인 다툼이었으며, 결코 국익이라고 여겨지는 것을 둘러싼 국가 간의 다툼이 아니었다. 당연히 국민들 사이의 전쟁은 더더욱 아니었다. 1536년까지도 카를 5세는 결투 신청을 하는 것을 전혀 이상하게 생각하지 않았으며, 프랑수아 1세 또한 그의 결투 신청을 받아들였다. 이에 교황이 개입할 수밖에 없었고, 이 싸움은 지난 400년 동안 기독교 군주들이 되풀이했듯이, 두 군주가 니스에서 각자의 이해 차이를 접어두고 함께 십자군 전쟁에 나서기로 선언하며 화려하고 사치스럽게 상호 간의 우정을 표명함으로써 성급히 일단락되었다[니스 정전 협약Truce of Nice, 1538].

그럼에도 이와 같은 갈등이 집중되어 발생했다는 사실은 정치적으로나 군사적으로나 중요하다. 명백히 카를 5세와 프랑수아 1세는 둘 다 선조들의 신중한 왕조 간 결혼으로 인해 자신들이 혹은 자신들의 후계자들이 감당할 수 있는 능력 이상으로 축적된 영토를 승계받았다. 결국 카를 5세는 합스부르크[11세기에 세워진 독일 왕조로 1440년 이래 신성로마제국 왕조]의 유산을 좀 더 다루기 쉽도록 스페인과 오스트리아로 양분했으며, 프랑스는 1559년 프랑수아 1세의 아들 앙리 2세[1519~1559, 재위 1547~1559]의 사후 50여 년에 걸친 내전에 휩싸이게 된다. 그러나 이러한 갈등의 집중에 따른 변화는 비가역적이었다. 서로 쟁투하는 백작들과 공작들의 무리 속에서 독특한 권력과 권리를 지닌 단연코 '주권 군주들sovereign princes'이라 불릴 만한 이들이 새로운 정치적, 재정적, 그리고 군사적 힘의 질서에서 중핵으로 등장하기 시작했다. 이들 사이의 경계는 결코 뚜렷하지 않았다. 독일에서는 특히 더 희미했는데, 바바리아Bavaria와 작센의 공작들과 같은 강력한 세도가들이 있었는가 하면, 스바비아나 프랑코니아에 겨우 몇 에이커 정도의 땅만 지닌 영주들도 있었다. 하지만 카를 5세 사후 한 세기 동안 지속되었던 전쟁에서 점차 뚜렷하게 드러난 점은 군주들 사이의 관계가 더 이상 봉건적 경쟁이나 의무가 아니라 경제적인 그리고 군사적인 힘에 의해 결정되었다는 것이다. 그리고 그와 같은 힘은 강자의 손에 점점 더 집중되었다. 약소 군주들은 단지 독일에서만 살아남을 수 있었는데, 이는 합스부르크 왕조가 이들을 다루기보다 프랑스와 싸우거나 이슬람교도들과 다투는 데 더 정신이 팔려 있었기 때문이었다. 하지만 16세기 초에 이르면서 겨우 대여섯 개로 줄어든 이탈리아 반도의 국가들 또한 16세기가 끝날 무렵에는 거의 모두 합스부르크 왕가에 의해 통합되었다. 단지 사보이와 베니스 그리고 교황령Papal States만이 주권국가의 외형 이상을 간직할 수 있었다.

이는 16세기에 접어들면서 독립을 위한 비용이 매우 많이 들어가고 있었기 때문이었다. 멋들어진 포병 연대만 구비해야 했던 것이 아니라 마찬가지로 비용이 많이 드는, 하지만 반드시 갖추어야 할 보병대도 있었다. 앞으로 보겠지만, 그에 따라 요새도 점점 더 견고해져갔다. 자신의 신민들로부터 세금을 걷을 수 있는 정치적 능력이 있거나 푸거Fugger가나 벨저Welser가[아우크스부르크를 근거지로 했던 대표적인 두 독일 상인 금융 가문]와 같은 신흥 은행 가문들로부터 자금을 빌릴 수 있는 신용을 지닌 군주는 자신보다 약한 대적자들을 완전히 깔아뭉갤 군대를 전장으로 보낼 수 있었다. 물론 이는 말하기는 쉬워도 행동으로 옮기기는 매우 어려운 일이었다. 카를 5세와 프랑수아 1세의 전쟁은 발작적으로 진행되었으며, 마찬가지로 스페인의 펠리페 2세[1527~1598,

재위 1554~1598]의 전쟁 또한 왕실의 극적인 재정 파탄으로 말미암아 종종 갑작스레 중단되곤 했다. 유럽의 군주들이 별 문제없이 계속해서 상비군을 유지하고, 장기간 출정할 수 있을 정도로 자신의 영토 내 자산에 대한 통제권을 획득하게 된 것은 17세기 중반 이후나 되어서였다. 그럼에도 16세기가 끝날 무렵, 말하자면 성인과 소년은 구분되었다. 어떤 군주가 자신의 목적을 위해 전쟁을 일으킬 수 있는지 그리고 어떤 군주는 그렇게 할 수 없는지가 명백해졌다.

이와 같은 변화는 전쟁에 관한 글들에 반영되었다. 아퀴나스[1205~1274] 이래 중세의 저자들은 주권 군주만이 정당히 전쟁을 일으킬 수 있다고 줄곧 주창해왔으며, 그 같은 신조는 14세기 기사들이 항상 휴대하고 다녔던 '지침서vade mecum'였던 호노레 보네[1340~1410]의 『전투의 나무L'Arbre des batailles』라는 책에 잘 정리되어 있다.[1] 보네는 다음과 같이 적고 있다. "개인은 자신에게 잘못을 저지른 다른 이들을 처벌하기 위해 스스로 나설 수 없다. 하지만 군주는 이들의 문제를 공정하게 판가름해야만 한다." 이어 보네는 약간 침울한 목소리로 다음과 같이 한탄했다. "하지만 요즘은 모두가, 심지어는 하찮은 기사들조차 전쟁을 일으킬 권리를 가지고자 난리다. 법에 따르면 이는 절대 있을 수 없는 일이다." 사실 군주가 자신의 주요한 봉신들보다 그다지 큰 힘을 발휘할 수 없는 경우에 법은 사문에 불과했다. 심지어는 소남작도 난공불락의 성을 보유하고 있다면 자기 소유의 농촌 지역에 대해 무소불위의 영향력을 행사할 수 있었다. 군주 권력의 강화는 중세 법학자들이 '사적 전쟁'이라 칭했던 형태의 전쟁을 종결시켰다. 그리고 16, 17세기의 저자들은 '온전한 국가들perfect states'에 의해 행해지는 전쟁과 마지막 봉건 구속력조차 상실하고 개인과 개인 사이의 결투 혹은 약탈로 전락한 사적 행동을 명확히 구분하고자 했다.

국가의 '완성perfection', 즉 상위의 권위체로부터 독립되고 자신의 영토 내에 자신의 법을 강제할 수 있는 능력을 가진 주권 군주의 등장은 이미 한 세기 전 이와 같은 국가들의 체제가 발달했던 이탈리아에서 오랫동안 지켜진 정치 신념이 유럽 곳곳에 전파될 수 있도록 했다. 마키아벨리[1469~1527]에 의해 가장 명쾌히 구체화된 그와 같은 사고에 따르면 국가만이 자신의 이익을 판단할 수 있었다. 마키아벨리가 말했듯이, "전쟁은 필요하다면 정당했으며" 어떠한 상위의 권위체도 그 필요를 판단할 수 없었다. '군주의 최상의 법은 안전이다Salus principis suprema lex.' 이러한 생각은 점차 유럽의 선도적인 법학자들, 프랑스의 보댕[1530~1596], 이탈리아의 젠틸리[1552~1608], 스페인의 비토리아[1486?~1546] 등의 지지를 받았다. 물론 이들은 정당한 전쟁과 그렇지 못한 전쟁이 존재하며, 분쟁의 충분한 사유와 충분치 못한 사유가 있다는 점에 동의했다. 그럼에도 궁극적으로는 군주만이 유일한 판단자였으며, 보통 분쟁의 당사자들은 각자 자신이 옳다고 믿었다.[2] 그러나 이와 같은 관점은 네덜란드의 위대한 사상가인 휘호 흐로티위스Hugo Grotius[1583~1645]의 연구서 『전쟁과 평화의 법De Jure Belli ac Pacis』에서 기독교 사회의 화합이라는 좀 더 전통적인 개념과 어우러질 터였다. 1625년, 스페인과 네덜란드 사이에 벌어졌던 80년간의 전쟁 중에 출판된 이 책은 주권국가들의 존재를 인정했으나, 그들이 어떠한 공동의 상위 권위체에 대한 충성이 아니라 사회적 존재로서의 요구, 즉 그를 강제할 법정이 존재하지는 않지만 구속력을 지니고 있는 자연법에서 도출된 국제법Laws of Nations의 구속을 받는다고 보았다. 그 법만이 무엇이 전쟁의 충분한 사유가 되고 되지 않는지를, 그리고 전쟁 중 어떠한 행동이 허용되고 되지 않는지를 판가름했다. 실상 흐로티위스는 오늘날에도 우리가

1638년 런던에서 출판된 『독일의 비탄The Lamentations of Germany』이란 팸플릿에 실린 삽화로 전쟁의 기본적인 에티켓을 강조하고 있다. 교회에서 기도하는 이를 뒤에서 공격하거나 아이를 학살하거나 포로의 귀를 잘라 장식하는 일들과 같은 비인간적인 행위가 당시 얼마나 만연했는지를 역설적으로 보여준다.

의식적이든 무의식적이든 여전히 따르고 있는 국제관계에 대한 그리고 전쟁과 평화에 대한 사고의 틀을 주조했다.

흐로티위스는 북서 유럽의 지난한 전쟁에 대한 자신의 경험을 바탕으로 글을 썼다. 100여 년 전 전쟁에 수반되었던 기사도적인 매력은 17세기가 시작될 무렵 완전히 사라져버렸다. 1625년 흐로티위스는 다음과 같이 썼다.

나는 야만 국가들조차 수치스러워할 전쟁의 방종이 기독교 세계 전역에 퍼져 있는 것을 목도하고 있다. 사소한 이유로 혹은 아무런 이유 없이 힘으로 문제를 해결하고자 하고 있으며, 무기를 든 순간 신과 인간의 법에 대한 모든 경배가 내팽개쳐지고 있다. 마치 어떠한 규제도 없이 모든 종류의 범죄를 저지르도록 허락된 것마냥.[3]

이제 흐로티위스가 일정한 제한을 가하고자 했던 이와 같은 전쟁의 성격에 대해 좀 더 자세히 살펴볼 차례다.

그 주된 특징은 이번 장의 제목을 통해 지적했다. 이 시기 전쟁의 근본적인 이유가 무엇이었든지 간에, 즉 계승 문제를 둘러싼 갈등이었든, 아니면 16세기 후반에 들어서면서와 같이 종교적 신념에 따른 전쟁이었든, 이 시기 전쟁은 순전히 상업적 계산에 따라 움직였던 국제적인 전쟁청부업자계급에 의해 치러졌다. 이는 결코 새로운 것이 아니었다. 앞 장에서 보았듯이, 이는 중세 후기 이래 진행되고 있었던 일련의 과정의 연장이었다. 이제 그러한 경향은 더 체계화되었고 완성된 모습을 띠었다. 16세기가 시작될 무렵 프랑스의 '소집령ban'이나 '군대 동원령arrière ban'과 같이 기사로서의 봉사에 관한 봉건 의무가 남아 있었던 지역에서도 귀족계급은 자신들의 군사적 습성을 상실했거나 아니면 이를 상업적인 이익을 취할 수 있는 방향으로 틀고자 했다. 앞서 살펴보았듯이, 다음 세기에 전문 군대로 변모할 기초적 형태가 처음 발전했던 지역 역시 프랑스였다. 그러나 15세기 '칙령군compagnies d'ordonnance' 소속 기병대와 그에 상응하여 16세기에 프랑수아 1세가 만든 왕실 국고로부터 급료를 받는 '보병 군단legions'은 정해진 시간 내에 에누리 없이 현금으로 돈을 지불하겠다는 보증만이 고용주에 대한 유일한 충성심의 끈이었던 청부업자계급에 의해 모집, 운영, 파병되었던 군대의 극히 일부에 불과했다. 프랑스에서도 이는 다른 유럽 지역과 다르지 않았다.

이 같은 종류의 군 계약업자들은 알프스 이북 지역에 자리를 틀기 수 세기 전 이탈리아 반도에서 활개를 쳤다. 앞 장에서 언급했듯이, 서임권 투쟁에 따른 봉건 구조의 파편화로 인해 이탈리아 귀족계급은 각자도생의 길을 선택할 수밖에 없었다. 그와 더불어 도시 경제의 조숙한 발전은 군 계약업자들이 소유하고 있는 군사적 기술을 큰돈을 지불하고 고용할 준비가 되어 있는 부유한 도시국가라는 고객을 양산했다. 게다가 독일 황제들에 의해 불려 내려오거나 십자군 전쟁의 썰물에 밀려 남겨진 외국 기사들은 14세기 들어 돈을 준다면 누구를 위해서라도 칼로 봉사할, 그리고 돈을 지불하지 않는다면 그 누구에게라도 칼을 휘둘러 지옥의 고통을 입힐 만반의 채비를 갖추고 있었다. 그들 중 가장 잔인무도한 자들은 1338년에서 1354년까지 15년 동안 활개쳤던 1만여 명에 이르는 강력한 무리로 '위대한 중대Great Company'라 불렸다. 이 집단의 구성은 매우 국제적이었으며, 이들은 오늘날 우리가 강탈이라 부를 만한 행동을 대규모로 자행하고 다녔다. 몇 년 후인 1361년, 프랑스와 영국 사이의 백년 전쟁이 마무리되면서 일자리를 잃어버린 '방랑 용병들routiers' 떼거지가 이들을 계승했다. 이들 방랑 용병들은 영국인 존 호크우드

영국 출신 용병 대장 존 호크우드 경의 공로를 기려 플로렌스의 대화가 파올로 우첼로가 플로렌스 성당에 비치하기 위해 그린 1436년 작품이다.

경[?~1394]을 모범으로 삼아 남으로 내려와 유명한 백색 중대White Company를 조직했다. 이들 외국인들은 분명 야만적이었지만, 이탈리아의 고용주들이 보기에 자신들을 덜 속일지라도 자신들의 정치권력까지 넘볼 이탈리아의 전사들[시민군]보다는 이들이 더 선호할 만했다. 그러나 14세기 말에 이르면 이들 외국 용병들은 지역 귀족계급에 흡수되었거나, 아니면 고국으로 돌아갔거나, 그도 아니면 사망했으며, '콘도티에리condottieri'는 제도화되었다.

'콘도티에리'는 단순히 '청부업자contractor'를 지칭했다. 이 명칭은 어느 정도 규모로 부대가 동원될 것인지, 얼마 동안 일을 할 것인지, 그리고 어느 정도의 급료가 지급될 것인지가 구체적으로 명시된 병무 계약서인 콘도타condotta에서 유래했다. 이들은 작은 무리의 우두머리들로부터 토지와 봉토를 사례로 받았던 곤자가Gonzaga, 에스테Este, 혹은 콜로나Colonna 가문과 같은 귀족 가문에 이르기까지 그 형태와 크기가 매우 다양했다. 우르비노Urbino[이탈리아 중동부의 성읍]에서 프레데리코 몽테펠트로[1444년 우르비노 영주, 1474년 우르비노 공작]가 그러했듯이, 그들 중 어떤 이들은 독립 군주로 자리매김하기도 했으며, 이들과의 복무 계약은 사실상 주권자들 사이의 협정과 같았다. 밀라노의 비스콘티 가문이나 스포르차 가문이 그러했듯이, 이들은 자신들이 고용된 국가에서 정치적으로 지배적인 위치에 오르기도 했으며, 혹은 국방 문제에 관한 전문적인 조언자로 고용되거나 모집된 시민군들을 지휘하고 훈련시키는 역할을 담당하기도 했다.

콘도티에리에 의해 제공된 군대는 대부분 말을 타고 있었다. 즉 그들은 적어도 한 명의 무장한 중기병과 그의 시중을 드는 종자, 수습 기사, 그리고 창이나 석궁, 아니면 15세기 말부터는 아퀘부스로 무장한 보병들로 이루어진 '랜스들'로 구성되었다. 특히 그들의 전투 방식은 안드레아 브라초[1368~1424]

와 프란체스코 스포르차와 같은 전문 용병들의 손을 거치면서 양동 작전이나 습격, 혹은 마지막 순간을 위해 주력 부대를 남겨두는 작전, 그리고 책략과 기습 공격과 같은 방식으로 정교화되었다. 전략과 전술은 하나의 예술 형식과 같은 것이 되었다. 그러나 큰돈을 들여 그들을 고용한 사람들은 종종 콘도티에리가 내켜하지 않았던 결정적인 성과를 요구했다. 이들 용병들이 무혈의 전쟁을 치렀다는 마키아벨리의 조소 조의 비난은 사실에 근거한 것이 아니었다. 하지만 그들은 분명 모든 전문직업인, 특히 자신이 고용한 이들에게 개인적으로 막대한 투자를 한 전문직업인의 조심성을 지니고 있었다. 단 한 번의 성급한 결정으로 많은 돈을 들인 노동력을 상실할 경우 어마어마한 대체 비용이 들었다. 15세기가 끝날 무렵 스위스 창기병 대대, 프랑스의 기병대, 그리고 스페인의 '테르시오들tercios'이 이탈리아 반도로 몰려들어오고 있을 때[이탈리아 전쟁, 1494~1559] 이들 용병들은 그 몸을 사리는 태도와 우유부단함으로 인해 제대로 대응하지 못했다. 반면 이탈리아에 침범한 외국 군대들의 철두철미함은 이탈리아 전장을 전에 없이 잔혹하게 만들었다.

하지만 이와 같은 새로운 양상도 얼마 가지 못했다. 1494년의 포르노보Fornovo[이탈리아 서북 지역 도시] 전투와 1525년의 파비아Pavia[이탈리아 서북 지역 도시] 전투 사이에 열두어 번 정도의 결정적인 경합이 있었다. 그러나 그 후 약 100년에 가까운 시간 동안 서유럽에서 주요한 전투는 거의 사라졌다. 이에 대해 여러 이유를 들 수 있을 것이다. 뒤에서 살펴보겠지만, 축성술과 화력의 발전도 그중 하나였다. 하지만 그에 못지않게 중요한 까닭은 이탈리아의 방식에 기초한 군사 기업가 정신이 알프스 이북 지방에서도 확산되기 시작했으며, 그로 인해 비용이 많이 든 부대를 아끼고자 하는 자연스러운 욕망이 커졌다는 데 있다. 출정을 계획할 때나 전쟁을 수행함에 있어서 명예의 추구는

16세기 초 벨기에 자수로, 파비아 전투의 한 장면을 묘사하고 있다.

신중한 전문가로서의 능력으로 대체되었다. 그들의 조심성은 군대에 쏟아부은 자신의 투자가 부와 정치적 영향력 또는 영토로 회수되기를 갈망하는 자들의 그것이었다. 물론 전문가로서의 능력도 용기와 끈기 그리고 가끔은 자기희생을 요구했다. 전쟁의 세계에 겁쟁이와 얼간이의 자리는 없었다. 하지만 직업군인들은 만약 자신이 원하는 바가 다른 수단을 통해 얻어질 수만 있다면 군이 자신이나 자신의 지휘 아래 있는 자들을 사지로 내몰고자 하지 않았다. 따라서 그들에게 출정을 성공리에 마무리하는 가장 효과적인 길은 전투를 피하면서, 적의 자금이 떨어지고 적의 용병들이 탈영해 적이 어떻게든 평화를 제안할 수밖에 없을 때까지 그 영토를 뜯어먹고 사는 것이었다. 1525년 파비아 전투에 앞서 프랑스 왕을 저버렸던 스위스 군대와 1547년 뮐베르크Mühlberg[독일 동부 소도시] 전장에서 카를 5세를 격퇴시킬 만큼 강력한 군대를 내세우지 못했던 독일 개신교 소군주들의 무능력은 '돈은 싸움의 힘줄pecunia nervus belli'이라는 당시 유행했던 라틴어 경구의 가장 대표적인 예시에 다름 아니었다.

유럽에서 가장 악명 높고 한동안 가장 인기 있었던 용병은 스위스인들이었다. 앞서 보았다시피, 14세기 도끼창과 장창으로 연방주들의 독립을 쟁취했던 스위스인들은 열악한 경제 사정으로 인해 돈을 지불하기만 하면 누구를 위해서든 자신들의 군사 기술을 빌려줘야만 했다. 16세기에 접어들면서 이들을 고용한 것은 주로 프랑스인들이었다. 하지만 스위스 용병들은 타의 추종을 불허했다. 무엇보다 그들에게 전쟁은 국가적 산업이었다. 출정 기간 동안에도 부대의 선발뿐만 아니라 모든 계약 협상은 성공적인 노동조합에서나 찾아볼 수 있을 법한 다루기 힘든 민주적 절차에 따라 운영되는 주 당국이 직접 맡았다. 다음으로 스위스 용병들은 고도로 전문화되어 있었다. 그들은 백병전을 위해 장검과 도끼창으로 무장한 이들을 포함하는 거대한 창병 방진을 구축했는데, 사실 그것이 다였다. 이후 그들은 측면 보호를 위해 아퀘부스와 소화기로 무장한 이들을 몇 명 보충했다. 그러나 기본적으로 스위스인들은 기술을 다양화하려 하지 않았다. 점차 '총수shot'의 중요성이 커지고 대형이 유연해짐에 따라 스위스 용병들의 창병 방진은 마치 거대한 공룡과 같이 새로운 환경에 적응하지 못하고 뒤처져갔으며, 이로써 중세 말 영국의 궁수들과 마찬가지로 스위스 용병들은 보병사에 있어 하나의 의문점으로 남게 되었다. 16세기의 보병전은 독일과 스페인에서 온 전문 군인들에 의해 다시 짜여졌다.

스위스 용병들의 주된 경쟁자였던 남부 독일의 란츠크네히트는 전쟁의 변화하는 요구에 좀 더 유연하게 자신들을 맞췄다. 이에는 여러 가지 이유가 있었겠지만, 무엇보다 그들을 이끌었던 이들에게 전쟁과 전쟁에 필요한 기술은 순수한 사업의 조건이었지 스위스 용병들에게처럼 불변하는 사회적 제도가 아니었다는 점을 꼽을 수 있다. 란츠크네히트는 장창으로 유명세를 얻었지만, 전장에서 '총수'의 중요성이 커짐에 따라 그 역시 보완했다. 사회적으로나 지리적으로나 그들의 모집 범위는 스위스 용병들보다 훨씬 더 광범위했다. 원래 란츠크네히트는 남부 독일의 소귀족계급과 그들의 가신들로 구성되어 있었다. 16세기 초 이들 기사들 중 몇몇이 활동 범위를 확장했으며, 활동에도 변화를 주기 시작했다. 그들은 창병과 총병뿐만 아니라 기마 '랜스들'과 포병도 모집했다. 물론 이들 용병 부대의 중추는 오랫동안 독일의 귀족계급이었지만, 토지나 세수가 없었던 약소 기사들은 자신들보다 좀 더 운이 좋았던 이웃, 즉 모든 계급과 나라에 걸쳐 충원된 경험 많은 부대의 점증하는 부와 과시를 따라갈 수 없었으며, 이에 점차 그 부대들로 흡수되었다. 16세기 말에 이르면서 전쟁은 국제 무역의 하나가 되었으며, 군대의 규모가 더 커지고 모든 계층으로부터 모험심 가득한 또는 절망한 이들을 끌어들이게 되면서 이들 군대에서 귀족계급의 비율은 낮아졌다. 병사들은 무기와 장비를 스스로 갖춰야 했기에 정말로 궁핍한 자들은 배제되었다. 하지만 한번 병적에 오르면 강인하고 야망 있고 파렴치한 청년이 신분상승을 할 수 있는 기회는 매우 많았다. 급료가 제때 주어지지는 않았지만 질병과 전투에서 살아남는다면, 또 동료들에 의해 강탈당하지 않는다면, 그리고 수입을 술이나 노름으로 탕진하지 않는다면, 전리품과 포로의 몸값 그리고 노획물은 자신의 사업을 일구기 위해 필요한 목돈이 될 수 있었다.

어쨌든 그러한 연유로 사람들은 군인이 되었다. 16세기 말에 이르면서 군인은 계급과는 상관없는, 국제적이고 위험한 직업이 되었다. 용병은 어느 누구라도 섬겼다. 독일 개신교도들은 기꺼이 스페인 혹은 프랑스의 깃발 아래 싸웠으며, 이탈리아 전문 용병들은 영국 여왕을 위해 혹은 네덜란드인들을 위해 일했다. 당연히 그들은 돈을 받지 못하면 일을 하지 않았다. 돈을 받지

안트베르펜 출신의 화가 세바스티안 브랑크스(1573~1647)의 1616년 작품으로, 민간인들을 약탈하는 군인들의 모습을 담고 있다.

못할 경우 그들은 생계비를 포함해 뜯어낼 수 있는 모든 것을 자신들이 숙영하는 지역의 농민과 상인들로부터 갈취했다. 급료를 받지 못한 스페인 부대에 의해 안트베르펜Antwerpen[현재 벨기에 북부 항구 도시]이 약탈당하고 파괴된 '1576년의 사건Spanish Fury'은 16세기 말에서 17세기 유럽 북부 및 중부 지역의 수많은 도시와 마을이 겪어야만 했던 운명 중 가장 끔찍하고 극단적인 경우였다. 군대의 규모가 계속 커지고 점차 통제하기 힘들어짐에 따라, 그리고 급료가 고정적으로 지급되지 않음에 따라 이들은 야영지를 따라다니며 생계를 꾸렸던 무리와 함께 메뚜기 떼와 같이 군집을 이뤄 자신들이 가는 길목에 운 없이 자리한 마을을 모두 휩쓸고 파괴했다.

용병들 중에서 많은 부와 권력을 얻은 이는 그리 많지 않았다. 종종 그러하듯, 윗자리에 올랐던 자들이 가장 많은 이권을 차지했다. 17세기 초 군대에 나름의 자취를 남겼던 이들은 그들 나름대로 귀족계급에 속했다. 예를 들어 네덜란드에서 스페인 왕의 군사를 책임졌던 제노바Genova[북서 이탈리아 항구] 출신의 스피놀라 후작, 1618년에 팔츠Pfalz[영어로 팔라틴Palatine이라 불리는 독일 남서 지역]의 선제후Elector[프리드리히 5세. 1596~1632, 재위 1610~1623]를 위해 군대를 모집했지만 곧 더 많은 돈을 지불하는 이를 위해 매정하게 무기를 거꾸로 든 만스펠트Mansfeld[독일 중부 도시]의 에르네스트 백작, 가장 거대한 군사 기업가이자 유럽에서 가장 부자가 되었던 보헤미아Bohemia[중부 유럽 현 체코 공화국 지역] 출신의 알브레히트 폰 발렌슈타인 백작이 있었다. 알브레히트 백작은 발트 해 연안에서 보헤미아에 이르는 땅을 지배했으며, 그의 공장과 소유지는 신성로마제국의 군대에 전례가 없을 정도로 엄청난 무기와 군수물자를 제공했다. 그리고 처음에는 스웨덴을 위해, 이후에는 프랑스를 위해 군대를 일으킨 작센-바이마르의 베른하르트 왕자[1604~1639]도 있었다. 특히 베른하르트 왕자는 중요한데, 왜냐하면 그는 자신보다 더 강력한 이웃들 가운데 돈을 지불할 수 있는 자에게 작지만 뛰어난 군대를 제공할 수 있는 능력에 따라 부와 정치적 영향력이 결정되었던 약소 독일 군주의 전형이 되었기 때문이다. 그와 같은 일은 얼마 지나지 않아 브란덴부르크Brandenburg[독일 동북 지역]의 선제후들과 그들의 후손인 프러시아 국왕들에 의해 가장 성공적으로 계승되었다.

그러나 이들 거대 군사 기업가들과 관련하여 가장 흥미로운 점은 그들 중 어느 누구도 자신의 군사적 능력을 정치권력으로 전환시키지 못했다는 사실에 있다. 그나마 메클렌부르크Mecklenburg[독일 동북의 발트 해 연안]에서 엄청난 재산을 획득했던 발렌슈타인이 그에 가장 근접했다. 만약 살아남았다면 알브레히트 발렌슈타인은 새로운 왕조를 합법적으로 세웠을 것이고[1634년

영국 군사 미술가 어니스트 크로프츠(1847~1911)가 그린 30년 전쟁 당시 전투의 상상화 중 하나로, 개신교 반란군을 진압하고 돌아오는 발렌슈타인의 모습을 묘사하고 있다.

30년 전쟁이 끝난 직후 출판된 당시 국제정치 상황을 묘사한 삽화로, 누워 있는 이는 1632년 독일 뤼첸 전투에서 사망한 스웨덴의 국왕 구스타브 아돌프이며, 옆의 소년은 루이 14세로 당시 프랑스의 반합스부르크 동맹국이었던 네덜란드 공화국의 지도자인 오라녀 공의 손을 잡고 있다.

2월 자신의 부하들에 의해 암살됨), 그의 영토는 머지않아 주권국가로 탈바꿈할 수 있었을 것이다. 하지만 당시 전쟁은 국제 무대 위의 그와 같은 행위자들이 항구적인 세력으로 자리 잡기에는 너무 오래 지속되었을 뿐만 아니라 결정적이지도 않았다. 그리고 다소 놀랍게도 1648년의 평화 협정[베스트팔렌 평화 조약Peace Treaty of Westphalia]은 싸움이 시작되었던 30년 전 독일에 '실제로de facto' 존재했던 주권자들만을 '법적으로de jure' 인정했다.

그들이 거느렸던 군대는 어떠했을까? 본질적으로 그들의 군대는 샤를 8세가 1494년에 이탈리아로 이끌고 갔던 군대와 별반 다르지 않았다. 그들 역시 기병대와 일부는 창으로, 일부는 총으로 무장한 보병대, 그리고 포병 연대로 구성되어 있었다. 하지만 이 시기에 이 세 병과 내부적으로는 비약적인 발전이 이루어졌다. 이에 1648년 무렵 유럽에서 싸웠던 군대는 16세기 프랑수아 1세와 카를 5세의 군대보다 18세기 말버러[1650~1722]와 프리드리히 대제[1712~1786, 재위 1740~1786]의 군대와 더 많은 공통점을 지니고 있었다. 이와 같은 발전은 놀랄 만한 기술적 혹은 과학적 혁신에 따른 것이라기보다 시행착오의 과정과 더불어 매우 고정적이고 한정된 기술적 틀 내에서 이루어진 무기 제조 기술의 미세한 조정에 따른 것이었다. 그 기술적 틀은 19세기 산업혁명이 일어나기 전까지 근본적인 변화 없이 유지되었다.

중세 후기의 가장 놀라운 혁신이었던 화기가 전장에서 제대로 효력을 발휘하기까지는 오랜 시간이 걸렸다. 대포의 경우에는 특히 더 그랬다. 물론 공성전에 있어서 거포巨砲는 막대하고도 영구적인 피해를 입혔다. 그러나 당시 군대의 보조군으로서 거포는 들어가는 엄청난 비용에 비해 효력이 미약했다. 이는 무기 자체에 드는 비용뿐만 아니라 이를 전장으로 운송하는 과정에서 유발되는 일련의 어려움으로 인한 것이기도 했다. 1472년에 밀라노 공이 자랑

1449년 부르고뉴 공의 명으로 주조된 공성포로 무게는 15톤에 달했으며, 이를 이동시키기 위해서는 100여 명의 인부와 황소 십수 마리가 필요했다.

스럽게 동원했던 18문의 대포와 대포의 가미架尾를 운반하기 위해서는 522마리의 황소와 227개의 짐수레가 필요했다. 프랑스군은 황소를 말로 교체하고 돌로 만든 포탄을 파괴력이 더 큰 철탄으로 교체했지만, 전체 장비는 형용할 수 없을 정도로 육중했다. 16세기 말 일반적으로 대포 한 문을 끌기 위해서는 20~30마리의 말이, 포탄을 운반할 짐수레를 끌기 위해서는 추가적으로 40마리의 말이 더 필요하다고 보았다. 이와 같이 덜거덕거리는 호송대가 유럽의 비포장도로를 걸어야만 했던 군대의 이동에 끼친 영향은 쉽게 상상할 수 있을 것이다. 겨울에 치르는 전쟁은 말할 필요조차 없다.

이들 대포가 전장에 도달했다고 해서 기대했던 것만큼 엄청난 활약을 했던 것도 아니다. 대포의 저조한 기동성은 곧 대포가 최대 효과를 내기 위해

16세기의 독일 목판화로 당시 대포의 모습이다. 옆에는 포환과 대포용 청소 도구도 보인다.

서는 부대의 전면 혹은 열과 열 사이에 배치되어야만 함을 의미했다. 그래야만 마주하고 있는 적진을 향해 우레와 같은 '일제 투하salvo' 혹은 '환영 인사greeting'를 한 번 할 수 있었다. 실로 대포는 자신 앞에 배치된 수천 여 명의 보병이 거대한 사각형을 이루고 있을 경우 무시무시할 정도로 효과적일 수 있었으며, 따라서 스위스 용병의 일차 목표는 적의 대포가 자신들에게 심각한 피해를 입히기 전에 먼저 그것을 괴멸시키는 것이었다. 하지만 발사할 때의 반동과 대포 주조자들이 신중히 허용한 포탄과 포신 사이 '유극windage'의 결합으로 인한 느린 발포 속도와 비정확성 때문에 대포는 종종 어떠한 피해도 입히지 못했다. 마키아벨리가 기록하고 있듯이, "거대한 대포들은 보병들을 맞추기보다 못 맞추는 경우가 훨씬 더 많다. 왜냐하면 보병들은 너무 작고, 대포는 조준하기가 무척 힘들기 때문이다. 대포가 조금이라도 높게 조준되면 포탄은 보병들 너머로 날아갔으며, 조금이라도 낮게 조준되면 보병들 근처에도 못 가고 땅에 처박혔다." 100년 후 1604년, 영국의 어느 작가 또한 동일한 지적을 했다. "발포된 후 포탄이 지나갈 때까지 보병들이 무릎을 꿇고 몸을 낮추고 있는 한" "대포는 좀처럼, 아니 결코 피해를 주지 못했다."[4] 후일 스웨덴의 구스타브 아돌프[1594~1632, 재위 1611~1632]가 다른 많은 것과 더불어 이를 완전히 바꿔 놓을 터였지만, 보병은 16세기에 줄곧 의심할 여지없이 전장에서 여왕의 자리를 차지했다.

소형 무기들은 더 빨리 자취를 남겼다. 총은 석궁보다 값싸게 제조되었을 뿐 아니라 사용하기도 쉬웠다. 석궁만큼 빠른 속도로 발포할 수는 없었지만, 갑옷을 착용한 기병대에 맞선 총의 살상력은 결코 그에 뒤지지 않았다. 16세기 초 아퀘부스는 더 길고 무거운 머스킷총으로 대체되었다. 머스킷총은 총을 지탱하기 위한 걸이가 필요했으며, 장전하고 발사하려면 귀찮고 긴 과정을

1512년에 제작된 것으로 추정되는 신성로마제국 황제 막시밀리안 1세(1459~1519)의 조병창을 그린 요르그 콜데러의 삽화로, 머스킷총에 불을 붙여 발사하고 있는 병사의 모습이다. 콜데러는 궁정 화가이자 건축가였다.

거쳐야만 하는 단점이 있었다. 하지만 머스킷총은 300야드의 거리에서도 가장 두꺼운 갑옷을 관통할 수 있는 탄환을 발사했으며, 공격해 들어오는 기병대와 대적하는 데 매우 유용했다. 영국군은 16세기 말까지도 자신들의 애용품인 장궁에 집착했다. 장궁을 옹호하는 이들은 장궁이 머스킷총보다 더 가볍고 휴대하기도 간편할 뿐만 아니라 같은 시간 내에 더 많이 쏠 수 있다고 주장했다. 하지만 장궁이 효력을 발휘하기 위해서는 오랜 시간 집중적인 훈련이 필요했으며, 이는 심지어 영국에서조차도 더 이상 가능하지 않은 일이 되고 있었다. 또한 보호 갑옷을 착용한 기병대에 대항하는 모든 노련한 병사는 머스킷병의 강력한 한 방을 선호했다.

하지만 기병대에 맞서 방어하는 것이 '총수'의 원래 임무는 아니었다. 총을 든 이들은 자신들이 대체한 석궁병과 마찬가지로 주된 접전이 벌어지기 전 적군을 와해시키거나 괴롭히는 역할을 담당했다. 접전이 벌어지면 총병들은 실제 전투를 치르는 창병 방진의 보호를 받기 위해 뒤로 빠졌다. 돌격해 들어오는 기병대를 맞이한 것은 창병들이었다. 이들은 창끝으로 말을 저지했으며, 도끼창의 갈고리로 기병을 말에서 끌어내린 후 장검으로 마무리했다. 공격을 담당한 것도 창병 방진이었다. 이들은 북소리에 맞춰 앞으로 진군하면서 저항하는 모든 이를 난도질했다. 16세기의 모든 군대에서 가장 영웅 대접을 받은 이는 장창puissant pike을 세우고 앞으로 나아간 이들이었다. 단 여기에는 한 가지 예외가 있었다.

그 예외는 바로 스페인 군대였다. 이는 특히 중요한데, 스페인의 테르시오가 16세기부터 17세기 전반부까지 유럽의 전장을 지배했기 때문이다. 여러 측면에서 스페인 보병대는 특이했다. 첫째로 스페인 보병대는 본래 징집병으로 구성되었다. 1494년, 바야돌리드Valladolid 칙령에 따라 20세에서 45세의 남성

12명 가운데 한 명은 국내 혹은 국외에서 유급 군역을 치러야만 했다. 이는 자국의 기병대를 보완하기 위해 전문 보병을 모집하려고 했던 프랑스의 노력을 모방한 것이었다. 하지만 프랑스가 계속 실패했던 데 반해, 스페인은 숙련된 전문가들로 구성된 건실한 핵심 병력을 구축하는 데 성공했다. 그리고 이들의 수준은 16세기 말 스페인 군대가 대부분 지원병으로 구성될 때까지도 흔들리지 않고 유지되었다. 스페인 보병의 성공은 부분적으로는 샤를마뉴 시대 이후 프랑스 군대를 지배했던 중기병의 전통이 스페인에는 존재하지 않았다는 사실에서 기인한다. 스페인 농촌의 불모지는 말을 사육하기에 적합하지 않았다. '레콘키스타' 동안 기마전은 작은 조랑말을 타고 접전을 치르는 '경기병들genitours'에 의해 수행되었다. 프랑스와 부르고뉴의 귀족계급과 달리 스페인 귀족계급의 전통은 배타적으로 '기사도적chevaleresque'이지 않았다. 따라서 젊은 스페인 귀족이 보병으로 자원하고, 자신의 대열에서 전투에 임하는 것은 매우 자연스러운 일이었다. 물론 그는 분명 시종을 거느리고 있었을 것이며, 자신과 자신의 짐을 나를 말들도 몇 마리 거느렸을 테지만 말이다.

1495년 아라곤의 페르디난트가 나폴리 왕국에 대한 자신의 상속권을 주장하기 위해 그곳에 파병했던 군대는 유럽 북부 경쟁자들의 군대와 달리 처음부터 창과 아퀘부스로 무장하고 있지 않았다. 그들은 이탈리아 국가의 보병들처럼 칼과 둥근 방패를 들고 있었다. 전통적인 전투 방식을 추종했던 마키아벨리와 같은 이들은 이를 칭찬했다. 하지만 그들은 스위스 창병 방진에 어떠한 인상도 남기지 못했다. 스페인의 지휘관이었던 곤살로 데 코르도바[1453~1515]는 재빨리 새로운 스타일에 자신을 적응시켰다. 그는 단순한 장창뿐만 아니라 적이 보유하고 있는 것보다 훨씬 많은 수의 아퀘부스를 지급했다. 그리고 크레시 전투에서 영국의 에드워드 3세가 장궁에 대해 그러했듯이,

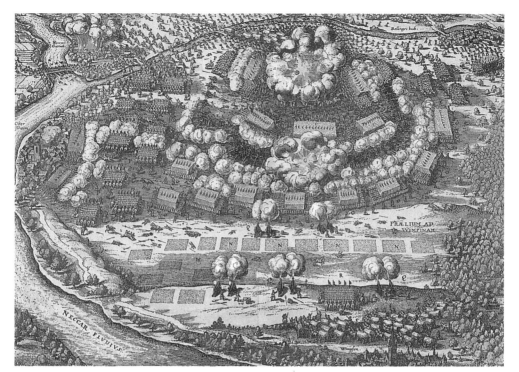

1622년 5월, 30년 전쟁 중 곤살로 페르난데스 데 코르도바(1585~1645) 장군이 이끄는 스페인군이 개신교 반란군과 전투를 벌이고 있는 장면을 담은 삽화다.

코르도바는 아퀘부스를 공격을 위한 보조적인 위협 무기에서 수비에 있어 결정적인 무기로 전환시켰다. 그는 아퀘부스를 전장에 있는 요새와 결합해서 활용함으로써 이를 이루어냈다. 1503년의 체리뇰라Cerignola[이탈리아 남부 도시] 전투가 이후 종종 되풀이될 그 전형이었다. 스페인 군대는 자신의 적인 프랑스 기병대와 스위스 창병대로 하여금 자신들의 요새화된 진지를 아무런 소득 없이 연달아 공격하도록 유인했다. 아퀘부스병들은 이들이 스페인 군대의 반격을 견뎌낼 수 없을 정도로 약해질 때까지 이들을 하나씩 처치했다. 이와 같은 작전의 가장 뛰어난 예는 1525년 프랑수아 1세까지도 포로로 생포했던 파비아에서의 카를 5세의 눈부신 승리다. 1494년의 포르노보 전투와 1525년의 파비아 전투 사이의 21년 동안 우리는 화력이 단순히 보조적인 역할에서 중심적이고 결정적인 역할을 담당하게 되는 변화를 볼 수 있다. 즉 아퀘부스는 더 이상 창병 방진의 미소한 보조물이 아니었다. 거꾸로 창병 방진의 주된 임무는 이제 총병을 보호하는 것이 되었다. 스페인군은 1534년에 보병대를 창병과 아퀘부스병 각 3000명으로 구성된 테르시오로 재구성함으로써 이와 같은 변화를 받아들였다. 이탈리아 전쟁에서 관례적으로 6명의 창병당 1명의 머스킷병을 배정했던 것과 달리 이들은 각각 동일한 수로 배정되었다. 이에 더해 머스킷병은 특별 급료를 받았다. 이로써 창이 보병의 머스킷총 끝에 자리한 총검으로서만 존재하게 되는 일련의 과정이 시작되었다.

이렇게 하여 기동성 있는 창병 방진, 적군을 날려버리는 거대한 대포들, 그리고 기병대의 충격을 가하는 공격법의 부활에 따라 15세기 말 공격 측면으로 많이 기울었던 균형점은 전장에서의 화력의 발달로 인해 25년 만에 급격히 역전되었다. 이와 같은 시기에 언제나 그러하듯 기동 부대는 정체를 겪기 시작했다. 돌격하는 기병은 이제 창 울타리나 참호 혹은 바리케이드에 의해 견제되었으며 머스킷병들에 의해 사살되었다. 이에 기병대는 충격을 가하는 수단에서 기동력 있는 화력으로 변신했다. 처음에 기병대는 아퀘부스병들을 뒷 안장에 태워 날랐다. 이후 바퀴식 방아쇠가 개발됨에 따라 기병대는 장전된 소화기를 지니고 말을 탈 수 있게 되었으며, 한동안 '백병전을 위한 칼 arme blanche'을 두고—다섯 보폭 정도의 거리에서 발포할 때만 효과가 있는—피스톨로 무장했다. 이들 무기를 효과적으로 사용하기 위해 기병대는 '반회전 caracole', 즉 기병 대열이 연속적으로 적진까지 말을 타고 들어가 직접 탄도 거리에서 발사한 다음 좌우로 선회하여 빠지는 전술을 고안했다. 그럼에도 그와 같은 전술이 큰 효과를 봤다는 증거는 별로 없다.

화이트 마운틴 전투를 묘사하고 있는 플랑드르 화가 피에터 스네이어스의 1620년 작품이다. 머스킷병으로 둘러싸인 창병 방진과 열을 맞춰 대기하고 있는 기병대가 보인다.

이 모든 것은 우리가 이미 논의한 현상, 즉 1534년의 뮐베르크 전투 이후 1631년에 브라이텐펠트Breitenfeld[라이프치히 근처 마을] 전투가 벌어지기까지 한 세기 동안 유럽의 전쟁에서 주요한 전투가 거의 사라졌던 현상을 부연해 준다. 단지 1600년에 네덜란드 니우포르트Nieuwpoort[현 벨기에 북부 항구 도시]에서 치러진 아무런 성과도 올리지 못했던 전투, 그리고 1620년에 보헤미아가 유럽 무대에서 독립적인 행위자의 지위를 상실하게 된 화이트 마운틴[오늘날 체코 프라하 근처 산]에서의 너무나 결정적인 전투만이 주목할 만한 예외였다. 여기서 우리가 보고 있는 것은, 그리고 다음 세기 동안 계속 보게 될 것은 공성전의 긴 연속이며, 혹여 전투가 치러졌다고 해도 그것은 요새를 포위하거나 구조하는 업무의 보조에 지나지 않았다.

이는 사실 새로운 것이 아니었다. 성은 중세의 전쟁을 지배했으며, 그 당시

1494년 샤를 8세가 이탈리아 정복을 위해 동원했던 대포의 모습을 담고 있는 작자 미상의 당시 삽화다.

성을 포위한 이들이 사용할 수 있었던 수단은 투석기나 공성 망치, 성벽 기어오르기, 그리고 그중 가장 효과적이었던 아사시키기기처럼 고대로부터 내려온 전통적인 것들이었다. 이를 거포가 대체했다. 터키 포병에 의한 콘스탄티노플 성벽의 파괴[1453년]는 다른 여러 측면에서와 같이 서유럽인들의 역사 속에서 한 시대의 마감을 상징했다. 성벽 기어오르기를 막기 위해 높이 축조된 성벽과 주위 농지를 관찰하기 위해 더 높이 세워진 전망대는 모두 성벽의 기초를 파고드는 대포의 탄환 앞에 애처로울 정도로 허술했다. 1494년에 샤를 8세는 이탈리아 요새를 포위 공격할 필요가 거의 없었는데, 이유인즉 그의 포병 연대의 명성 앞에 적들이 먼저 무릎을 꿇었기 때문이다.

하지만 이에 대한 대응책은 재빨리 구해졌다. 화력은 화력에 의해서만 막을 수 있었다. 방어하는 측의 첫 대응은 임기응변식이었다. 그들은 근접 공격을 저지하기 위해 군함에 장착된 대포와 같이 외벽의 포문에 대포를 배치했다. 성을 포위한 적군의 대포 공격에 의해 생겨난 성벽의 갈라진 틈은 토루土壘를 만들어 지켰다. 이후 그들은 공격에 취약한 가시성이 주는 이익 대신 좀 더 실용적인 방식, 즉 깊숙이 숨어서 방어하는 방식을 따르기 시작했다. 예컨대 마키아벨리는 다음과 같이 적고 있다. "우리가 제일 먼저 신경 써야 할 일은 만약 적군이 접근을 시도하면 정면에서뿐만 아니라 측면에서도 대응하고 격퇴할 수 있도록 여러 개의 안전 공간과 적의 공격을 맞이할 수 있는 공간으로 이루어진 기형적인 성곽을 만드는 것이다."[5] 이는 성벽으로부터 튀어나온 상호 지원하는 능보稜堡들의 배열, 즉 '능보를 갖춘 성채bastioned trace'를 낳았으며, 이로써 성벽에 대한 공격에 맞서 측면과 배후에서 포격을 가할 수 있게 되었다. 성벽 또한 적군의 화력에 가능한 한 작은 타격점을 주기 위해 낮추어졌으며, 내벽은 토루에 의해 강화되었다. 해자垓子가 요새를 둘러쌌으며, 해자 자체도 대포에 의해 보호되었다. 어떤 경우에는 또 다른 외루에 의해서 추가로 해자가 보호되기도 했다. 그리고 그 너머에는 완만하게 경사진 제방이 있었으며, 이로써 어떠한 공격도 방어 시설의 집중된 화력에 노출되었다.

15세기의 마지막 10여 년 동안 이탈리아 도시들에 의해 '임시변통으로ad hoc' 처음 이루어졌던 이와 같은 요새화는 다음 50여 년 동안 유럽 전역으로 확산되었다. 이는 군사적인 필요만이 아니라 도시의 명성이 달린 문제이기도 했다. 특히 산미첼레[1484~1559]나 상갈로[1443?~1516]와 같은 이탈리아 전문가들을 불러 성을 디자인할 수 있으면 더욱 그러했다. 지역과 도시의 방어를 위해 시작된 이러한 요새화는 17세기 프랑스의 보방[1633~1707]과 네덜란드의 쿠호른[1641~1704]의 손을 거치면서 연속적인 국경 체제로 발전하기 시작했다. 프랑스 왕들은 메스Metz[프랑스 동북 지역 모젤 강 근처 도시]를 독일로부터 자신들 영토의 심장으로 들어오는 큰길을 막고 서 있는 거대한 요새로 바꾸어 놓았으며, 이는 과장 없이 마지노선●의 직계 선조로 간주될 수 있을 것이다. 네덜란드는 수로와 요새로 방어막을 만들었으며, 그 뒤에서 80년 가까이 스페인에 맞서 싸웠다. 이제 이 방어막은 영국 해협만큼이나 의심의 여지가 없는 경계가 되었다. 이와 같은 요새들은 급습에 의해 탈취될 수 없었다. 그렇다고 해서 군대가 이를 내버려두고 그냥 지나칠 수도 없었는데, 그럴 경우 아군의 보급 부대가 적 수비대의 손에 떨어질 것이기 때문이었다. 이들은 엄폐mask를 하고 가거나 포위invest해야 했다. 하지만 전자는 일부 전력을 파견함으로써 주력 부대를 약화시키는 것을 의미했으며, 후자는 설령 공격으로 발전되지 않는다 하더라도 엄청난 시간을 소비하는 과정이었다. 그리고 16세기 군대에게 시간은 곧 돈이었고, 돈은 곧 부대의 생사 여부를 갈라놓았다.

　1529년 이탈리아 전쟁이 끝날 즈음, 페드로 나바로[스페인 출신 군사 기술자]와 프로스페로 콜론나[이탈리아 용병]와 같은 전문가들에 의해 공성전의 기본적인 윤곽이 잡혔다. 방어하는 측의 포격에 맞서 포위 공격하는 측은 삽을 들었다. 우선 이들은 방어하는 측의 포격 사정권 바로 너머에 참호 진지를 구축해 요새를 둘러쌌다. 여기서부터 수비군의 화력에 의해 종사를 받지 않을 정도의 넓은 각도에서 참호를 지그재그 형태로 전진시켜 나아갔으며, 이 선을 따라 엄호된 포대를 간격을 두고 배치했다. 참호가 요새의 경사진 제방 끝에 다다르면 공병들은 성곽 밑까지 땅굴을 판 후 폭발물을 채워 넣었으며, 그

● 1929년 프랑스가 건조한 요새화된 방어선으로 당시 프랑스 전쟁 장관이었던 앙드레 마지노의 이름을 딴 것이다.

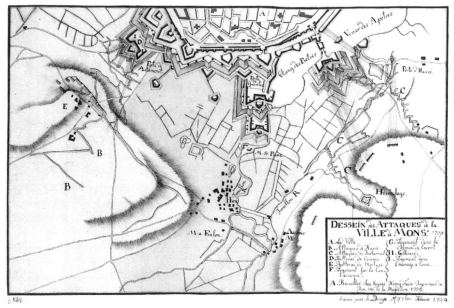

1709년 9월 말플라케Malplaquet 전투 이후, 오늘날 벨기에와 프랑스 국경 지대 도시인 몽스Mons 점령을 위한 공성전 조감도다.

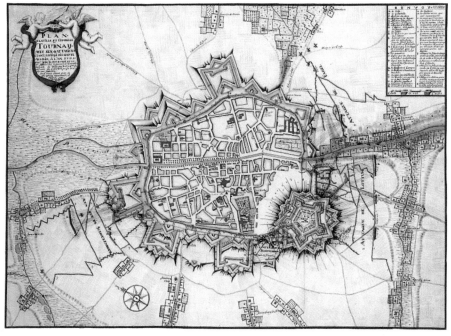

보방이 구축한 프랑스의 투르네Tournai 성으로 말버러의 영국군이 1709년 수개월의 대치 끝에 점령했다. 좌측에 공격하는 측이 지그재그 형태로 참호를 파면서 접근하는 모습이 보인다.

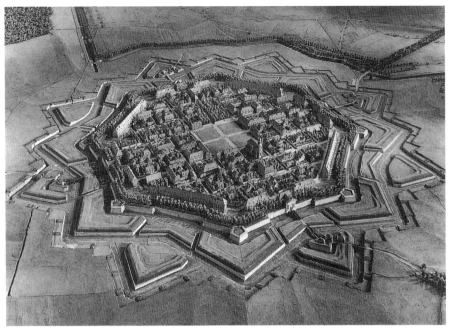

보방의 대표적 성채인 뇌프 브리작Neuf Brisach 요새로, 오늘날 프랑스와 독일 국경 지대에 위치해 있다.

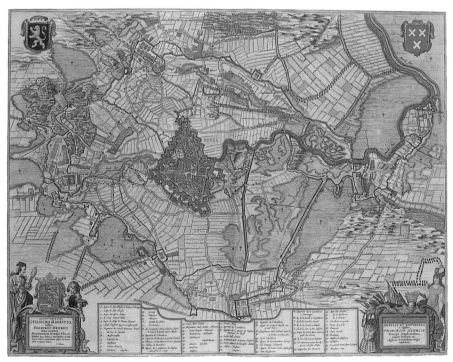

1637년 네덜란드 독립군이 공략할 당시 스페인령 네덜란드의 브레다 조감도로, 요새화된 도시의 모습을 보여준다.

에 대응하여 방어하는 측도 나름대로 땅굴을 팠다. 전투가 절정에 달하면 포위 공격하는 측은 자신의 포대를 열고 돌파하고자 하는 지점을 향해 화력을 집중시켰으며, 땅굴을 폭파시키고 공격을 감행했다. 그와 같은 절정은 수 주가량 참호에서 대호를 파고 전초전을 치른 뒤에야 왔다. 16세기 이탈리아나 17세기 네덜란드 지역에서 싸웠던 군인들에게 트리스트럼 섄디[영국 소설가 로런스 스턴의 소설 『트리스트럼 섄디의 삶과 생각들』(1761~1767)의 주인공]의 토비 삼촌[주인공의 삼촌으로 유럽 대륙의 전쟁에서 부상. 군사 문제에 큰 관심이 있었다]이 플랑드르에서 겪었던 일들, 심지어는 제1차 세계대전 와중 서부전선에 배치되었던 부대원들이 겪었던 일들은 별로 낯설지 않았을 것이다. 이와 같은 형태의 지루하고, 위험하고, 끔찍할 정도로 유해한 참호전은 200년이 넘도록 유럽의 군인이라면 반드시 겪어야만 하는 일이 되었다.

이 모든 것—축성술의 전파, 전장에서 방어하는 측의 우세, 용병 부대에 들어가는 비용, 그리고 이들 부대 지휘관들의 전문가적인 조심성—은 어떤 연유로 유럽에서의 전쟁이 100여 년 동안 그렇게 장기화되었고 결정적이지 못했는지를 알려주고 있다. 그와 같은 전쟁은 물에 젖은 나무처럼 연기를 내며 타들어가면서 환자가 고통을 이기지 못해서 혹은 심정적인 이유로 치료를 포기한 만성병과 같이 농촌 지역에 끊임없이 피해를 입혔다. 그러나 이는 새로운 형태의 정치적 질서를 일으키도록 하는 기폭제가 되지는 못했다. 30년 전쟁[1618~1648] 동안 전쟁은 칼로[1592~1635]의 애칭화와 그리멜스하우젠[1621~1676]의 산문 속 블랙 유머에 묘사되어 있듯이, 그 무자비함과 무의미함에 있어 최저점을 찍었다. 목숨이라도 부지하려면 용병 부대는 민간인들을 뜯어먹어야만 했다. 반대로 자신의 집이 불타버리고 가족이 몰살당한 민간인들은 살기 위해서 용병이 될 수밖에 없었다. 이 시기 군인은 종종 먹고 살기

1633년 『전쟁의 비극과 불행Les Misères et les Malheurs de la Guerre』이란 제목으로 출판된 칼로의 애칭화 선집에 실린 그림 중 하나로 교회를 약탈하는 모습을 보여준다.

위해서라면 목숨이라도 걸어야 하는 사람으로 묘사되었다. 그의 상황은 그가 괴롭혔던 농민들의 상황보다 나을 것이 전혀 없었다. 군대는 사망과 부상, 질병, 그리고 대열 이탈자들과 도망자들로 인해 끊임없이 녹아내리는 용해 상태에 있었다. 군대의 이동은 전략적 계산에 따른 것이 아니라 아직 약탈당하지 않은 땅을 찾아 이루어졌다. 이 시기는 전쟁이 합리적으로 제어되지 않은 때였다. 다시 말하자면, 이 시기 전쟁은 일반적으로 인정되는 권위체의 정치적 동기에 따른 물리력의 사용이라는 측면에서 볼 때, 더 이상 '전쟁'이 아니었다. 전쟁은 광범위하게 퍼진 무질서하고 자기 영속적인 폭력으로 변질되었다.

이러한 상황에서도 중요한 예외가 서유럽에 있었는데 바로 네덜란드군이었다. 네덜란드군은 정기적으로 배급과 급료를 받는다는 아주 단순한 이유 하나로 예외가 되었다. 상황에 따라 고용하고 해고하는 대신 자신의 부대를 1년 내내 고용할 수 있다면 고용주는 이들을 훈육하고 반복하여 훈련시킬 수 있었다. 간단히 말해, 이들을 '전문가'로 탈바꿈시킬 수 있었다. 하지만 이를 위

해서는 상당한 양의 자금이 안정적으로 공급되어야만 했고, 이에 필요한 돈
은 무역을 통해서만 얻을 수 있었다. 이렇게 하여 전쟁이 전문 군대의 일이 되
기 전까지 전 세계에 걸쳐 그만큼 잔혹한 상인들의 전쟁이 치러져야 했다.

제3장

상인들의 전쟁

앞 장에서 우리는 어떻게 그리고 왜 16세기 유럽에서 부와 군사적 능력이 긴밀하게 결합되었는지를 살펴보았다. '돈은 전쟁의 힘줄이다.' 혹은 프랑스인들이 간명하게 표현했듯이, '돈이 없으면 스위스인들도 없다pas d'argent, pas de Suisses.' 하지만 17세기가 시작될 무렵 군주들은 날이 갈수록 스위스 병사들과 그들에 이어 등장한 국제적인 용병 부대를 고용할 돈을 구하기가 어려워지고 있다는 사실을 알아차렸다. 카를 5세와 프랑수아 1세의 출정을 가능케 했던 푸거가나 벨저가 그리고 호흐슈테터Hochstetter가[아우크스부르크 지역 상업 귀족 가문]와 같은 협조적인 은행 가문들은 자신들이 도왔던 왕실의 채무 불이행으로 인해 서서히 파산의 구렁텅이로 빠져들어갔다.[1] 군주들은 신민들의 부를 지속적으로 추출할 수 있는 재정 관료 체제를 아직 갖추고 있지 못했다. 앞서 보았듯이, 사실 그들의 백성이 16세기 초 엄청난 약탈에 뒤이어 자리한 장기화되고 결정적이지 못한 전쟁을 지원할 만큼의 부를 축적한 것도 아니었

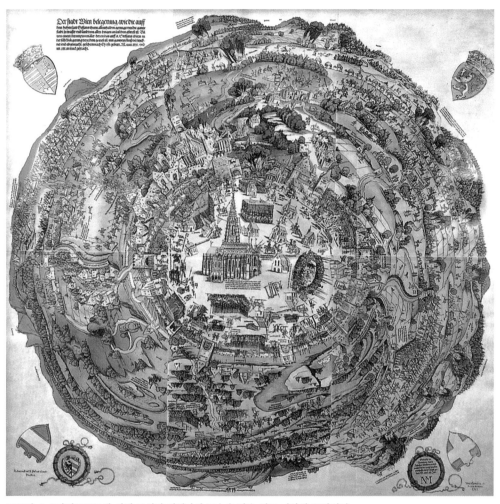

1529년 오스만튀르크군에 의해 포위된 비엔나의 모습을 담은 연도 미상의 목판화다.

1566년 술레이만 대제(1494~1566)의 지휘 아래 헝가리 국경 지대를 건너고 있는 오스만튀르크의 기병대와 보병대를 담은 연도 미상의 작품이다.

다. 이에 17세기 유럽에서 전쟁을 치르고 정치권력을 유지할 수 있는 능력은 점차 유럽 밖의 세계에서 착출한 부, 혹은 궁극적으로 그와 같은 부로부터 유발된 상업에 의해 창출된 부에 얼마나 쉽게 접근할 수 있는가에 따라 결정되었다.

사실 유럽의 해외 팽창 시도와 유럽 내부에서의 격전은 끊임없이 상호작용했다. 바깥 세계로의 팽창은 유럽 내부에서 벌어지고 있는 갈등에 자원을 공급했으며, 상당 부분 그로 인해 촉발된 것이었다. 하지만 유럽의 팽창은 본래 중세 후기 내내 진행되었던 이베리아 반도에서의 이슬람 세력과 기독교 세력 사이의 더 오래되고, 더 근원적인 대결에 의해 촉발된 것이었다. 사실 그와 같은 대결은 15세기 오스만튀르크인들이 지중해 동부에서 비잔틴 기독교 사회의 마지막 잔재들을 짓밟고, 발칸 반도를 통해 유럽의 심장부로 쳐들어오면서 재개되었으며, 그 이래 계속 진행되고 있었다. 서유럽에서 일어난 사건들에 주목하더라도 우리는 이슬람과 기독교라는 두 거대한 전사 문화 사이에서 벌어진 갈등이 동유럽에서는 18세기까지 지속되었다는 사실을 잊어서는 안 될 것이다.

지중해 서부에서 포르투갈인들은 15세기 초 무어인들과의 전쟁의 일환으로 북아프리카에 정착했다. 그리고 포르투갈인들은 사라센인들과 이교도들 그리고 예수 그리스도를 부정하는 여타의 비신자들을 공격하여 굴복시킨 후 그들의 재산과 영토를 빼앗고 그들을 영구적으로 노예로 만들 권한을 승인한 교황의 칙서Papal Bulls, Dum Diversas[교황 니콜라스 5세가 포르투갈의 알폰소 5세에게 1452년 하사]를 얻어냈다. 항해왕 엔히크[1394~1460. 포르투갈 왕국 왕자이자 비제우Viseu 공]가 아프리카 연안으로 원정대를 보냈던 것은 십자군이라는 중세적 사고에 따른 것이었다. 이들 원정대는 미지의 부족들과 사라센인들,

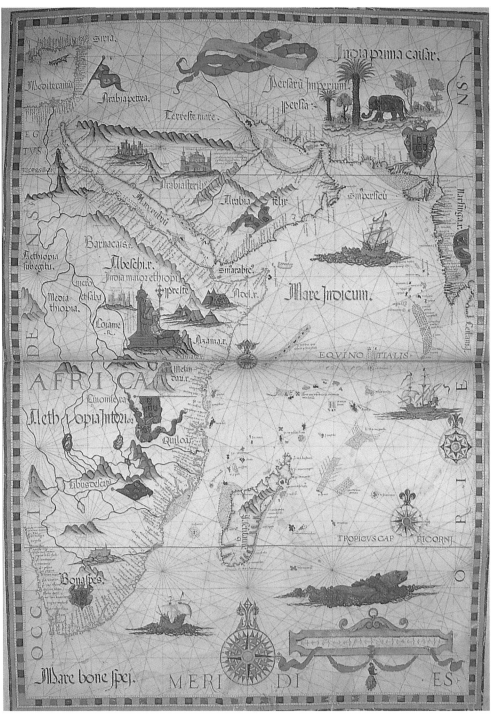

1561년에 출판된 디에고 호맴의 세계 지도 중 인도양의 모습으로, 당시 포르투갈 해상 제국의 영향력을 보여주고 있다. 삽화의 중앙에 아프리카의 기독교 왕 프레스터 존의 모습도 보인다.

노예들, 엔히크가 '자기 왕실의 시종들을 유지할 수 있도록 해줄' 황금, 그리고 이교도들에 맞설 신비로운 동맹의 대상인 프레스터 존—아프리카에 사는 전설상의 기독교 왕으로, 이교도들과 싸우는 데 그의 도움이 필요할 수도 있었다. 아니면 그가 유럽에 있는 기독교인들의 존재를 알게 되면 이들을 도와줄 것이라 믿었다—을 찾아 떠났다.

포르투갈인들의 팽창만큼이나 스페인의 팽창 역시 이슬람교도들에 대항한 기독교인들의 투쟁의 일환으로 이루어졌다. 이베리아 반도에서의 갈등은 카스티야 지방의 전사 '카스트caste'를 탄생시켰다. 카스티야 지방의 기사에게 전쟁은 삶의 한 방식이었다. 마찬가지로 13세기와 14세기 레콩키스타에 의해 스페인에서 이슬람인들이 더 남쪽으로 밀려 내려감에 따라 정복과 정착 또한 삶의 한 방식이 되었다. 그리고 마침내 15세기 말 무어 문명의 풍아한 유럽 전초지로 남아 있었던 그라나다Granada[스페인 남부 도시로 1238년부터 1492년까지 무어 왕조의 수도]가 기독교인들에게 넘어갔다. 700여 년 만에 스페인 전역이 기독교 사회에 의해 재정복된 것이다. 그와 거의 동시에 크리스토퍼 콜럼버스[1451~1506]와 그의 후계자들의 [신대륙] 발견은 카스티야의 칼로 정복해야 하고 기독교 십자가로 개종해야 할 바다 너머의 새로운 세계의 존재를 알렸다. 카스티야 귀족계급은 500여 년 동안 지속된 종교 전쟁을 자신들의 삶에서 쉽게 떨쳐낼 수 없었다. 이익과 모험, 영광과 구원, 그리고 무엇보다 '땅land'—이제 이 모든 것들이 '콘키스타도르들conquistadores'로 하여금 자신들의 영역을 바다 너머로까지 확장하도록 손짓하고 있었다. 그리고 신세계에 도착하자마자 이들은 이 새로운 세계를 정복했다. 이는 스페인 정복자들이 원주민들보다 더 뛰어난 무기를 갖고 있어서라기보다 그들의 오만한 자기 확신, 그들이 소유한 말의 기동성, 그리고 그들의 강인함과 광신에서 기인했다. 이들 정복

1521년 에르난 코르테스(1485~1547)에 의해 함락되는 아스테카 왕국Azteca의 수도 테노치티틀란Tenochtitlan의 한 장면을 묘사한 작자 미상의 작품이다.

자들은 1000여 년 전 서유럽에 침투했던 전사 유목 민족의 마지막 세대였다. 이제 그 전사 유목 민족은 십자가를 지니고 있었으며, 항해를 할 줄 알았다.

마지막으로 지중해에서는 좀 더 세속적인 형태의 경쟁이 진행되고 있었다. 한편에는 돈이 되는 아시아와의 비단과 향료 무역을 편안히 독점하고 있었던 레반트Levant[오늘날 레바논, 시리아, 이스라엘을 포함하는 동지중해 지역]와 이탈리아의 상인들이 있었고, 다른 편에는 그들의 독점을 깨뜨릴 기회를 호시탐탐 노리고 있었던 지중해 서부 지역의 상인들이 있었다. 원래 기독교 사회의 영역을 넓히기 위한 목적으로 항해왕 엔히크에 의해 위촉되어 아프리카 해안가를 따라 내려간 포르투갈 원정대는 1480년대에 이르면서 노골적으로 아시아로 향하는 다른 교통로의 발견과 인도양 무역 체제의 이익을 자신들의

15~16세기 지중해 지역에서 이용되었던 당대 캐럭선의 삽화다.

표적으로 삼았다. 그리고 15세기의 마지막 해에 바스쿠 다가마[1469?~1524, 1498년 희망봉 교통로 발견]는 이를 성공적으로 성취했다. 오랜 역사를 지닌 인도양의 촘촘히 연결된 무역 체제는 아랍인들과 인도인들이 독점하고 있었으며, 그들은 다른 이들의 침범을 경계했다. 만약 포르투갈의 상인들이 유감스럽게도 매우 설득력 있는 총이라는 도구를 소지하고 있지 않더라면, 그들은 말레이 반도와 인도네시아 군도에 위치한 향료 군도Spice Islands는 말할 것도 없이―그들은 다음 20년 사이에 놀랍도록 빠르게 이곳에 안착했다―인도 서부 해안에도 정착하여 살지 못했을 것이다. 총은 '지배자만이 아니라 상인의 마지막 설득 수단이었다ultima ratio mercatorum as well as regnum.'

앞서 보았듯이, 대포는 르네상스 시기 지상전 발전에 있어 하나의 요소에 불과했으며, 결코 가장 중요한 요소가 아니었다. 그러나 해전의 발전에 있어 대포는 중심적이었다. 15세기까지 해전은 육지에서의 전쟁의 연장이었다. 전투의 목표는 적함에 접근하여 승선한 후 승무원들을 제압하는 것이었다. 따라서 상고 시대부터 줄곧 그러했듯이 가장 효과적인 군함은 그 추진에 있어 바람이나 파도에 의존하지 않고, 적함에 건너 타서 싸우고 적을 생포할 군대를 실어 나를 수 있는 노를 갖춘 갤리선이었다. 넓은 저장 공간을 필요로 한 상선들은 돛에 의존했으므로 상대적으로 조정하기가 어려웠고, 따라서 다른 상선과의 전투가 아니라면 군사적으로 별 소용이 없었다. 14세기 상선들이 당시 손쉽게 구할 수 있게 된 소형 대포로 무장하기 시작한 것은 아마도 다른 상선들로부터 자신을 지키기 위해서였을 것이다. 이들 소형 대포는 후장식으로, 돌로 된 포환을 몇 백 야드 정도 날려 보낼 수 있었으며, 이에 석궁병을 보조하는 데 긴요했다. 하지만 그 이상은 아니었다. 석궁병처럼 이들 소형 대포는 배의 각 말미에 자리하고 있는 높은 누각에 배치되어 적함의 갑판, 혹은

1342년 영국 해협 채널 제도Channel Islands의 끝에 위치한 건지Guernsey 섬 앞바다에서 일어난 전투를 담은 작자 미상의 삽화로, 갤리선의 모습을 잘 보여주고 있다.

적군이 올라타려고 하면 자신의 갑판을 내려다보며 사격을 가할 수 있도록 되어 있었다.

하지만 15세기에 거포가 등장했다. 청동 한 벌로 주조된 거포는 더 강력한 폭발력을 견딜 수 있었으며, 더 큰 구경의 탄환을 발포할 수 있었다. 300야드 까지 날아가는 60파운드 정도의 철탄환은 적군을 사살할 수 있었을 뿐만 아 니라 돛대와 기타 설비 장치를 무너뜨리고 갑판에 구멍을 낼 수도 있었다. 뱃 전에 장착하여 동시에 발포하면 심지어 배를 가라앉힐 수도 있었다. 그러나 누각에 올리기에 거포는 매우 무거웠다. 하지만 화력 자체가 적군이 접근하여

1511년 항해를 시작한 대형 영국 무장 상선 '메리 로즈'에 탑재되었던 거포로, 1971년에 배와 함께 발견되어 복원되었다.

승선하는 것을 완전히 방지한다면 누각이 무슨 필요란 말인가? 이렇게 하여 16세기에는 지상에서와 마찬가지로 해상에서도 화력이 타격을 대체하기 시작했다. 17세기에는 지상에서든 해상에서든 화력이 지배적인 요소가 되었다. 평갑판을 따라 대포가 배치된 경우 상선도 뱃머리와 선미에만 대포를 장착한 갤리선에 맞서 응대 그 이상을 할 수 있었다. 이에 당분간 군함과 상선의 구분이 거의 사라지게 되었다. 그와 같은 구분은 18세기 포격 능력이 최우선시되고, 군함이 전선에서 제대로 대접받기 위해서는 갑판이 지탱할 수 있는 한 최대한 많은 수의 대포를 장착해야 할 필요가 대두됨에 따라 다시 등장하게 된다. 하지만 한동안 화물'도' 적재할 수 있고 전투'도' 치를 수 있는 배가 아니라면 굳이 바다에 띄울 가치가 전혀 없었다. 이 시기는 전쟁, 발견, 무역이 동의어와 같았던 시기였다.

새로운 사람들을 찾아내고 그들과 무역을 하기 위해 새로운 바다로 항해를 떠나는 배들이 무장하는 것은 매우 자연스러운 일이었다. 또한 교역소를 설치한 탐험가들이 설령 영토를 차지할 의도가 전혀 없다 하더라도 유럽의 경쟁자들로부터, 아니면 자신들과 거래를 튼 손님들의 예측하기 어려운 변덕에 대비하여 보루를 세워 이를 지키는 것 역시 자연스러운 일이었다. 아시아에서 포르투갈 제국은 이곳저곳에 분산되어 있는 교역소들로만 이루어져 있었다. 하지만 포르투갈 제국 역시 막대한 내지의 영토를 점유한 신세계의 스페인 제국만큼 자신의 연락망을 지켜내야만 했다. 특히 유럽의 적들이 공해와 그 너머로 적대 행위를 확장시키고 있었기 때문에 포르투갈인들은 더욱더 든든한 방어막을 필요로 했다. 만약 기독교인들과 이교도인들 사이의 전쟁이 다른 지역으로 전파될 수 있었다면, 당연 기독교인들 사이의 전쟁도 그러했다. 그리고 스페인과 포르투갈의 가톨릭교도들이 종교적 열망과 탐욕의 혼합에 휩싸여 미지의 부족들과 황금을 찾아 아시아로 그리고 신세계로 이끌릴 수 있었다면, 이들의 개신교 적들도 16세기 중반 이후 서유럽에서의 왕조 간 다툼이 종교 전쟁으로 확대되었을 때 마찬가지로 행동할 수 있었다.

어쨌든 조만간 이베리아 국가의 독점 체제는 북서 유럽의 모험가들에 의해 와해될 터였다. 그리고 여기에는 카스티야의 귀족계급으로 하여금 바다 너머에서 자신들의 행운을 찾도록 부추겼던 것과 매우 유사한 사회적 동인이 작동했다. 국가 내부적 평화는 하위 귀족계급으로부터 그들의 전통적인 직업을 박탈했다. 게다가 물가상승으로 인해 그들은 더 이상 전통적인 삶의 수준을 계속 유지할 수 없었다. 상속법은 재산을 경제성이 떨어지는 소작지들로 분할시키거나 아니면 장자에게 모두 몰아줬다. 그로 인해 차남들은 자신의 재능이나 칼에 운명을 거는 수밖에 없었다. 중부 유럽에서 용병이 된 자들은 바

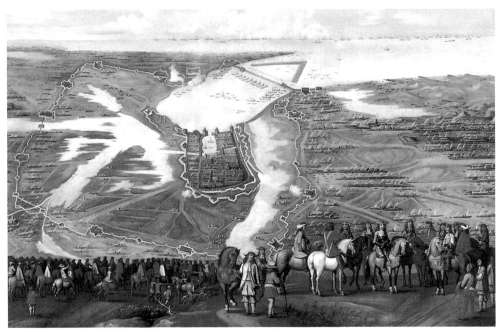

1620년대 후반 위그노교의 거점지였던 라로셸을 공략할 채비를 하고 있는 루이 13세(1601~1643)와 프랑스군을 그린 당시 삽화로 요새화된 항구 도시의 모습이 뒤에 보인다.

로 이들이었다. 반면 해안가 근처에 위치한 하위 귀족 가문의 차남들은, 예컨대 노르망디나 브리타니 혹은 데번Devon[영국 서남 지역]이나 콘월Cornwall[영국 서남 지역] 아니면 홀란트와 제일란트Zeeland[네덜란드 서남 지역]의 소지주들, 즉 왕실에서 멀리 떨어져 있는 지방의 경우 이들은 너무 가난해서 입신출세할 가능성이 없었으며, 따라서 바다로 눈을 돌릴 수밖에 없었다. 그들을 개신교로 인도했던 요인 역시 아마 동일한 역사적 요소의 혼합이었을 것이다. 그리고 개신교에 깊이 빠져들었던 그들은 '사략선원privateer'이 되어 로마 교황에 의해 승인된 독점체를 분쇄하는 것이 자신들의 바람직한 의무라 믿었다. 프랑스에서의 종교 전쟁[1562~1598], 네덜란드의 반란Dutch Revolt[1568~1648], 영국에서 메리 여왕[1516~1558, 재위 1553~1558] 시기의 박해Marian persecutions

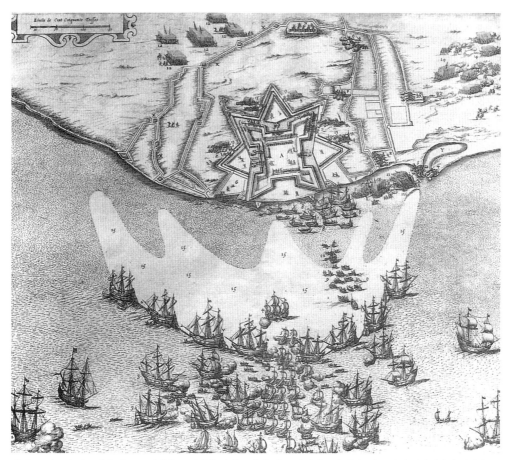

삽화는 1627년 라로셸의 위그노 반란을 독려하기 위해 급파된 영국 함대의 모습이다. 별 모양의 이탈리아식 성채가 눈에 띈다.

의 기억은 위그노교도들Huguenots[16, 17세기 프랑스 칼뱅주의자들]과 네덜란드 인들 혹은 영국의 지주들로 하여금—유효한 '나포 면허장letters of marque'의 소지 여부와 상관없이—대포로 완전무장을 한 배를 떠나보낼 채비를 하고, 스페인령 서인도에서 밀수·밀매를 하거나 스페인 배를 강탈할 충분한 자극을 제공했다. 앤드루스 박사가 정확하게 지적했듯이, 영국의 서부 지역에 자리 했던 가문들에게 "개신교, 애국심, 약탈은 사실상 동의어였다."[2] 제일란트의 하층 귀족과 라로셸La Rochelle[프랑스 서부 항구] 근처의 '가난한 귀족hoberaux' 에 대해서도 마찬가지 평가를 내릴 수 있을 것이다. 견실한 상인들, 신분 이 높은 조신들, 그리고 심지어는 영국 여왕[엘리자베스 1세, 1533~1603, 재위 1558~1603]도 16세기의 마지막 30년 동안 엄청난 이익을 가져다주는 노다지 가 된 이 일에서 한몫 단단히 챙길 준비가 되어 있었다. 그리고 1580년 포르 투갈 왕위가 스페인 왕위와 통합되자 서아프리카에서 동인도에 이르는 포르 투갈 제국 전체 또한 좋은 사냥감이 되었다.

포르투갈 제국은 우선 네덜란드인들의 공격 목표가 되었다. 독립을 쟁취하 기 위해 스페인 군대와 필사적으로 싸우고 있었던 네덜란드인들이 볼 때, 제 대로 방어되지 않고 넓게 뻗어 있는 포르투갈의 점령지는 말 그대로 절호의 기회였다. 포르투갈 제국의 무역을 포획하는 것은 스페인 왕이 간절히 필요 로 했던 부의 원천을 탈취하는 동시에 네덜란드가 전쟁을 수행하는 데 필요 한 자금을 제공해줬다. 1590년대 네덜란드의 동인도 지역으로의 첫 무역 원 정은 최대 400퍼센트의 배당금 이익을 가져다줬다. 1602년에 네덜란드는 동 인도 회사를 설립했고, 이로써 인도양과 동인도의 몇몇 교역소를 제외한 모 든 지역에서 포르투갈인들을 차례로 내쫓았다. 실상 네덜란드 모험 상인들에 게 1609년부터 1621년 사이 20년간의 정전은 아무런 방해 없이 성공적으로 약탈할 수 있는 호기의 달갑지 않은 중단이었다. 전쟁이 재개되자 네덜란드는 지난 세기 동안 포르투갈인들이 남대서양에서 일구었던 배타적 무역 체제를 약탈할 목적으로 서인도 회사를 설립했다. 그 무역 체제는 서아프리카에서 황금과 상아를 구매했고, 브라질 설탕 농장에서 일할 노예를 아프리카에서 브라질로 끔찍이도 야만스럽게 이송했으며, 이렇게 재배된 설탕을 유럽으로 수출했다. 이를 장악하기 위한 시도는 곧 브라질에서 자국의 많은 자산을 삼

커버리게 될 무분별하고 장기화된 포르투갈과의 지상전[1602~1663]으로 네덜란드를 이끌었다. 하지만 그럼에도 1640년에 포르투갈이 스페인 왕권에서 분리된 뒤 평화를 요청했을 때 네덜란드 동인도 회사와 서인도 회사는 모두 그에 반대하는 청원을 제출했다. 동인도 회사의 관리자들은 다음과 같이 주장했다. "명예로운 동인도 회사는 포르투갈인들과 싸우면서 번창했다. 바로 그러한 이유로 지금 아시아 해상 무역의 대부분을 독점하고 있으며, 매년 700만에서 1000만 길드guilder 정도의 이익을 예상하고 있다. 만약 지금처럼만 할수 있다면, 그 이익은 매년 더 증가하리라 본다."[3] 당시 다른 나라의 상인들뿐만 아니라 네덜란드 상인들에게도 전쟁은 막대한 수익원이었다.

하지만 우리는 이와 같은 해상 기업들이 17세기의 네덜란드 부의 증대에 기여했던 바를 과대평가해서는 안 될 것이다. 동인도 무역에 참여했던 상선들은 고작 전체 네덜란드 상선 중 0.2퍼센트에 불과했다. 그리고 서인도 무역은 암스테르담의 충실한 평의원들이 볼 때 줄곧 의심스러울 정도로 낮은 수준에 머물렀다.[4] 네덜란드의 주된 무역은 여전히 발트 해 연안의 국가들과의 교역이었다. 네덜란드 경제에서 발트 해 지역에서의 무역이 차지하는 중요성은 상당했다. 이에 네덜란드인들은 스페인과의 80년 전쟁[1568~1648] 내내 네덜란드 함대의 공격으로부터 스페인 상업을 보호하는 함대를 유지하는 데 필요한 해군 군수품을 나르는 운수업자로서의 역할을 기꺼이 수행했다. 이로부터 네덜란드는 스페인 군대에 맞서 자국의 국경을 지키는 군대를 고용할 현금을 마련할 수 있었다. 이와 같은 거래는 후세에는 물론 동시대인들에게도 매우 당혹스러운 것이었다. 하지만 모두 그러한 교역에 만족했다.

물론 해외 무역이 네덜란드에게 큰돈이 되는 사업이었다는 사실을 부인할수는 없다. 1634년 이후 동인도 회사는 12.5퍼센트~50퍼센트 사이에서 정

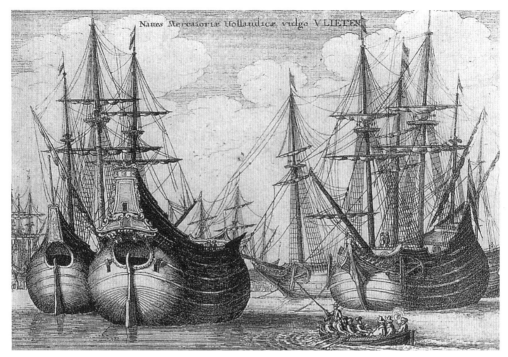

17세기 네덜란드의 유럽 무역 장악에 지대한 공헌을 한 연해 항행용 평저선flyboat이다.

기적으로 이익 배당을 했다. 이 모든 것에 힘입어 이룩된 번영은 네덜란드를 30년 전쟁으로 인해 황폐화되었던 유럽에서 매우 안락한 휴식처가 될 수 있도록 해줬다. 그와 같은 번영은 네덜란드인들로 하여금 강줄기와 요새 너머에서 안전한 삶을 영위할 수 있도록 해줬을 뿐만 아니라 군대를 고용하고 훈육하고 전문화시킬 수 있도록 했다. 이로써 네덜란드는 나름대로 힘을 축적하고 있었던 새로운 해상 약탈자들에게 선망의 대상이 되었다.

분별력 있는 상인들처럼 네덜란드는 수익을 내기 용이한 곳을 찾아 나섰다. 따라서 네덜란드는 스페인이 필리핀이나 서인도에 세운 점점 더 견고해져 가는 요새를 공략할 생각이 없었다. 포르투갈인들과 달리 스페인인들은 상인이 아니었다. 콘키스타도르들이 멕시코와 페루로 건너갔던 것은 그곳에 정착하여 원주민들을 개종시키고 지배하기 위함이었으며, 이들의 점령지는 내륙으로 많이 들어가 있어서 이교도 해상 침입자들에 의해 저해되지 않았다. 하지만 이들 또한 정화가 극히 부족했던 중세 유럽의 상상 속에 맴돌고 있었던, 아주 고상한 부의 원천이라 할 수 있는 황금을 찾아 이곳에 왔다. 이들은 많은 양의 황금을 찾아내지는 못했지만, 스페인으로 하여금 다음 한 세대 동안 유럽을 지배할 수 있게 만들어줄, 더 나아가 서양 경제 체제를 탈바꿈시켜 놓을, 당대의 상상을 뛰어넘는 엄청난 양의 은을 찾아냈다.

이후 100여 년 동안 스페인의 적들은 이 새로운 보물을 유럽으로 운송하는 스페인 선단에 눈독을 들였다. 이는 단순히 그와 같은 선단이 그 자체로 구미가 당기는 노획물이었기 때문만은 아니었다. 오히려 그보다는 이 선단을 나포하는 것이 스페인 경제의 급소를 찌르는 가장 자명한 방법으로 보였기 때문이었다. 호킨스[1588년 프랜시스 드레이크 경과 함께 스페인의 무적함대 격파]와 에식스[1589년 프랜시스 드레이크 경과 함께 스페인 공격]는 이러한 전략을 엘리자베스 여왕에게 설득력 있게 호소했다. 에식스는 다음과 같이 고언했다. "우리 나라가 스페인 왕에게 가할 수 있는 고통은 바로 그의 보물들을 가로채는 것입니다. 그렇게 함으로써 우리는 그의 힘줄을 끊고, 그의 돈으로 그와 전쟁을 치를 수 있을 것입니다."[5] 하지만 이는 말하기는 쉬워도 실제로 하기는 매우 어려운 일이었다. 네덜란드의 핏 헤인[1577~1629]이 1628년 마탄사스 Matanzas[쿠바 중서부 항구]에서 스페인 '함대flota' 전체를 습격해 나포함으로써 유럽에서 스페인의 신용을 바닥으로 떨어뜨리고, 수년 동안 카리브 해 지역의 스페인 무역 체제를 난파시킬 수 있었던 것은 전적으로 그가 누릴 만했던 뜻밖의 행운 덕분이었다. 하지만 이를 제외하고 호킨스 이래 잡다한 해적들이 시도했던 일련의 산발적이고 제대로 준비하지 않은 채 함부로 실행에 옮긴 모

조지 고워(1540~1596)가 1588년경 그린 엘리자베스 여왕의 초상화로 창 너머로 스페인의 무적함대가 영국 해군에 의해 침몰되고 있는 모습이 보인다.

든 행동은 스페인이 자국의 재화를 지키기 위해 쏟아부었던 주도면밀한 전문가적 관리에 맞서 어떠한 성과도 올리지 못했다. 스페인의 보물 선단은 이후 30년이 지난 1657년, 그보다 더 뛰어난 전문가적 계획과 잘 조직된 해군력을 거느린 영국의 로버트 블레이크 제독[1599~1657]에 의해서야 다시 한번 노획되었다.

서인도에서 진짜 수익은 밀수와 해적질을 통해 얻어졌다. 16세기 사략선원들은 17세기에 들어 사실상 카리브 해 지역에 완전히 자리 잡았다. 이들은 편

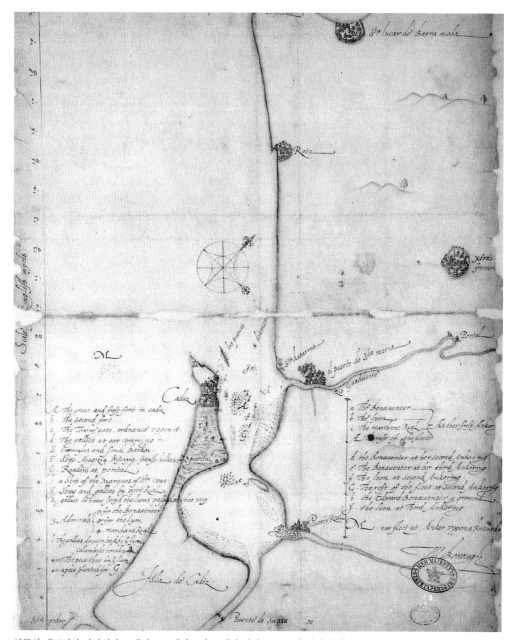

영국의 대표적인 사략선장 프랜시스 드레이크의 스페인 카디스Cadiz 항 침탈 당시의 작전 지도로, 드레이크의 수하 장교 중 한 명이었던 윌리엄 버로(1536~1599)가 1587년에 만들었다.

1708년 찰스 웨이저(1666~1743)가 이끄는 영국 함대의 공격을 받고 폭발하는 스페인의 '산 호세San José'선으로, 위치는 콜롬비아 북부 카르타헤나 앞바다다. 영국 화가 새뮤얼 스콧(1702~1777)의 작품이다.

리한 대로 어느 나라의 깃발 아래에서든 어느 상선이든 상관없이 교역하고 급습을 자행했다. 카리브 해 지역의 영국과 프랑스의 첫 정착지들은 각국의 사략선원이 행동을 취할 수 있는 근거지에 다름 아니었다. 네덜란드는 이들에게 항해 장비와 기술적인 조언 그리고 이들이 안심하고 물건을 내다 팔 수 있는 안정된 시장을 제공했다. 영국과 프랑스는 또한 훨씬 더 북쪽인 캐나다와 뉴잉글랜드 그리고 뉴펀들랜드Newfoundland에도 자리를 잡았다. 이 암담하고 황량한 위도 지역에서 벌어진 영국과 프랑스의 경쟁은 17세기 초 유럽에서의 갈등을 더욱 악화시켰다. 하지만 다음 100년 동안 세간의 주목을 받았던 지역은 카리브 해 인근이었다. 영국과 프랑스는 새로운 부의 원천인 설탕을 독점하기 위한 격렬한 경쟁 속에서 밀수에서 경작으로 점차 눈을 돌리기 시작했으며, 네덜란드와도 다투기 시작했다.

대개의 경우 네덜란드는 경쟁 체제에 침투한 뒤에는 얼마간의 이익을 취할 수만 있다면 어느 누구하고든, 심지어는 불구대천의 원수하고도 전리품을 나눌 마음의 준비가 되어 있었다. 반면 영국과 프랑스는 네덜란드와는 달리 폐쇄적이고 적대적인, 상호 배타적인 무역 체제의 건설을 목표로 삼았다. 그들은 자신들의 무역 체제가 다른 무역 체제의 폐허 위에서만 번성할 수 있다고 확신했다. 이에 프랑스의 재상이었던 장바티스트 콜베르[1619~1683, 임기 1665~1683]는 1670년에 루이 14세[1638~1715, 재위 1643~1715]에게 다음과 같이 솔직 담백하게 고했다.

> [폐하께서는] 유럽의 모든 국가에 맞서 부를 늘리기 위한 전쟁war of money 을 치르고 계십니다. 당신께서는 이미 스페인과 이탈리아, 독일과 영국 그리고 몇몇 다른 나라를 정복하셨으며, 이들 국가에 엄청난 불행과 가난을 안겨주셨습니다. 그리고 당신께서는 이들 국가를 약탈함으로써 부를 취하셨습니다. 이제 홀란트만 남았습니다.[6]

콜베르가 보기에 프랑스는 다른 경쟁 국가들의 폐허 위에서만 힘과 부를 취할 수 있었다. 바로 이러한 생각이 17세기 후반 유럽 전역에 전파될 교리였다.

따라서 30년 전쟁이 막바지에 달하던 1648년에 이르면서 지난 200여 년 동안 유럽의 팽창과 해상 경쟁을 고취시켰던 종교적 열정, 약탈의 추구, 그리고 교역을 통해 정직하게 수익을 내고자 하는 열망의 결합은 점점 더 국력을 둘러싼, 또한 국력을 키우기 위한 명료한 갈등으로 체계화되고 단순화되었다. 그리고 이와 같은 충돌은 주로 네덜란드와 영국 그리고 프랑스 사이에서 벌어졌다. 무역은 바람직한 일로 여겨졌는데, 왜냐하면 무역이 상인들 개개인의 부뿐만 아니라 국가의 힘도 증대시켰기 때문이다. 또한 자국의 무역을 보호하고 증진시킨 국가는 더 많은 부를 창출할 수 있었다. 1651년 첫 항해조례 Navigation Act•가 제정될 즈음 한 영국인은 다음과 같이 적었다. "교역을 가장 많이 하고, 가장 많은 수의 배를 거느리고 유지할 수 있는 나라라면, 어느 나라든 해양 주권을 독차지하고 지킬 수 있으며, 그로써 전 세계의 가장 위대한 지배자가 될 것이다."7 그리고 특히 스페인과의 80년 전쟁을 종결시킨 1648년의 베스트팔렌 평화 조약 이후, 어떠한 방해도 받지 않고 해상 활동에 집중할 수 있었기에 가장 활발히 교역을 하고, 가장 많은 선박을 보유하고 있는 것으로 파악된 국가는 다름 아닌 네덜란드였다.

동시대인들은 네덜란드와 영국 사이에는 도저히 억제될 수 없는 명백한 이익의 갈등이 존재한다고 보았다. 공해상에서의 어업과 조례를 둘러싼 다툼은 단순한 구실에 불과했다. 네덜란드와 영국 간 갈등의 근본 원인은 어떠한 이유를 들어 네덜란드에 전쟁을 선포해야 하는가라는 물음에 대한 몽크 장군[1608~1670]의 다음과 같은 답변에 잘 나타나 있다. "이것이든 저것이든 무슨 상관이란 말인가? 우리는 네덜란드인들이 지금 누리고 있는 무역을 더 원할 따름이다."8 이렇게 하여 북해라는 한정된 공간에서 네덜란드와 영국의 함대들은 세 차례에 걸쳐 무력 출동[1652~1654, 1665~1667, 1672~1674]을 했다. 세 번 모두 승패가 갈리지는 않았지만, 그 과정에서 네덜란드와 영국은 체계화된 해상 전술 및 전략을 익히는 첫걸음을 뗄 수 있었다. 전술적으로는 어떻

• 1653~1658년 호국경Lord Protector을 지낸 올리버 크롬웰(1599~1658)에 의해 제정되었다. 이에 따라 아시아, 아프리카, 아메리카 식민지 상품은 영국 상선에 의해 운반될 경우에만 영국으로 수입 가능해졌다.

1673년 8월, 텍설 전투의 장면으로 이곳에서 네덜란드 해군은 수적 우위에 있는 영국과 프랑스 연합군에 맞서 선방했다. 그림은 네덜란드 화가 판 더펠더(1633~1707)의 1697년 작품이다.

게 하면 어떠한 깨끗한 결과도 낳지 못하는 무참한 '혼전melée'을 피하면서 미리 잘 정렬해 있다가 화력의 효과를 극대화할 수 있는지 터득했다. 전략적으로는 상대방 정부와 국민에게 직접적으로 압력을 가하는 방법으로서 해상 봉쇄의 가치를 익혔다.

　이 점에서는 프랑스인들도 많이 뒤처져 있지 않았다. 앞서 인용한 비망록에서 콜베르는 "이제 홀란트만 남았습니다"라고 말했다.

　그리고 홀란트는 함부로 싸우지 않습니다. 발트 해 연안 국가들과의 무역을 통해 홀란트는 엄청난 이익을 보고 있으며, 해상력과 항해술에 있어 높은 평판이 자자합니다. 동인도와의 무역에서 홀란트는 매년 현금으로 120만 길드 정도의 이익을 보고 있습니다. 홀란트의 국력은 카디스

클로드 르페브르(1632~1675)가 그린 콜베르의 초상화로 1666년 작품이다. 지구를 떠받들고 있는 아틀라스상이 유독 눈에 띈다.

Cadiz[스페인 서남 항구]와 기니Guinea[서아프리카 해안 지역] 그리고 셀 수 없을 정도로 많은 나라와의 교역을 통해 얻어졌으며, 커가고 있습니다. (…) 기지를 가지고 정력적으로 치러지는 이번 전쟁은, 그리고 유럽에서 가장 강력한 공화국의 약탈품이 승리의 노획물이 될 이번 전쟁은 결코 쉽게 끝나지 않을 것입니다. 아니, 좀 더 바르게 말씀드리자면, 바로 이것이 폐하께서 삶이 다하실 때까지 신경 쓰셔야 할 주된 일 중 하나입니다.

전쟁을 '주권자에게 더없이 명예롭고 즐거운 일la plus digne et la plus agréable occupation des souverains'이라 생각했던 루이 14세의 관심을 끌기 위해 콜베르가 의도적으로 지나치게 군사적 상상력을 부각시킨 점이 없지 않다. 하지만 콜베르는 17세기 후반 서유럽의 정치가들과 상인들이 대체로 인정하고 있었던 바, 즉 무역은 전쟁의 한 형태임을 좀 더 날카롭게 전달하고 있었을 따름이다. 클라우제비츠[1780~1831]의 말을 바꿔 쓰자면, 전쟁은 다른 수단들이 혼합된 상업의 연장이었다. 이러한 시각은 18세기 초 네덜란드를 제치고 유럽의 선도적인 상업 세력으로 떠올랐던 영국에서 가장 열정적으로 받아들여졌다. 이에 우리는 100여 년 전 네덜란드 상인들이 스페인과 포르투갈과의 평화 협정의 전망에 대해 그러했던 것처럼 1745년 프랑스와 스페인과의 평화 협정의 전망[오스트리아 왕위 계승 전쟁War of the Austrian Succession, 1740~1748 와중]에 대해 영국 상인들이 우려하는 모습을 보게 된다. 그들 중 한 명은 다음과 같이 말했다. "프랑스와 스페인 이들 두 국가와 전쟁 상태를 지속시키는 것이, 그렇게 하여 바다에서만 전쟁을 수행하는 것이 평화 상태에 들어가는 것보다 우리 왕국의 진정한 이익에 더 도움이 된다. (…) 우리의 상업 전반은 이들 두 나라와의 공식적인 통상 관계를 마련해줄 어떠한 평화보다도 강경하고 잘 조정된 해전

1662년의 고블랭Goblin 자수로 청년 루이 14세가 적색 깃털 모자를 쓰고 말에 올라 작전 명령을 하달하고 있는 모습을 담고 있다.

을 수행함으로써 더 크게 번창할 수 있다." 당시 또 다른 작가는 영국 정부에게 "쉴 새 없이 우리를 괴롭히는 적들의 무역과 항해를 약화시켜야만 한다. 그렇게 해서 앞으로는 지금까지 오랫동안 그래왔듯이 교역에서 우리와 대적해서 그들이 이익을 볼 수 없도록 만들어야만 한다"라고 촉구했다.9 만약 콜베르가 국력의 수단으로 상업을 인식했다면, 이들 상인들은 국력, 특히 해군력을 자신들의 상업을 증진시킬 필수 불가결한 수단으로 보았다.

　사실 중상주의의 주장 전체는 다른 많은 정교한 경제 논의와는 달리 현실에서 논박되지 않는 이론적 간결함과 통일성을 지니고 있었다. 교역은 부를 창출했고, 그렇게 일궈진 부는 만약 정부가 이에 손댈 수 있다면 함대와 군대로 전환될 수 있었으며, 함대와 군대가 제대로 장비를 갖추고 지휘된다면 국력은 배가되었다. 이에 17세기 말엽 영국의 논객 찰스 대버넌트[1656~1714]는 다음과 같이 지적했다. "오늘날 모든 전쟁술은 돈으로 단순화되었다. 오늘날 가장 확실히 성공과 정복을 취할 수 있는 군주는 가장 용감한 부대를 거느린 자가 아니라 자신의 군대를 먹이고, 입히고, 임금을 줄 수 있는 돈을 가장 잘 찾아내는 자다."10 영국과 네덜란드 그리고 이들을 돕는 대륙의 몇몇 국가들이 루이 14세의 프랑스에 맞서 1689년부터 1713년 사이에 약 25년간 거의 중단 없이 치렀던 싸움―국부와 국력을 모두 증대시키기 위한 쟁투[9년 전쟁Nine Years' War(1688~1697)과 스페인 왕위 계승 전쟁War of the Spanish Succession(1702~1713)]―에서 결국 승리를 결정지은 것은 그들의 자원, 특히 그들의 재정 동원 능력이었다. 영국 은행[윌리엄 3세가 9년 전쟁 기간 중 전비 마련을 위해 1694년 설립]과 영국 재무성의 관점에서 보자면, 차관의 조달과 신용의 정립을 위해 설립한 모든 기제mechanism는―말버러의 지도력과 육해상에서 영국 군대가 보여준 전문가적 능력만큼이나―이 전쟁에서, 사실상 이 전쟁에 이어 발생한 모든 전쟁에서 영국의 궁극적인 승리를 결정지은 주된 요인이었다. 만약 이듬해 출정을 위한 물자가 남아 있지 않다면, 주요한 전투에서 승리를 거둔다고 한들, 전투에 모험을 거는 것은 말할 나위도 없이 별 소용이 없었다.

해당 사회의 부를 통제하고 혹은 적어도 이를 뜯어내고, 그 부를 통해 해당 사회에 대한 지배력을 더 확장할 수 있도록 하는 기제들—관료제, 국가 재정 체제, 군대—을 구축할 수 있는 유럽 각국 정부의 능력 증대는 17세기 후반부터 시작하여 오늘날까지 이어지고 있는 역사적 시기를 특징짓는 중요한 발전 가운데 하나다. 이러한 과정은 18세기에 점차 더 큰 힘을 얻을 터였다. 하지만 그전까지 이는 매우 불안정한 과정이었다. 그러한 발전은 그 어디에서보다 국가가 전쟁 수단에 대한 통제 능력을 점진적으로 획득해가는 과정에서 가장 명확하게 찾아볼 수 있다. 다시 말해, 앞 장에서 보았듯이, 그러한 발전은 17세기 초반 말 그대로 통제 불가능했던 유럽 사회 내부에 존재한 폭력적인 요소에 대한 통제에서 찾아볼 수 있다. 17세기 초반, 폭력은 또 다른 폭력을 낳으며 번져갔으며, 이에 역사학자들은 (조지 클라크 경의 표현을 빌리자면) 전쟁war이나 전쟁들wars이 아니라 '혼전mêlée'이라 말해야 할 정도였다.[11]

그와 같은 용어법은 육지에서의 전쟁뿐만 아니라 바다에서의 전쟁에도 마찬가지로 적절히 차용될 수 있을 것이다. 16세기 해군을 유지하기 위해서는 육군을 유지하는 데 드는 비용보다 더 많은 비용을 쏟아부어야 했다. 육군은 그때그때 임기응변식으로 고용되거나 징집할 수 있었고, 전쟁이 종결된 후에 임금을 지불할 수도 있었으며, 실제로도 그러했다. 하지만 설령 선원을 필요 시 고용하고 해고할 수 있었다 하더라도, 배는 전쟁이 있든 없든 건조되고 유지되어야만 했으며, 여기에는 막대한 자본이 소모되었다. 조선소, 선공, 도선

영국 해군 관방장 새뮤얼 피프스의 초상화로 영국 화가
고드프리 넬러(1646~1723)의 1689년 작품이다.

사, 제도사, 화기 전문가와 같은 기반 구조infrastructure를 위해서는 큰 돈이 필요했다. 사실 이들이야말로 임금을 받고 종신 고용된 전문직의 핵심이었다. 17세기 후반 새뮤얼 피프스[1633~1703, 영국 해군 관방장 1684~1688]와 콜베르에게조차 이들과 같은 인력을 양성하고, 그들에게 줄 돈을 구하는 것은 매우 어려운 일이었다. 스페인은 아메리카에서 들어오는 은 덕분에 조금 더 수월하게 일을 할 수 있었다. 하지만 엘리자베스 여왕의 유사한 시도는 영국 정부를 빚투성이로 만들어놓았다. 스튜어트Stuart 왕조가 선박세Ship Money•를 부활

시켜 영국 해군을 재건하고자 시도했으나, 그 결과는 헌법상의 파국[영국 내전, 1642~1651]이었다.

해군을 유지할 자원이 없는 상황에서 어떻게 해군력을 휘두를 수 있었을까? 유럽의 모든 군주는 동일한 편법을 썼다. 즉 모두 '나포 면허장'을 발행함

• 찰스 1세(1600~1649, 재위 1642~1649)가 전시 방어의 명목으로 전국으로 확대하고자 시도했던 해안 도시와 촌락에 부과되었던 세금을 말한다.

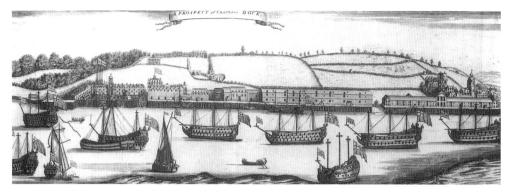

1690년 영국 채텀Chatham 해군 조선소의 모습을 담은 당시 삽화로, 조선소는 당시 영국 산업의 중심지였다.

1637년에 취역된 영국 군함 '바다의 군주Sovereign of the Seas'와 설계자 피터 펫으로, '바다의 군주'호는 총 100여 문이 넘는 함포를 실어 당시 가장 큰 군함이었다.

영국 군함 '바다의 군주'의 옆모습으로, 이 군함의 건조를 위해 쓰인 막대한 비용은 찰스 1세로 하여금 후일 영국 내전의 원인이 된 선박세를 부과하도록 했다.

으로써 개인 선박들이 자신의 적을 괴롭히고 노획물을 취하는 것을 승인하고, 그로부터 얻어진 수익에서 군주가 자신의 몫을 떼어가는 방법을 차용했다. 따라서 사략선원들은 어떤 의미에서 바다의 콘도티에리라 할 수 있었다. 하지만 사실 자신이 섬기는 주권자의 적을 괴롭힐 수 있는 나포 면허장을 소유한 사략선원들은 강탈할 수 있다면 누구든 괴롭힐, 대포로 무장한 해적들과 별반 차이가 없었다. 그리고 해적들은 넘쳐났다. 1595년 서인도에 주둔해 있던 한 스페인 관리는 다음과 같이 불만을 털어놓았다. "지난 4년 동안 해적선들은 여기가 마치 자기 나라의 항구인 양 불어났으며, 더 주도면밀해졌다. (…) 밖에서 들어오는 배들 중 단 한 척도 이들로부터 벗어나지 못했으며, 여기서 나가는 배들 중 단 한 척도 이들을 피하지 못했다."[12] 인도양에서도 해적질은 마찬가지로 극에 달했으며, 매우 값나가는 화물을 선적한 네덜란드 혹은 포르투갈의 큰 상선들은 종종 강탈당했다. 또한 북해와 영국 해협에서 해적들은 됭케르크Dunquerque[영국 해협에 위치한 프랑스 항구 도시]를 기점으로 하여 아무런 제재도 받지 않고 활동했다. 같은 시기 바버리Barbary[이집트 서부에서 모로코, 알제리, 튀니지까지 포함하는 북아프리카 지역] 연안의 해적들은 지중해 지역에서만이 아니라 대서양 전역에서 공포로 군림했으며, 종종 약탈과 갤리선 운영에 필요한 노예를 찾아 영국 남부 해안을 침략하기도 했다. 사실상 17세기 초반은 "수많은 지역에서 야만적이고 비조직적인 갈등이 일어났던 시기다. 오직 제대로 무장하고 있거나 아니면 아주 별 볼 일 없는 자들만이 어느 정도 안심하고 움직일 수 있었다."[13]

이와 같은 문제는 서유럽 국가 정부들이 해적들의 본거지에 대한 통제를 확대하면서 매우 더딘 속도로 해소되었다. 1650년 이후 서인도에 파견된 영국과 네덜란드 그리고 프랑스 정부 관료들은 각자의 이해관계를 뒤로하고 해적질에 맞서 공동의 대응을 천명했으며, 17세기 말에는 해적들을 거의 다 소탕했다. 하지만 19세기까지도 해적들이 활개 쳤던 북아프리카 해안을 통제하지는 못했다. 따라서 유럽의 상인들은 분쟁을 찾아 출항했든 아니든 간에 그에 대비해야 한다는 사실을 알고 있었으며, 이에 무장을 하고 떠났다.

국가의 보조적 군대로서 사략선 또한 19세기까지 살아남았다. 사략선의 가치는 해군 함정의 속도가 빨라지고, 그들이 점차 강력한 화기로 무장함에 따라 떨어졌으며, 끝내는 철갑함의 등장과 함께 거의 완전히 사라졌다. 하지만 나폴레옹 전쟁[1803~1815] 때까지 사략선은 상선을 괴롭히는 역할을 계속 담당했는데, 이 시기 사략선들은 1701년과 1714년 사이 스페인 왕위 계승 전쟁 당시 프랑스가 했던 수준으로 지원받았으며 장려되었다.

1569년 네덜란드 독립군은 나포 면허장을 발급하여 사략선원들로 하여금 인근 스페인령 네덜란드의 항구들을 약탈하도록 했다. 이들은 당시 '바다 거지Watergeuzen'라 불렸다.

프랑스의 또 다른 위대한 전략 사상가였던 세바스티앵 르 프레스트르 드 보방에 의해 조심스럽게 고안되었던 전략에 의거한 이 '통상 파괴전guerre de course'에서 사적인 상업 자원들을 국가 정책의 수단으로 활용하는 콜베르의 원칙은 철두철미하게 지켜졌다. 프랑스의 사략선들은 거대한 무역 회사와 같이 국가적인 사업으로 조직화되었다. 사적 자본이 자금을 댔지만 국왕이 배를 제공하고 무장시켰으며, 그가 선원들을 모집하고 그들의 군사 훈련을 책임졌다. 이러한 사략선원들은 프랑스 왕립 해군과 긴밀히 협조했다. 프랑스 군함이 영국과 네덜란드의 호위함들을 공격하여 상선들을 흩어놓으면, 사략선들이 약탈을 감행했다. 이 상선들을 보호하는 데 너무나 막대한 비용이 들어 차라리 교역을 중단시키는 것이 나을 정도로 프랑스 사략선들은 영국과 네덜란드의 상선들을 괴롭혔다. 이들 프랑스 사략선은 주로 영국 해협과 북해에서 활동했다. 하지만 "이들은 네덜란드 포경업을 파괴할 목적으로 멀게는 스피츠베르겐Spitsbergen[북극해와 그린란드 해를 마주하고 있는 노르웨이 최대섬]까지도 출정했으며, 브라질에서 들어오는 포르투갈 무역을 갈취할 목적으로 아조레스Azores 제도[대서양 중부 화산섬들로 구성된 제도]로도 나아갔다. 또한 극동 지역으로부터 들어오는 네덜란드와 영국의 선적을 탈취하기 위해 세인트헬레나St. Helena[남대서양 화산섬]까지도 갔다."[14] 장 바르[프랑스 사략선장으로 9년 전쟁 때 맹활약], 드 포르뱅[프랑스 해군 지휘관. 장 바르와 함께 9년 전쟁과 스페인 왕위 계승 전쟁 시기 영국 해군에 맞서 활동], 그리고 뒤게 트루앵[프랑스 서북 항구 도시 생말로Saint-Malo를 중심으로 사략 활동]의 치밀하게 계획되고 사치스러울 정도로 장비를 잘 갖춘 출정은 100여 년 전 드레이크[1540?~1596]와 호킨스의 간헐적인 공격과 상당한 차이가 있었다.

하지만 자신의 부와 힘을 증대시킬 목적으로 국가가 사기업을 장려했던 가장 대표적인 예는 수탁 회사들chartered companies이었으며, 1600년에 설립된 영국의 동인도 회사가 그중 가장 오래되고 장수한 회사였다. 영국의 동인도 회사를 본떠 2년 뒤 네덜란드가 동인도 회사를 세웠으며, 앞서 보았듯이 네덜란드는 1621년 서인도 회사도 설립했다. 17세기 초 북아메리카 지역에 정착하기 위해 건립되었던 다양한 영국의 회사들은 독립적인 법정과 통치권자를 지녔으며, 외국 주권자와의 협상이나 전쟁 혹은 평화를 선포하는 문제, 수비대를 주둔시키는 문제, 무기를 구입하는 문제, 그리고 군대와 함대를 모집하는 문제에 있어 외국의 주권자에 견줄 만한 절대적인 권한을 소유했다. 프랑스인들은 좀 더 더디게 이를 따라 했으나, 콜베르가 등장하자 매우 열정적으로 이를 모방하기 시작했다. 네덜란드와 영국의 회사들이 주로 개인의 부를 증진시킬 목적으로 구성된 협의체였고, 영국 정부는 이런저런 방법을 통해 그들로

1762년 여름 쿠바 아바나 항구 모로성Morro Castle에 함포 사격을 가하고 있는 영국의 함선 '케임브리지', '드래건', '말버러'의 모습으로 리처드 페이튼의 작품이다.

부터 상당한 양의 배당금을 챙겼던 반면, 콜베르가 일일이 모든 활동을 철두철미하게 감독했던 프랑스의 회사들은 프랑스 국력의 노골적인 도구이자 대리인이었다. 1664년에 설립된 프랑스 동인도 회사는 인도양에서 경쟁할 목적으로 마다가스카르에 중계항을 뒀다. 같은 시기 세워진 프랑스 서인도 회사의 권한은 서아프리카에서 카리브 해 그리고 북쪽으로는 캐나다에 이르는 지역을 아울렀다. 프랑스 북부 회사[1669년 설립]는 발트 해 지역의 교역에서 네덜란드를 밀어내기 위한 의도를 지니고 있었으며, 프랑스 레반트 회사[1670년 설립]는 지중해의 통제를 목표로 했다. 콜베르가 프랑스의 군대라고 공공연히 자랑하고 다녔던 이와 같은 회사들은 그가 루이 14세에게 자신의 삶을 바치

라고 촉구한 바로 그 네덜란드와의 전쟁을 치르기 위해 탄생했다. 하지만 프랑스 회사들은 지나치게 노골적인 국력의 도구였기 때문에, 따라서 중앙 정부에 의해 과도히 조종되었기 때문에 오히려 네덜란드와 영국의 경쟁자들처럼 성공적으로 번창하는 데 실패했다고 할 수 있다.

이들 수탁 회사들은 19세기까지 막대한 수익을 거두었을 뿐만 아니라, 전쟁과 평화를 불러일으키며 전 세계적 차원에서 독립적인 행위자로 대양 너머에서 계속 활동했다. 그리고 19세기에 이르러 아프리카 내륙 지역이 열리면서 다음 세대의 수탁 회사들이 등장했으며, 이들은 벨기에의 레오폴드 2세[1880년 중반 콩고에 개인 식민지를 건설해 상아와 구리 착취]와 세실 로즈[영국 출신 남아프리카 사업가. 1890~1896 케이프 식민지 통치. 다이아몬드와 금 착취]와 같이 어딘가 수상쩍은 인물들의 지휘 아래 그 같은 현상을 거의 오늘날까지 연장시켜놓았다. 만약 카탕가 채광 조합Union Minière du Haut Katanga•의 활동을 고려한다면, 이는 실로 오늘날까지 이어지고 있음이 분명하다.

그러나 18세기에 그와 같은 기업들의 호전적인 행위는 소규모 사략선들의 활동과 마찬가지로 점점 더 정부의 조정에 종속되거나 의존하게 되었다. 유럽 열강의 해군은 완전히 전문화되었다. 그들의 함정은 왕실 조선소에서 건조되었으며, 전임 정규 장교들의 지휘를 받았다. 또한 함정은 전문화되었고, 종류에 따라 분류되었다. 그리고 함정의 기동은 중앙에서 계획된 전략에 의거하여 조정되고 통제되었다. 단연코 그 전략의 핵심 요소는 줄곧 적의 무역을 제한함으로써 자국 무역의 이익을 증대시키는 것이었다. 무역 보호 조치와 해상

• 레오폴드 2세와 스코틀랜드 출신 탄광 기술자이자 탐험가 로버트 윌리엄스 경이 1906년에 설립한 벨기에 탄광 회사다. 현 콩고민주공화국 동남 지역 구리 광산을 말한다.

프랜시스 코츠가 그린 해군 제독 에드워드 호크 경의 초상화다.

영국 화가 조슈아 레이놀즈의 해군 장군 에드워드 보스카웬 경의 전신화다.

봉쇄는 언제나 영국 해군의 시간과 관심의 대부분을 차지했다. 하지만 바로 그와 같은 이유를 들어 1741년부터 1815년까지 별다른 중단 없이 지속된 프랑스와 영국의 대규모 해상 충돌을 단순히 또 다른 '상인들의 전쟁'이라고 단정 지을 수는 없다. 물론 '포획 상금prize money'이 해군 급료의 귀중한 부분으로 남아 있었다고 하더라도 보스카웬과 호크, 로드니와 넬슨 같은 이들은 결

1787년 조슈아 레이놀즈가 그린 영국 해군 제독 조지 브리지스 로드니 경의 전신화다.

코 스스로를 국가에 자신의 직임을 임대해주는 대신 수익의 일부를 챙기는 용병이라 생각하지 않았다. 그들은 직업 해군 장교였으며, 그들 스스로도 그렇게 믿었다. 그들은 자신들이 자신의 '나라country'라고 칭한 것의 명예와 부, 영광과 힘을 위해 싸웠으며 혹은 싸운다고 믿었다. '전문직업주의professionalism'와 '애국주의patriotism'는 18세기 말 유럽의 국가들 사이에서 벌어진 전쟁의 주된 요소가 되었다.

제4장

전문가들의 전쟁

18세기에 이르면서 유럽에서의 전쟁은 오늘날 우리에게 낯익은 전문 직업 군대에 의해 치러지기 시작했다. 그에 소속된 장교들은 기본적으로 명예 혹은 봉건 의무를 위해 싸우는 전사계급의 일원이 아니었다. 또한 돈을 주는 사람이면 누구를 위해서든 일을 하는 청부업자도 아니었다. 그들은 정규 고용과 정기적인 급여 그리고 승진의 기회를 보장받았던 국가state의 관료였으며, 국가 혹은 (좀 더 감정적인 용어를 쓰자면) 자신의 '나라country'를 위해 평시에나 전시에나 봉사하고자 했다. 바로 그들과 같은 전임 직업군인의 등장과 함께 사회 내에서 '군사military' 부문과 '민간civilian' 부문을 어느 정도 명확하게 구별하는 것이 가능해졌다.

전문 직업 군대의 진화는 점진적이었으며 평탄치 않았다. 20세기까지도 프러시아 장교단에는 봉건적인 그리고 심지어는 봉건 이전의 '군벌War Lord'에 대한 사적인 봉사의 개념이 강하게 남아 있었다. 프랑스 대혁명 때까지도 프랑스 장교단은 상당 부분 싸우기를 좋아하고 방종한 귀족들로 이루어져 있었으며, 정부 관료들은 이들과 계속 다투어야만 했다. 독립적이고 이질적인 연대들의 집합에서 중앙집권화되고 단일한 군대로 나아가는 영국 군대의 발전은 오늘날에조차 완성되려면 멀었다. 그럼에도 불구하고 1700년에 이르면서 핵심적인 구도가 마련되었다. 전시에나 평시에나 상비군을 유지할―그들에게 급료를 주고, 식량과 무기를 제공하며, 옷을 입힐―책임과 능력을 지닌 국가기구가 존재했으며, 맡은 역할뿐만 아니라 그 역할이 요구하는 행동 양식, 복장, 외모, 인간관계, 특권, 그리고 책임에 따라 소속 공동체의 나머지로부터 구분되는 고유한 하위문화를 보유한 사람들의 일관된 위계 구조가 존재했다.

이와 같은 직업 군대를 가능케 했던 것은 국력과 국가 조직의 발전이었다. 하지만 기능상 이들 직업 군대를 거의 필수 불가결하게 만들었던 것은 군사 업무와 기술의 발전이었다. 이러한 상호작용을 논함에 있어 우리는 이들과 동시에 발전했던 또 한 가지 요소를 간과해서는 안 될 것이다. 즉 국가가 해당 사회의 자원들에 대한 통제권을 증대시킴에 따라 가능했던 전문 직업 군대의 발전 양상은 역으로 이들 군대가 외부의 적에 대한 방어만이 아니라, 국가 내부적으로도 강제의 수단으로 작동함으로써 자원들에 대한 더 큰 통제력을 발휘할 수 있게 했다.[1] 머뭇거리고 있는 신분계급으로 하여금 군대를 더 양성하기 위한 보조금 납부에 찬성표를 던지게 하고, 주저하는 납세의무자들로 하여금 세금을 내도록 강제할 능력을 지닌 군대의 존재는 여전히 국왕의 손에 남아 있는 권력으로서 많은 이의 우려를 샀다. 그와 같은 군대에 대한 두려움은 1688년에 영국 헌법을 재정했던 이들과 한 세기 이후 대서양 건너편 이들의 후계자들로 하여금 평시에 군대를 유지하는 행정부의 권한을 최대한 제한하도록 만들었다. 여기에서 우리는 영국과 같이 지리적 위치로 인해 운

좋게 수 세기 동안 육군을 부가적인 사치물로 간주했던 나라와 독일의 역사학자 한스 델브뤼크가 '육군 발전의 역사는 곧 프로이센 국가의 역사다'라고 적을 수 있었던 프로이센 사이에 존재하는 헌법과 정치 체제뿐만 아니라 전반적인 문화 형태의 차이를 잠깐이나마 언급할 수 있을 것이다.[2]

앞 장에서 주장했듯이, 전문화된 군대의 발전을 선도했던 국가는 네덜란드였다. 17세기 초 유럽의 국가들 중 거의 유일하게 네덜란드만이 해외무역을 통해 획득한 부로 자국의 군대를 1년 내내 무장시킬 수 있었다. 그리고 네덜란드는 자국의 군인들에게 정기적으로, 넉넉히 급료를 제공할 수 있었기에 유럽의 모든 용병이 자기들이 하기에는 굴욕적인 업무라 치부했던 두 가지 일을 시킬 수 있었다. 네덜란드는 군인들로 하여금 '참호를 파고dig' '반복 훈련drill'을 하도록 만들었다. 이 두 가지 활동은 방어하는 측의 능력을 증대시키는 데 있어 매우 중요했다.

첫 번째로 참호의 중요성은 자명하다. 네덜란드가 그렇게 오랜 기간 동안 난공불락으로 남을 수 있었던 것은 운하가 제공하는 자연 방어막과 쿠호른이 건축했던 영구적인 요새, 그리고 이와 더불어 연속적으로 이어진 참호의 구축과 유지 덕분이었다. 두 번째 활동인 반복 훈련은 주로 전장에서 화력의 중요성이 증대됨에 따라 중요해졌다. 이제 충격이 아니라 화력이 가장 결정적인 요소가 되었다는 사실, 즉 창병은 머스킷병을 보호하기 위해 있는 것이지 그 반대가 아니라는 점을 처음으로 명확히 인지한 이는 16세기 말 오라녀 가문의 마우리츠 왕자Maurits van Oranje였다. 따라서 화력을 극대화할 수 있는 '대형'과 극대화된 화력을 지속적으로 그리고 제대로 제어해 분출될 수 있도록 할 '절차'를 고안해내는 것이 긴요해졌다. 16세기에 들어 널리 통용되었던 수천 명에 이르는 창병으로 구성된 정방형의 대형과 이를 보호하기 위한 총병

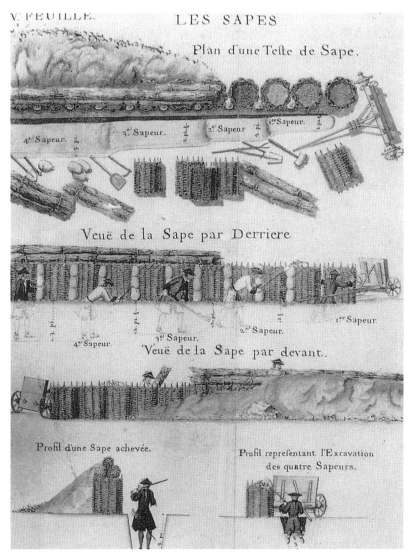

보방의 『공성전론』(1703~1704)에 나오는 포위 공격을 위한 대호 구축에 관한 삽화다.

암스테르담의 야코프 드 겐 2세의 유명한 『훈련 도감Wapenhandelinge』(1607~1608)에 나오는 아퀘부스 발사를 위한 연속 자세 도식이다. 이 책은 출판 직후 불어, 영어, 독어로 번역, 출판되었다.

야코프 드 젠의 『훈련 도감』에 나오는 창병 교련 도식으로, 16번, 22번, 29번은 공격 자세를, 30번은 기병대를 저지하기 위한 방어 자세를 보여주고 있다.

'슬리브sleeve' 대신, 마우리츠 왕자는 머스킷병 대형을 약 10여 명의 횡렬로 늘어세웠으며, 창병 대형은 돌진해 들어오는 기병들로부터 이들 머스킷병 대형을 보호하기 위해 사이사이에 끼워졌다. 그리고 머스킷병들은 맨 앞 열이 계속하여 사격을 가할 수 있도록 자신의 열을 따라 뒤로 물러서며 재장전을 했다.

전투 운영상에 있어 이와 같은 발전은 전장 자체에 대한 상당히 높은 수준의 통제를 전제로 한 것이었다. 기동의 통제, 화력의 통제, 그리고 무엇보다 '자기self' 통제가 있어야 했다. 이제 부대는 큰 집단으로 뒤죽박죽 모여 있지 않았고 취약하게 열을 맞추어 늘어서 있었다. 이를 위해서는 반복 훈련이 필요했으며, 그보다 더 중요하게는 '규율discipline'이 요구되었다. 규율이라는 개념은 오늘날 우리가 군대 생활이라 하면 자연스레 떠올리는 한 부분이 되었기에 17세기 유럽의 전쟁에서 그것이 얼마나 새로운 현상이었는지를 이해하는 것은 우리로서는 매우 힘든 일이다. 중세의 중기병들은 결코 규율되지 않았으며, 이를 영광스럽게 여겼다. 란츠크네히트와 테르시오도 마찬가지로 각자 자신의 무기를 들고 와 맡은 바 일을 하는, 그리고 서로를 지위가 아니라 맡은 바 임무에 따라 구별되는 평등한 동료로 인식했다. 규율은 별로 달가운 개념이 아니었다. 높은 임금에도 불구하고 네덜란드가 고용한 군대의 탈영 비율은 매우 높았다. 그렇다고 네덜란드에서 규율에 대한 강조가 전적으로 처음 이루어진 것도 아니었다. 마우리츠 왕자는 당시 교양 있는 군인들이 그랬듯이 고대 그리스인들과 로마인들로부터 유래된 군대 조직과 배치에 대한 이해를 높이기 위해 고대 군사 교과서들, 특히 수차례 재출간되었던 아에리아노스[2세기 그리스·로마 군사 문제 연구가, 『그리스 전술 대형On Tactical Arrays of the Greeks』 저술]와 베제티우스[4세기 로마 군사 문제 전문가, 『군사 문제에 관하여 De Re Militari』 저술]의 저서들을 면밀히 살폈다. 반면 마우리츠 왕자의 학구적인 동료들, 특히 레이던대의 유스튀스 립시위스Justus Lipsius는 로마 군대 모형의 구성에 필수적으로 수반되는, 즉 이를 작동시킬 수 있는 유일한 정신인 자기 통제, 금욕, 권위에 대한 복종의 가르침을 제공하는 스토아 철학자들을 재발견했다. 자기 헌신과 복종의 스토아 철학은 개신교의 건전한 생활양식에 매우 잘 부합했다. 그와 같은 철학은 개인주의, 명예에 대한 의식, '허세panache'를 부리고자 하는 열망, 그리고 영광의 추구가 지배적인 역할을 계속하여 담당했던 스페인인들, 프랑스인들, 그리고 이탈리아인들에게보다 네덜란드인들

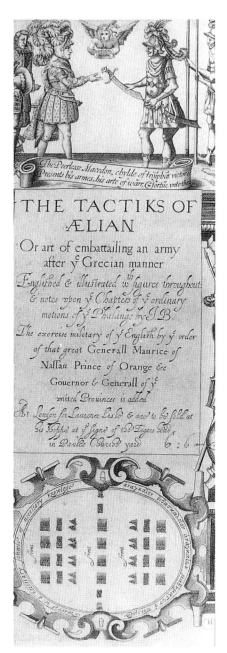

THE TACTIKS OF
ÆLIAN

Or art of embattailing an army
after ý Grecian manner

Englished & illustrated w figures throughout
& notes vpon ý Chapters of ý ordinary
motions of ý Phalange by J.B.

The exercise military of ý English by ý order
of that great Generall Maurice of
Naſſau Prince of Orange &
Gouernor & Generall of ý
vnited Prouinces is added

영국 출신 네덜란드 장교 존 빙엄이 번역하고 주석을 넣은 『아에리아노스의 전술론』(1616)의 표지로, 우측의 알렉산더 대제가 좌측의 마우리츠 왕자에게 자신의 군사적 재능과 탁월함을 상징하는 칼을 넘겨주고 있다.

과 더불어 스웨덴인들, 스코틀랜드인들, 브란덴부르크인들, 그리고 그 누구보다 영국의 신형군[영국 내전(1642~1651) 당시 의회파에 의해 1645년 창설되었다가 1660년 왕정복고와 함께 해체]의 기병들에게 더 적합한 것이었다.

마우리츠 왕자와 그의 동료들은 이 모든 문제를 연구하고 논의했을 뿐만 아니라, 이에 따른 대형들을 시험했고, 부대를 반복 훈련시켰으며, 더 나아가 새로운 교리에 따라 개신교 귀족들을 교육시켰던 군사 학교Schola Militaris를 지겐Siegen[독일 서북 도시]에 설립하기도 했다. 하지만 대격전이 드물게 일어났기에 이를 실제로 활용할 기회는 거의 없었다. 그러나 마우리츠 왕자의 학생 중에는 1611년에 스웨덴 왕위에 오른 구스타브 아돌프의 군사 교관이 된 스웨덴 귀족 야코프 델라가르디[1583~1652]가 있었다. 아돌프는 자신의 마지막 20년을 처음에는 발트해 연안의 이웃 국가들과 싸우는 일에, 그 후에는 합스부르크군의 촉수가 점점 더 북으로 잠식해 들어와 자신의 영토 근처에까지 다다르자 그들과 싸우는 데 보냈다. 이에 아돌프에게는 네덜란드 학파의 기술을 실제로 적용하고 발전시킬 기회가 매우 많았다. 게다가 아돌프는 이를 실천에 옮길 또 다른 종류의 군대를 거느리고 있었다.

봉건제는 어느 정도 스웨덴을 우회했다. 스웨덴인들은 자신들의 호수와 숲 속에서 9세기 노르웨이인들과 마자르족의 맹공 앞에 영국인들과 독일인들이 포기할 수밖에 없었던 보편적 군역이라는 효과적인 군사 조직의 한 형태를 보존할 수 있었다. 16세기 바사vasa 왕조[1523~1654년 스웨덴을 통치한 왕가]는 덴마크인들과 폴란드인들에 맞선 장기간에 걸친 출정을 감당할 수 있는 군대를 구축할 목적으로 이를 체계적인 징병 제도로 공식화했다. 따라서 구스타브는 왕위에 오르면서 당시에는 놀랍도록 오래되어 보였던, 하지만 우리 눈에는 놀라울 정도로 근대적으로 보이는 국민군national army을 넘겨받았다. 구스타부스는 이 국민군을 장기 복무하는 효과적인 군대로 혁신시켜놓았다. 복무 기간은 20년이었지만, 열 명 중 한 명만이 복무하도록 호명되었으며, 나머지에게는 호명된 자에게 장비를 제공하기 위한 세금을 부과했다. 따라서 스웨덴 육군은 실제로 장기 복무하는 정규 부대로 구성되어졌다. 각 지역 마을은 자신들에게 할당된 수만큼의 사람을 구해야 할 의무가 있었지만, 미망인의 아들이거나 혹은 이미 복무하고 있는 이의 형제이거나, 아니면 광산이나 군수 공장 노동자들, 그리고 (어쨌든 장교로 복무할) 귀족과 성직에 있는 이들은―훗날 유럽의 징병법에서와 마찬가지로―복무로부터 예외가 인정되었다. 이 군대는 국내에 있을 경우에는 왕실 재원으로부터 임금을 받지 않았으며, 대신 정연하고 질서 있게 땅을 경작하며 지냈다. 하지만 해외로 출정을 나갈 경우에는 이들에게 임금을 주어야 했으며, 그에 따라 여러 문제가 발생하기 시작했다. 스웨덴은 가난한 나라였으며, 따라서 얼마 지나지 않아 임금은 체불

되었다. 당연히 구스타브 아돌프는 수비대의 임무를 자신의 부대에 맡기는 것이, 지역 용병으로 하여금 대부분의 전투를 치르도록 하는 것이 비용이 적게 든다는 사실을 알고 있었다. 1632년 그가 사망할 당시 휘하에 있던 14만 명의 병력 중 10분의 1에도 미치지 못하는 수만이 진짜 스웨덴인이었고, 나머지는 독일 지역에서 모집된 자들이거나 아니면 작센–바이마르의 베른하르트와 같이 반은 고용인이자 반은 동맹인이었던 임금을 받는 협력자들이었다. 그렇지만 그들 모두 1631년의 브라이텐펠트 전투에서 합스부르크군이 유럽의 권력 양상의 전환을 초래했던 엄청난 패배를 당했을 때, 그 효율성이 만천하에 알려졌던 스웨덴의 효과적인 전쟁 체계를 받아들였으며, 그에 따라 훈련받았다.

이듬해 1632년 구스타브 아돌프는 전사했고, 이후 그의 군대는 서서히 와해되었다. 하지만 아돌프는 남은 세기 유럽의 국가들이 점점 더 성공적으로 본받은 전쟁 교시의 전형을 제공했다. 그의 장교들과 사병들을 포함한 장기 복무 군인들은 국왕으로부터 임금을 받았으며, 군복과 무기를 제공받고 무장되었다. 그리고 그들은 국왕의 혹은 그의 바로 밑 보좌관들의 지휘를 받았다. 규율은 혹독했으며 군법 회의에 의해 강제되었다. 물론 스웨덴 정부는 자국의 국경 너머에서 이를 유지하는 것이 너무나 힘들다는 사실을 깨달았지만, 그럼에도 여전히 군수품과 병참은 국가의 책무로 인식되었다. 이에 스웨덴 군대는 적어도 처음에는 30년 전쟁 중 다른 나라의 군대를 동반하여 숙영지를 따라다녔던 자신들보다 몇 배 이상 큰 거대한 군집 없이 기동할 수 있었다. 전장에서 이들은 오라녀가의 마우리츠 왕자에 의해 고안된 평면 대형을 전개했다. 그러나 가벼워진 머스킷총과 지속적인 훈련은 이들의 사격과 재장전 속도를 굉장히 빠르게 만들었으며, 그로써 보병 대열의 깊이는 열 명에서 여섯 명으로, 심지어는 그보다 더 적은 수로 낮추어질 수 있었다. 매우 드물기는 했지만 이들 머스킷병은 경이롭게도 동시에 일제 사격을 가하기도 했다.

기병대와 포병 또한 탈바꿈했다. 스웨덴 기병대는 우아했지만 별 효과가 없었던 반회전을 연습하는 대신, 백병전에서 쓸 칼을 어떻게 사용하는지, 그리고 어떻게 잘 훈련된 한 무리로 칼을 들고 돌격할 수 있는지 다시 배웠다. 이로써 기병대는 중세 기사들보다 더 집중되고 제어된, 따라서 더 위협적인 충격의 수단이 되었다. 바로 이것이 올리버 크롬웰의 철기병대Ironsides가 영국 내전 당시 완벽하게 구현해냈던 전술이었다.

포병과 관련하여 보자면, 구스타브 아돌프는 대포가 지닌 기본적인 단점인 '기동의 어려움immobility'을 극복하고자 끊임없이 노력했다. 해결책은 대포의 사정거리가 포신의 길이에 비례해서 반드시 증가하는 것은 아니라는 사실, 즉 대포의 파괴력을 전혀 감소시키지 않고도 포신의 길이를 반으로 줄이고, 그럼으로써 대포의 무게를 반으로 줄이는 것이 가능하다는 사실을 발견함으로써 구해졌다. 이 발견과 함께 17세기 초 서유럽의 경제 활동을 지배했던 주요 산업가들 중 한 명이었던 스웨덴의 위대한 제철업자 루이 드 기어[1587~1652]가 소개한 대포 주조에 있어서의 다른 많은 개선은 기동이 가능한 야포mobile field artillery의 등장을 가능케 했다. 그와 같은 포는 전장에서 이동이 가능했으며, 필요시에는 인력으로도 운반할 수 있었다. 그리고 상황에 따라 실체탄solid shot을 발사하거나 적의 보병대를 겨냥한 산탄case-shot을 발사할 수도 있었다. 또한 이전에는 시간당 두 발에서 세 발 정도의 발사 속도를 보였다면, 이제는 머스킷병들과 비교해도 뒤지지 않을 정도가 되었다.

끝으로 아마도 가장 중요한 혁신은 이 세 가지 무기가—이들 중 둘은 화력을 극대화했고, 나머지 하나는 타격 능력을 극대화했다—서로 협조하도록, 그리고 전장에서 기동하도록 교육되었다는 점이다. 이는 단순히 명민하고 기지에 찬 지휘관뿐만 아니라 위계 서열에 기초한 통제와 즉각적이고 군기 잡힌 대응의 통합 구조를 전제로 한 매우 난해한 작전이었다. 당연히 이는 매우 드물게 성취되었으며, 구스타브 아돌프가 자리를 비웠을 경우에는 사실 거의 이루어지지 않았다. 하지만 그보다 훨씬 더 단순하고 소규모였던 고대의 전쟁 이래 군대는 이제 거의 처음으로 단순히 전투가 개시되었을 때만이 아니라 전투가 진행되는 내내 단일한 지휘 체계에 따라 움직이는 도구가 될 수 있었다. 실로 17세기 후반에 튀렌[1643년 프랑스 육군 원수에 임명]과 뤽셍부르[1675년 프랑스 육군 원수에 임명], 몬테쿠콜리[이탈리아 장군으로 프랑스의 장군 튀렌과 경쟁 관계]와 사보이의 유진, 그리고 이들 중 가장 위대한 존 처칠 말버러 공작과 같은 걸출한 장군들이 그렇게 많이 등장할 수 있었던 것은 바로 17세기 전반에 이루어진 이와 같은 발전 덕분이었다.

따라서 아돌프는 비결정적이고 보편화된 폭력으로 전락했던 그리고 계속 전락해가고 있었던 전쟁이 완전히 통제될 수도 있다는 일종의 청사진, 즉 암시—이보다 더 강하게 표현하는 것은 별로 현명하지 않을 것 같다—를 던져 줬다. 다시 말해, 그는 어떻게 하면 유럽 사회에 침투해 있었던 폭력의 요소가 한 방향으로 유도되고, 나날이 발전을 거듭하고 있었던 국가 기구에 의해 주어진 목적에 합치되고 적법한 방식으로 사용될 수 있는지 보여주었다. 바꿔 말하자면, 아돌프는 어떻게 하면 도적을 병사로 탈바꿈시킬 수 있는지, 또한 어떻게 무질서한 폭력을 일반적 가치 체계에 따라 합법이라 인정받은 권위체의 지능적이고 제어된 힘의 사용으로 전환할 수 있는지 보여주었다. 이러한 것들이 성취되지 않는 한 유럽에 있어 어떠한 질서정연한 국가 체제도 사실상 불가능했다. 하지만 이는 국가들의 행정 기제가 매우 비약적으로 향상되지 않을 경우에는 가능하지 않았다. 그와 같은 가능성이 막연하게나마 현실화

루이 14세의 프랑스에 맞선 스페인 왕위 계승 전쟁 중 블레넘 전투 승리 직후 말버러 공작과 영국군을 담은 자수다. 이 승리로 말버러는 앤 여왕으로부터 블레넘 궁을 하사받는다.

되었던 것은 17세기 말에 이르러서였다. 이 시기에 이르러서야 유럽 국가들은 전문 직업군인을 고용할 수 있었고, 그들에게 각자의 군수창고에서 필요한 모든 물품을 제공할 수 있었으며, 기본적으로 그들의 활동을 일반 시민들이 아니라 서로에 맞서도록 조정할 수 있었다. 또한 이 시기에 이르러서야 전문 직업군인들은 절제와 기술을 가지고 작전을 수행할 수 있는 장군의 지휘를 받았다. 바꿔 말해, 그와 같은 가능성이 현실화되었던 것은 18세기 에드워드 기번[1737~1794]이 매우 흡족해하며 "절제되고 비결정적인 경쟁들"이라 기술한 전쟁의 세기에 이르러서였다.

당시 무기 기술에 있어 두 가지 변화가 더 발생했다. 하나는 손이 많이 가고 변덕스러운 장전 과정을 거쳐야 했던 화승식 발화 장치를 가진 머스킷총이 부싯돌식 발화 장치가 장착된 총으로 교체된 것이었다. 후자는 간단하고 고장이 적은 장치로 분당 세 발 정도 발사가 가능했으며, 이로써 동시 사격이 가능한 세열로 이루어진 대형이 기본 보병 대형으로 자리 잡았다. 또 다른 변화는 고리형 총검의 발명이었다. 고리형 총검은 모든 보병이 창병이 될 수 있도록 함으로써 전장에서 창을 완전히 몰아낼 수 있도록 했다. 이와 같은 두 가지의 발전은 17세기의 마지막 20년 사이에 일어났으며, 따라서 18세기 초 말버러 장군 밑에서 싸웠던 병사들은 그로부터 100년 후 웰링턴 장군의 병사들이 들고 있었던 무기와 사실상 똑같은 무기를 들고, 마찬가지로 길고 가느다란 행렬을 전개하며 전투에 임했다. 이 대형—프랑스인들은 이를 '가느다란 대열l'ordre mince'이라 칭했다—은 일련의 지속 사격을 가할 수 있었으며, 병사들이 각자 자리를 지키고 버티는 한 기병대의 공격도 막아낼 수 있었다.

하지만 그와 같은 대형이 적군의 포격에 의해 일단 무너지게 될 경우 보병대의 운명은 기병대의 손에 떨어졌다. 따라서 검과 기병도sabre 혹은—동유럽으로부터 들여온—창lance으로 중무장한 기병대는 위협적인 병과로 남을 수 있었다. 그리고 터키와의 전쟁에서 줄곧 필요했던 전초전과 정찰을 위한 경기병이 합스부르크 군대를 통해 동유럽으로부터 들어왔다. 기동 화력은 이들이 무장했던 가벼운 머스킷총에 따라 이름 붙여진 '용기병들dragoons'이 제공했다. 용기병들은 또한 그 명칭이 의미하듯 국내에서 시위 진압용으로도 투입될 수 있었다.

대포와 관련하여 보자면, 구스타브 아돌프 이후의 발전 과정은 프랑스가 다시 선두에 나서기 전까지는 매우 점진적이었다. 포병 감독관이었던 장바티스트 드 그리보발[1764년 임명]의 감독 아래 포의 각 부품이 규격화되었으며, 이들의 부속들도 교체가 가능하게 되었다. 또한 포의 장전이 개선됨에 따라 사정거리가 늘어났으며, 사격 조준기의 개선은 포격의 정확도를 높였다. 게다가 가벼운 포가는 대포의 이동에 필요한 견인력을 크게 낮춤으로써 대포를 전장에서나 전장 밖에서나 어떠한 사격 대상에 대해서도 집중 포화가 가능한

앤 여왕[1665~1714, 왕위 1702~1714] 사후 영국 왕위를 계승한 하노버[독일 북부 라이네 강 중류 지역 신성로마제국 하 공국]의 조지 1세[1660~1727, 하노버 선제후 1698~1727, 영국 왕 1714~1727]를 폐위시키고 스튜어트 왕조를 되살리고자 1715년에 일어난 반란군과 스코틀랜드 셰리프뮤어Sheriffmuir에서 대치하고 있는 영국군의 모습이다. 그림은 존 우튼의 1715년 작품이다.

진정으로 유연한 무기로 만들었다. 그러나 그 어떠한 기술적 발전보다 더 중요한 변화가 바로 포수 자신들로부터 일어났다. 포수들은 이제 더 이상 자신들이 다루는 사악한 무기의 이해하기 힘든 기술적 요소에만 신경을 쏟는 민간 전문가로 치부되지 않았다. 설령 전쟁에 대해 좀 더 과학적인 접근을 취하고 있다 하더라도, 이제 그들도 유럽 육군의 다른 모든 병과와 마찬가지로 제복을 입고 규율이 잡힌, 통합된 하나의 병과가 되었다. 브리엔 군사 학교의 뛰어난 포병 생도들 중 한 명은 다름 아닌 코르시카Corsica[프랑스령 지중해 섬] 출신의 청년, 나폴레옹 보나파르트였다.

무기 기술의 발전만으로는 구스타브 아돌프 시대와 프리드리히 대제 시대 사이에 유럽에서 일어난 전쟁의 변화를 설명하기에 충분치 않다. 진정 중요한 변화는 군대가 들고 전투에 임했던 도구들이 아니라 군대의 구조 자체, 그리고 그들을 고용했던 국가의 구조에서 일어났다. 만약 전임 직업 군대가 존재하지 않아서 이와 같이 향상된 성능의 무기를 제대로 사용할 이가 존재하지 않았다면, 그리고—더 중요하게는—전임 정부 관료들이 이러한 발전과 관련해서 결정을 내리고, 이의 생산 및 공급을 책임지고, 이를 위해 돈을 지불할 위치에 있지 않았다면, 무기 기술에 있어서의 개선은 어쩌면 아예 이루어지지 못했을 수도 있다. 개선된 무기의 활용은 말할 것도 없다.

이 모든 부문의 선도자는 프랑스였다. 부르봉Bourbon 군주정[프랑스 통치 1589~1793. 1815년에 왕정복고]은 구스타브 아돌프가 마련한 청사진을 넘겨받아 17세기 말 유럽의 모든 국가가 프랑스에 의해 압도당하지 않으려면 모방할 수밖에 없었던 완벽히 작동하는 군사 체계를 발전시켰다.

1632년 구스타브 아돌프가 서거할 당시만 하더라도 결코 프랑스가 유럽을 다시 이끌 수 있으리라 보이지 않았다. 프랑스 군주정은 파산해 있었고, 프랑

1696년에 출판된 알랭 마네송 말레의 『마르스Mars의 일 또는 전쟁의 기술』에 실린 프랑스 포병의 모습이다.

16세기 작품으로 추정되는 작자 미상의 앙리 4세 초상화다.

스 사회는 반세기에 걸친 내전에서 아직 회복하지 못하고 있었다. 유럽 정치와 관련하여 볼 때, 프랑스는 사실 존재하지 않았다. 프랑스의 이 같은 놀라운 회복은 앙리 4세[1553~1610, 재위 1589~1610, 1598년 낭트 칙령을 통해 프랑스 내 종교 관용 선언]가 내전을 성공적으로 종결시키고, 리슐리외[1585~1642, 프랑스 재상 1616~1642, 30년 전쟁 당시 반합스부르크 외교 정책 지휘]가 외국과의 충돌을 피하거나, 만약 그것이 불가능할 시에는 대리인을 통해 싸운 덕분이었다. 프랑스가 가장 중요한 대리인으로 삼았던 구스타브 아돌프가 서거함에 따라 리슐리외는 합스부르크 세력인 스페인과 오스트리아가 유럽의 지배 세력으로 등장하는 것을 저지하기 위해 자신이 직접 군대를 모집하고 전장으로 나가야만 할 필요에 직면하게 되었다.

이는 섬뜩한 일이었다. 프랑스 국왕은 자신의 지배 아래 있는 다양한 지방에 대해 별다른 통제권을 가지고 있지 못했다. 프랑스 국왕은 내전을 거치면서 독자적으로 행동하고자 하는 기질이 제어할 수 없을 정도에까지 다다른 호전적인 대공들로부터 겨우 명목상의 충성만 얻어낼 수 있었다. 프랑스 국왕은 어떠한 행정 공무원도 거느리고 있지 못했으며, 무엇보다도 돈이 없었다. 손에 쥔 돈일지라도—30년 전쟁 내내 프랑스의 재정으로는 1만2000명 이상의 병력을 모을 수 없었다—이는 각자의 연대를 모집하고 그들의 급료 및 무장을 모두 책임지는 연대장들에게 일괄해서 한번에 지급할 수밖에 없었다. 하지만 연대장들은 고용주든 자신이 지휘하는 병사든 이를 막론하고 사기를 쳤다. 따라서 프랑스가 전장에 투입할 수 있는 아주 작은 규모의 부대조차 임금 문제로 인해 계속 와해되었다. 고위 장교들은 귀족들로서 국왕에 대한 어떠한 충성도 맹세하기를 주저했으며, 서로의 지휘 아래에서 일하기를 거부했고, 공개적으로, 심지어는 종종 전장에서도 대담히 다투었다. 그들 중 가장 지위가 높았던 콩데 왕자가 30년 전쟁이 막바지에 달할 즈음 프랑스 국왕의 편에서 스페인 국왕의 편으로 전향했던 행동은 예외적인 것이었다. 하지만 그러한 종류의 행동은 결코 뜻밖으로 혹은 비난받아 마땅하다고 여겨지지 않았다. 거북할지라도 바로 그러한 것이 진정으로 위대한 귀족이 행동해야 하는 법이라 기대되었다.

파산, 규율의 부재, 부패. 바로 이러한 것들이 1648년 이전—아니 루이 14세가 왕위에 오른 1661년 이전[재상 마자랭(1602~1661, 임기 1643~1661) 사후 공식 통치 시작. 재위는 1643년 이래]—대부분 나라의 군대뿐만 아니라 프랑스군의 특징이었다. 하지만 1680년에 다다르면 프랑스군은 30만 명에 이를 정도로 강력해졌으며, 유럽에서 경탄의 대상이 되었다. 몇 년 후 프랑스군은 25년 가까운 기간 동안 유럽의 주요 열강을 모두 포함했던 연합[아우크스부르크 연맹League of Augsburg으로 1686년 결성. 1689년 윌리엄 3세의 영국 동참 이후 대연맹Grand Alliance이라 통칭]에 맞서 헌신적으로 자신의 자리를 찬연히 지켰다. 도대체 이것이 어떻게 가능했을까?

기본적으로 이는 뛰어나고 지칠 줄 모르는 두 관료의 업적이었다. 1640년대와 1650년대에 걸쳐 그 기초를 마련했던 이는 미셸 르 텔리에였으며, 루이 14세 밑에서 이를 계속 추진했던 이는 그의 아들인 루부아 후작[1666년 부친에 이어 전쟁 장관에 취임]이었다. 이들의 업적은 결코 끝을 보지 못했다. 이들은 봉직 기간 내내 권력 남용과 부패에 맞서 싸웠지만 이를 완전히 근절하지는 못했으며, 이들 사후 권력 남용과 부패는 더 강력한 형태로 다시 고개를 들었다. 그럼에도 1700년에 이르면서 국왕의 통제권은 효과적으로 발휘되었다. 그리고 독립적이고 통제 불가능하며 비효율적인 집단들의 집합은 수십만 명의 병력을 전장으로 보내고 수년간 이를 유지할 수 있는 단일한 중앙행정조

직을 갖춘 규율 잡힌 정교한 조직에 의해 대체되었다.

물론 이들의 성공을 제대로 설명하기 위해서는 콜베르에 의해 충실히 촉진된 프랑스 사회의 점증하는 부를 고려해야만 한다. 즉 농업과 산업 부문에서만이 아니라 국내외 상업에서의 개선과 그에 따라 증대된 부를 징세와 소비세를 통해 효과적으로 추출해낼 수 있는 재정 체제의 발전을 고려해야만 한다. 하지만 돈만으로는 군사적 능력을 향상시킬 수 없었다. 사실 군대의 행정 체제가 개선되지 않았더라면 더 많

루이 14세의 전쟁 장관인 루부아 후작의 초상화로, 야코프 페르디난트 부트의 작품이다. 루부아 후작은 보방에 뒤이어 프랑스 군 개혁을 추진했다.

은 돈은 결국 각 연대를 관할하는 지휘관들과 이들 부대에 물품을 공급하는 계약자들의 손에 뭉텅이로 떨어졌을 것이다. 르 텔리에와 루부아는 이들 연대장들이 부대를 모집하고 임금을 지급하는, 그리고 그에 따른 모든 재정상의 위험을 감수하는 담당 대리인으로서의 역할을 맡도록 내버려두었다. 하지만 르 텔리에와 루부아는 이들 연대장들에게 지불한 돈이 실제로 병사들에게 지급되었는지 확인하기 위해 모집된 각 부대를 감사했다. 그리고 이들 연대장으로부터 장비 및 보급품의 지급과 작전 수행에 관한 권한을 가져왔다. 국왕은 전장에서 이들 부대를 지휘할 부연대장들lieutenant-colonels과 그들의 전체 대

형을 책임질 장군들general officers을 임명했다. 그들 중 불복종하는 장교는 왕실 임관의 박탈로 벌했으며, 그와 같은 모욕을 면하기 위해 해임 직전 사임하는 일부 귀족 출신 지휘관들은 '주권자에 대한 모욕lèse-majesté'으로 바스티유 감옥에 보내졌다. 장교들은 임관하기 전 왕실 근위대에서 머스킷병으로 복무해야 했으며, 보병대 전체의 교련과 규율, 훈련의 기준은 모범 연대model regiment에 의해 제시되었다. 이 모범 연대의 연대장[장 마르티네(?~1672)]은 군 전체를 감독하는 총검열관으로 봉직했으며, 그의 명성은 엄격한 규율을 강조하는 사람이란 뜻을 지닌 신조어 M. de Martinet를 탄생시키며, 불쾌하지만 프랑스어와 영어의 어휘를 공히 늘렸다.

그러나 무엇보다 가장 중요한 혁신은 이러한 군대를 관리할 수 있는 민간 관료 체제의 탄생에 있었다—이는 당시 어떠한 사무와 관련해서도 공식적인 관료 기구가 존재하지 않았다는 점을 상기할 때 매우 놀라운 성취다. 국왕은 바로 쓸 수 있는 현금을 받고 관직을 대놓고 팔거나, 아니면 개인 혹은 사기업과 계약을 맺고 자신이 원하는 일은 뭐든지 맡겼다. 세금을 걷는 일이든 군대를 모집하거나 이들에게 보급하는 일이든 무기 제조든, 아니면 앞 장에서 보았듯이 국왕의 적을 괴롭힐 목적으로 사략선원들을 준비하는 일이든 가리지 않았다. 이러한 관료 체제, 즉 '지사제intendance'는 리슐리외 시대 군부대를 방문하거나 군부대에 상주하면서 모병이 제대로 이루어지고 있는지, 식량과 탄약 그리고 군비가 가능한 한 정기적으로 공급되고 있는지 확인하고, 이를 전쟁 장관에게 보고하는 감독관들 혹은 감시관들로 이루어진 상비 기구로부터 유래했다. 르 텔리에는 이를 완전한 행정 체제로 확장시켰으며, 그의 아들은 이를 실제 활용했다. 이들 관료는 식량과 무기 그리고 장비—특히 '제복uniform'은 국가가 대규모로 의복을 지급할 책임을 떠맡으면서 초래된 명백하고도 피할 수 없는 현상이었다—와 관련된 모든 계약을 협상했으며 이를 감독했다. 이들은 프랑스를 잠재적 경제성에 따라 평가하고 그에 기초하여 여러 구역으로 분할했다. 이들 구역에서 군대의 급식과 숙영은 면밀히 조직되었으며, 상설 탄약고와 무기고도 들어섰다. 감시관들은 두 달마다 각 연대를 방문하여 그들의 병력과 병참부 그리고 임금 지불을 조사했다. 출정이 있을 시 이들은 부대를 따라나섰으며, 탄약고로부터 공급이 가능한 경우에는 이를 조직하고 그렇지 않을 경우에는 해당 지역에서 징발할 수 있도록 했다. 지역 주민들이 이러한 정부의 징발을 아무리 내켜하지 않았다고 하더라도, 그들은 스스로 알아서 약탈하도록 방치된 병사들보다 확연히 나았다. 당연히 지위고하를 막론하고 군대 내의 모든 이는 '지사들intendants'을 혐오했다. 그들은 고위 지휘관들의 자존심을 건드렸으며, 하급 장교들의 거래 내역을 조사했다. 하지만 불평한다고 한들 아무런 소용이 없었다. 왜냐하면 그들 뒤에는 정력적이며 무자비한 루부아가 있었고, 루부아의 뒤에서는 국왕이 고위 장교들의 불만과 하급 장교들의 악습과 대적하고 있는 그를 지원하고 있었기 때문이다.

그렇다고 이들 지사의 업적을 과대평가해서는 안 될 것이다. 프랑스 육군의 능력은 우리 시대의 기준이 아니라 당대의 기준에 비추어 평가되어야만 한다. 프랑스에 새로운 군대를 가져다준 루부아의 업적에 비견할 만한 놀라운 업적을 프랑스 국경을 방어하는 완벽한 요새 체제를 구축함으로써 달성했던 위대한 세바스티앵 르 프레스트르 드 보방은 17세기 말 다음과 같이 기술했다. "돼지우리에 처박혀서, 반벌거숭이로 굶주림에 죽어나가는" 프랑스 군부대의 상태를 떠올릴 때면, 프랑스 군주정의 미래를 염려하지 않을 수 없다. 강력한 힘을 지닌 한 사람 혹은 그와 같은 이들로 구성된 한 집단의 의지만으로는 19세기 거대한 관료제의 행정 능력의 한계까지도 시험하게 될 이러한 난관들을 극복할 수 없었다. 여전히 부패는 만연했으며, 군수 체제 또한 고장이 나 있었고, 이때 고통을 받은 사람들은 불행히도 군대의 주둔지에 살고 있었던 농민과 도시민이었다. 이에 더해 유럽이 점차 질서 잡히고 번영함에 따라, 농업과 상업 그리고 기능과 지적 직업 영역에서 매력적인 직종들이 점점 더 많이 생겨남에 따라, 모진 규율에 의해서만 통제 가능했던 그리고 기회가 생기면 짐승과 같이 야만스러운 행동을 자행했던, 사회에서 탈락한 자들이나 범죄자들, 얼뜨기들, 정신적 결함이 있는 자들을 제외한 이들을 군대의 사병으로 모집하기가 어려워졌다. 우리는 로코코[18세기 초기 문화 양식] 시대 군대의 외관상의 우아함에 현혹되어서는 안 된다. 그들은 난폭했으며 더러운 제도였고, 전쟁은 특히 그와 관련된 이들에게 여전히 잔인하고 두려운 일이었다.

그러나 이 모든 불완전성에도 불구하고 프랑스 육군은 유럽이 이제까지 본 것 중 가장 놀라운 국력의 도구였다. 앞서 기술한 프랑스의 군사 제도들은 프랑스의 건축, 예술, 패션, 궁정 의례, 그리고 프랑스의 요리와 마찬가지로 많은 서유럽 국가에 의해 지역별 특색의 바탕 위에 모방되었다. 이는 영국도 예외가 아니었다. 군대가 가장 시장성 높은 자원이었던 독일의 소군주들은 프랑스 군대의 예를 특히 열성적으로 꼼꼼히 따라했다. 특히 불모지에 위치하여 가난하고 정치적 중요성도 지니지 못했던 브란덴부르크의 선제후들은 그 누구보다도 진지하게 혹은 성공적으로 프랑스 군대를 모방했으며, 이들은 18세기 초 신성로마제국 황제에 대한 충성의 대가로 프러시아 국왕의 지위를 획득하게 된다.

독일의 승리와 비극이 있은 지 한 세기가 지난 지금 호엔촐레른Hohen-zollern 왕가[브란덴부르크와 프러시아 왕위를 차지한 독일 귀족 가문]가 얼마나 미약한 상태에서 세계적인 강대국으로 오르는 긴 장정을 시작했는지 이해하는 것은 쉬운 일이 아니다. 17세기 초 프랑스 군주정도 마찬가지로 허약했다. 하지만 적어도 프랑스의 영토는 인구가 밀집되어 있었고 비옥했다. 브란덴부르크 선제후의 영토는 무작위적인 승계의 과정에 의해 꿰매어졌으며, 비스툴라 Vistula[폴란드 중·북부 강]에서 라인 지역의 독일 평원을 가르며 불연속적으로 어떠한 방어막도 없이 펼쳐져 있었다. 이에 그들의 영토는 이웃하는 작센과 바바리아 영토의 자연 자원과도 현격히 차이 났으며, 네덜란드와 한자 동맹 소속 자유 도시들의 상업 발전 가능성과는 아예 비교조차 불가능했다. 전략상 브란덴부르크 선제후의 영토는 유럽에서 폭풍의 두 핵이라 할 수 있는 라인란트Rhineland[라인강 주변 지역]와 발트 해 지역을 연결하고 있었으며, 만약 이 중 한 곳이 평화롭다면 다른 한 곳은 십중팔구 분명 교전 상태로 치닫고 있었다. 더 나아가 그들의 영토에는 유럽에서 가장 완강히 독립을 고수하는 도시들과 반항적인 귀족들이 있었다. 심지어는 해당 지역의 수비를 위한 군부대를 지원할 돈을 모으려 할 때도 이들 신분계급의 의심 많은 대표자들을 설득하는 일은 매우 힘들었다. 선제후가 자신의 영토 정반대편에서 싸워야 하는 전쟁의 경우는 더 말할 필요도 없었다. 무슨 일을 하든지 분명 호엔촐레른 왕가는 다른 이들은 고사하고 자신의 백성에 맞서서도 이길 수 없다고 장담할 수 있었다.

돌이켜보면, 대선제후 프리드리히 빌헬름[1620~1688, 브란덴부르크-프러시아 통치 1640~1688]이 그와 같은 어려움들을 극복하기 위해 취한 일련의 조치는 혀를 내두를 정도로 파렴치한, 장기간에 걸쳐 마련된 계획의 증거가 되는 듯하다. 하지만 사실 대개의 경우 그러하듯 빌헬름이 취한 조치들은 그때그때의 필요에 따라 즉흥적으로 취한 행동이었다. 1653년에 자신의 선제후 영토 북부와 동부 지역이 연루된 발트 해 지역에서의 전쟁Second Northern War[1655~1660]이 발발할 무렵, 빌헬름은 기존의 모든 특권을 승인하는 조건으로 영토 내 모든 신분계급으로부터 수천 명의 군대를 양성할 수 있는 작은 보조금을 얻어냈다. 귀족계급은 자신의 영토 내에서의 완전한 관할권과 안전을 보장받았으며, 이에 더해 속직 및 성직의 선출에 있어서 우선권을 약속받았다. 도시는 모든 면책권과 길드[동업조합] 제한 규정을 확정받았다. 하지만 이들 신분계급은 군대를 위한 각자의 분담금을 충당할 세금을 부과하고 징수할 왕실 관료들—'전쟁총병참부Generalkriegskommissariat'—이 자신들의 영토를 돌아다닐 수 있도록 하는 데 동의할 수밖에 없었다. 이렇게 하여 그들의 전통적인 권리 중 가장 핵심인—그리고 독립성을 가장 확실히 보장해줄—조세권을 빼앗겼다. 그들은 이를 두고두고 후회했다.

물론 이 보조금은 늘어나는 전비를 충당할 정도로 거두어지지는 않았으며, 이에 빌헬름 선제후는 이듬해 추가적인 조치를 취해야만 했다. 1654년에 신성로마제국의 대의기구인 제국 의회는 "제국에 속한 모든 국가의 거주자, 신민, 시민은 자신의 군주, 영주, 상위자가 요새를 포함해 기타 필요한 지역을 점유하고 방어하는 데 순순히 협조해야만 할 것이다"라고 촉구했다. 독일 군주들은 오늘날 주권국가들이 국제연합의 총회 결의안에 대해 그러하듯 제국 의회의 결정에 크게 신경 쓰지 않았다. 하지만 프리드리히 빌헬름은 이와 같은 위로 조의 권고를 자신의 백성으로 하여금 '현재와 미래의 안전 보장과 평화 그리고 국가의 안녕을 위해 요구되는 모든 사항'에 복종하도록 강요할 권력을 자신에게 쥐어주는 것으로 해석했다.[3] 이와 같은 공허한 법적 재가와 새로운 관료 기구 그리고 소규모 군대의 결합은 빌헬름에게 더 큰 규모의 군대를 양성하는 데 필요한 모든 조직을 가져다줬다. 1655년 자신의 영토 중부와 서부 지역에 위치한 브란덴부르크와 클레베Cleves가 자신들과는 어떠한 관련도 없다고 판단한 발트 해 지역에서의 전쟁을 지원하기를 거부하자 빌헬름은 이렇게 양성된 군대를 거느리고 무력으로 세금을 징수했으며, 곧 이를 항구적으로 부과했다. 8년 후 네덜란드와 프랑스 사이에 전운[상속 전쟁War of Devolution, 1667~1668]이 감돌 무렵, 프러시아 지역의 신분계급이 라인란트 지역 선제후의 영토를 방어하는 데 참여하기를 거부하며 마찬가지 자세를 취하자 빌헬름은 그들 또한 무력으로 제압해버렸다. 프러시아 지역은 더 쉽게 제압되었는데, 왜냐하면 오랫동안 그 지역을 지배해왔던 귀족들은 군세 납부를 면제받았기 때문이다. 군세는 부르주아들과 농민들이 나누어 맡아야 했다. 이러한 조치 덕택에 프리드리히 빌헬름은 1678년에 이르면 4만5000명에 이르는 병력을 양성할 수 있었으며, 그와 그의 후계자가 치세하는 내내 병력은 이러한 규모로 유지되었다. 물론 이는 엄청난 규모는 아니었다. 하지만 군사력이 유일하게 궁극적인 강제력을 지니는 국제 공동체에서 빌헬름이 브란덴부르크-프러시아를 인정받는 세력으로 만들고자 한 자신의 목표를 달성하기에는 충분했다.

또한 이 정도 규모의 군대는 반대로 자연 자원이 거의 없는, 겨우 200만 명에 달하는 인구로 이루어진 프러시아 사회에 엄청난 부담을 안겨줬다. 군대를 유지하기 위한 군세의 징수 임무를 맡은 왕실 관료 기구는 주어진 일보다 훨씬 더 많은 일에 관여할 수밖에 없었다. 상품에 대한 소비세를 통해 돈이 들어오는 도시 지역에서 왕실 관료들은 모든 산업과 상업 활동으로까지 자신들의 통제 영역을 넓혔다. 농촌 지역에서 그들은 수확물과 소작료, 일반세를 통해 그와 유사한 관리 감독을 행사했다. 프랑스의 지사들과 마찬가지로 '프러시아 관료들steuerkommissäre, landräthe'은 국왕에게 백성의 경제 활동과 자원에 대한 새로운 수준의 통제권을 가져다준 행정 체제의 뼈대를 형성했으며, 이로써 지방의 권리와 자기중심주의를 점진적으로 제거하고 베를린을 중심에 두는 효율적인 중앙정부를 세웠다. 한 국가state, 즉 프로이센 국가가 프로이센 군대의 수장인 왕의 필요를 충족시키기 위해 탄생했다.

이렇게 튼튼하게 놓인 토대 덕분에 대선제후의 손자인 프리드리히 빌헬름 1세[1688~1740, 재위 1713~1740]는 8만 명에 이르는 유럽에서 네 번째로 큰 규모의 강력한 군대를 키워낼 수 있었다. 빌헬름 1세는 자신의 영토의 허약한 경제에 가능한 한 부담을 주지 않기 위해 극도로 조심스럽게 그와 같은 병력을 육성했다. 매우 충실한 납세자였던 부르주아들은 아예 병역에서 면제되었다. 병사들은 가능한 외국인들과 파종기와 수확기에는 각자의 농장으로 돌려보내졌던 농민들을 중심으로 모집되었다. 그들은 소량의 임금을 받았으며, 부대 내에서 장사를 할 수 있도록 하여 자신들의 급료를 보정하도록 장려받았다. 당연히 그들은 심각한 전투에 내보내기에는 너무나 소중한 자산이었다. 대부분의 장교는 사실상 왕실에 봉사하도록 징집된 귀족계급 출신이었다—귀족 가문들은 주류의 장교가 배출되는 사관학교에 적어도 한 명의 아들을 보내도록 강제되었다. 모든 특권을 승인받는 조건으로 프로이센의 귀족계급은 국왕을 위해 군복무를 해야 했다. 이웃 폴란드의 귀족계급만큼이나 굽힘없이 반항적으로 독립을 유지해왔던 프로이센 귀족계급은 불과 몇 세대가 지나기도 전에 호엔촐레른 군주정의 유순한 기둥이 되어버렸다. 그리고 200여 년 후 호엔촐레른 왕조가 무너지기 전까지 이들—알벤슬레벤Alvensleben 가문, 트레츠코Tresckow 가문, 팔켄슈타인Falkenstein 가문, 만테우펠Manteuffel 가문, 크라이스트Kleist 가문—은 그렇게 지냈다.

프로이센 장교단은 아마도 유럽에서 사회적으로 가장 배타적이었으며, 호엔촐레른 왕들은 이를 내버려두었다. 이는 부분적으로 오늘날 우리가 사회적 협약이라 칭하는 것을 이끌어내기 위함이었다. 하지만 이는 또한 장교단이 전장에서의 용맹과 국왕의 명령에 대한 복종을 이끌어냄에 있어 명예와 충성심에 관한 귀족적 규약에 각별히 의존하고 있었기 때문이기도 했다. 프랑스에서 귀족계급은 장교의 지위와 관련하여 자신들이 이전에 누렸던 권리를 지키는 데 더 큰 어려움을 겪었다. 유럽의 다른 군주들과 마찬가지로 부르봉 왕가는 궁정과 군대 그리고 교회의 일자리를 제공함으로써 귀족, 특히 '대검 귀족 noblesse de l'épée'•의 정치적 독립성을 거세했다. 게다가 부르봉 왕가는 연대장의 지위와 관련해서 확실한 자금력을 귀족의 혈통보다 훨씬 더 중요한 자격 요건으로 꼽았다. 이에 부유한 부르주아들은 수수료를 물고 사회적 이동성을 구매할 수 있었으며, 그들은 프러시아의 '융커들junkers'[토지 소유 귀족]과 같은 지방의 가난한 귀족들이 결코 흉내 낼 수 없는 수준의 생활양식을 정착시켰다. 따라서 18세기 프랑스 군대의 고위층은 유복한 '벼락부자들rôturiers'과 상류 궁정 가문의 자제들로 메워졌으며, 부모가 부유하지도 영향력을 지니지도 못했던 열정적인 젊은 귀족들은 제대로 된 승진의 기회를 얻지 못했다. 이에 그들 중 많은 이가 정권으로부터 점점 더 소외되었으며, 라인 강 건너편에서 보이고 있었던 귀족적으로 변형된 스파르타식 효율성의 예시를, 심지어는 1776년 이후 대서양 건너편에서 나타나고 있었던 그보다 더 흥미로운 전쟁의 양태를 동경의 눈으로 바라보았다.

그럼에도 프랑스의 부유한 장교단이나 프러시아의 가난하지만 거만하고 헌신적인 융커들, 아니면 그보다 더 하위의 유럽 국가들에서 나타난 그 중간의

• 이에 반하여 법복 귀족noblesse de robe의 상당수는 부르주아 출신으로 관직 매매를 통해 법관 직을 획득했다.

예들을 보면 공통점이 차이점보다 더 많았다. 경험에 따라 선임이 결정되고, 젊은 귀족들도 평범한 사병들과 함께 창을 세우거나 머스킷총을 들었던 전통적인 용병들 사이에 존재했던 편안한 동지애는 '임명된 장교들'과 '그 외의 사병들'로 뚜렷이 나뉜 엄격한 위계구조에 의해 대체되었다. 전자는 국왕과 직접적이고 개인적인 관계를 맺고 있었으며, 귀족 가문의 출신 여부와 상관없이 귀족적인 삶의 양식을 따랐다. 이에 반하여 후자에 속한 이들은 모두 완전히 별개의 집단으로 간주되었다. 그들은 유럽 전역에서 징발되거나 포상금을 보고 자원한 자들이었다. 그들은 왕실의 임명을 받지 못한 부사관들Non-Commissined Officers, NCOs로 이루어진 감시계급에 의해 질서가 잡혔으며, 그들의 규율은 무수한 채찍질을 통해 주입되었고 전장에서도 기계처럼 움직일 수 있을 때까지 반복 훈련을 받았다. 이렇게 공들여 이룬 변화만이 다루기 힘들 정도로 길게 늘어진 그들의 대열에 기동성을 부여했으며, 또한—그보다 더 중요한 점은—적군이 직사정으로 화염을 내뿜을 동안 몇 시간이라도 꿈쩍하지 않고 자리를 지키도록 만들었다.

실제로 전투는 대단히 파괴적이었을 뿐만 아니라 직업군인들도 대체 투입하기가 무척 힘들어서 18세기 장군들은 전투에 참가하는 것에 대해 두 세기 전 용병 장군들이 보였던 것과 동일한 수준의 주저함을 보였다. 삭스 원수[독일 출신 프랑스 장군. 1743년 프랑스 육군 원수에 임명]는 그의 저서 『전쟁의 환상 Rêveries de Guerre』(1732)에서 자주 인용되는 다음과 같은 발언을 했다. "나는 특히 전쟁 초기 대격전pitched battle을 선호하지 않는다. 나는 뛰어난 장군은 전면 대결을 피하면서도 평생 전쟁을 할 수 있다고 확신한다." 1747년에 프리드리히 대제는 『장군들을 위한 지침들Instructions for His Generals』이라는 저서에서 그러한 시각에 공감을 표했다. 그는 다음과 같이 적었다.

1696년 작센 선제후 아우구스투스 2세의 사생아로 태어난 삭스 원수는 1719년에 프랑스로 전향하여 폴란드 왕위 계승 전쟁과 오스트리아 왕위 계승 전쟁에서 큰 공로를 세운다.

전쟁의 가장 중요한 비밀이자 훌륭한 장성의 걸작은 적군을 아사시키는 것이다. 배고픔은 용기보다 더 확실히 사람들을 지치게 만들며, 싸우는 것보다 더 적은 위험으로 성공할 수 있도록 해준다. (…) 하지만 전쟁이 병참부 한 곳을 쟁탈함으로써 종결되는 경우는 매우 드물 뿐만 아니라 결국 전쟁의 승패는 대규모 전투에 의해서만 판가름이 나기 때문에 이 모든 수단은 그와 같은 목표를 성취하기 위해 동원되어야만 할 것이다. (…) 전쟁은 전투에 의해서만 결판나며, 전투에 의해서만 종결된다. 따라서 전투를 치러야만 한다. 그러나 전투는 적절한 시기에 모든 이점이 우리 편에 있을 경우에만 치러야 한다. (…) 그러한 상황은 우리가 적군의 보급을 차단하고, 이로운 지형을 선점했을 때 만들어질 수 있다.[4]

위의 인용구는 18세기 군사 전략의 본질과 문제 그리고 목표를 어느 정도 드러내주고 있다. 적지로 이동하는 7만 명 정도의 병력에게 식량과 마초와 탄약을 지속적으로 보급하는 문제는 지휘관이라면 우선적으로 정통해야 할 사안이었으며, 대다수 장군은 그 이상으로 하지 못했다. 한 기간을 보낼 수 있을 정도의 충분한 보급품이 국경 지역의 요새에 미리 적립되어 있지 않는 한 출정은 개시될 수 없었다. 그리고 말과 노새를 먹이기 위한 마초가 이동 중인 군대의 주요한 필수품을 구성하고 있었기에 봄이 끝날 무렵까지는 어떠한 기동도 할 수 없었다. 따라서 모든 진군 속도는 무거운 짐을 든 부대가 거친 비포장도로를 하루에 얼마만큼 행군할 수 있을 것으로 기대되는지, 후방의 병참선을 따라 얼마나 빠른 속도로 군수 물자가 저장될 창고를 세울 수 있는지, 그리고 보급품 수송대가 기지로부터 군수창고로 그리고 군수창고에서 전방으로 이동하는 데 얼마 정도의 시간이 걸리는지에 따라 결정되었다. 사실 이때에서야 '기지base' '측면flank' '병참선lines of communication' '내선 및 외선interior and exterior lines'과 같은 표현들이 군사 용어로 등록되기 시작했다.

진군하는 부대는 최대 며칠 정도면 적의 요새에 다다랐으며, 지휘관은 이를 우회할 것인지 아니면 포위 공격할 것인지 결정해야만 했다. 공성을 하게 되면 여름이 다 지날 수도 있었다. 하지만 자신의 병참선에 항구적인 위협이 될 요새를 '엄폐'할 부대를 적절히 분견하지 않고 그냥 후방에 내버려둔 채 진군할 수는 없었다. 그렇다고 여러 차례 부대를 분견하게 되면 주력 부대가 약

R PRIS PARSA MAJESTÉ
RNIER JUIN 1692

1692년 5월 스페인령 네덜란드의 요충지 나무르Namur를 공략하고 있는 루이 14세의 모습을 담은 장바티스트 마르탱의 작품이다. 보방의 공성 작전을 위해 150여 문의 대포가 동원되었으며, 나무르는 5주 만에 함락되었다. 하지만 3년 뒤인 1695년 다시 영국군에 의해 재점령된다.

화되었으며, 곧 적군의 손에 좌우되었다. 위험을 조심스럽게 산정하고, 빠른 속도로 진군할 수 있도록 자신의 부대를 훈련시킨 담대한 지휘관만이 가을철 호우로 인해 도로가 통행 불가능하게 되기 전 몇 개월 이내에 자신의 재량으로 결정적인 성과를 바라볼 수 있었다. 대다수 장군은 한두 차례 공성에 성공하여 이듬해 출정을 개시하기 위한 유리한 위치를 점령할 수만 있다면 운이 좋다고 생각했다. 수년 동안 축적되어온 이점들을 단 몇 시간 안에 모두 쏟아부어야 하는 전투에 운명을 거는 것보다―더군다나 이 시기 전쟁의 정치적 목표는 대부분 그와 같은 잔인한 해결책을 정당화할 만한 것이 아니었다―이와 같은 작은 성공들이 쌓여 누적된 무게와 국가 재정의 고갈로 인해 상대방이 평화 협정을 제안하도록 강제하는 방법이 더 바람직해 보였다.

따라서 18세기 후반에 접어들면 유럽의 군대는 공성술과 축성술 그리고 행군과 보급의 문제에 절대적으로 집중할 수밖에 없었으며, 이 모든 주제에 관하여 엄청난 양의 글이 쏟아져 나왔다. 클라우제비츠의 말을 빌리자면, 군대는 "폭력의 요소가 점차 희미해져가는 국가state 안의 국가state"처럼 되어갔다. 이들은 대부분의 시간을 극도로 고요한 평화 속에서 보냈다. 심지어 전시에도 이들은 1년에 고작 4개월에서 5개월 정도만 출정했다. 밖에서 보기에 군대는 국력의 상징이었다. 이들 스스로 보기에 군대는 하나의 독립된 세계, 즉 자체의 일상과 의례, 음악과 의복, 복장과 관습을 가진 하나의 하위 문화였다. 이것이 바로 영국 군대에 오늘날까지 이어져 내려오고 있는 '군대 생활soldiering'이라 알려진, 지루하지만 강박적인 삶의 양식이다. 이들의 활동에 대해 해당 사회의 나머지 사람은 전시에나 평시에나 별 관심을 두지 않았으며, 또 관심을 가지도록 분위기가 조장되지도 않았다. 전쟁, 특히 공동체의 부를 증대시켜주고 전체 인구의 극소수만이 참여했던 해전에 대한 대중의 지지가 다른 어느 곳에서보다 컸던 영국에서조차 로런스 스턴[아일랜드 출신 영국 소설가]은 자신의 소설 『프랑스와 이탈리아로의 감상 여행A Sentimental Journey through France and Italy』(1768)의 배경이 된 여행길에 올랐을 때[1762년] 겨우 파리까지밖에 가지 못했는데, 거기에 도착해서야 영국과 프랑스가 전쟁[Seven Years' War, 1756~1763] 중이니 여권을 지참해야만 한다는 이야기를 들었기 때문이다. 유럽 대륙에서는 상업과 여행, 문화적 교류와 학문적 소통이 전시에도 거의 방해받지 않고 이루어졌다. 전쟁은 왕들의 전쟁이었다. 바람직한 시민의 역할은 세금을 내는 것이었으며, 건실한 정치경제는 시민이 자신에게 부과된 세금을 낼 수 있도록 돈을 벌게 내버려두어야만 한다고 가르쳤다. 바람직한 시민은 전쟁을 초래하게 될 결정을 내리는 데 참여하도록 요청받지 않았으며, 또한 젊은 혈기에 자극받지 않는 한 일단 전쟁이 발발하더라도 참전할 것을 요구받지도 않았다. 그와 같은 문제는 '국가 기밀arcana regni', 즉 주권자만이 염려해야 할 문제였다.

혹자는 수 세기에 걸쳐 무방비 상태였던 유럽인들을 약탈해온 이리 떼들을 훈련받아 말 잘 듣는 사냥개—어느 경우에는 거의 재롱을 떠는 푸들—수준으로 격하시킨 것은 유럽 문명이 일구어낸 작지 않은 업적 중 하나라고 주장할 수도 있을 것이다. 하지만 바로 이 같은 성공은 반작용을 낳았다. 유럽의 부가 증대되면서 사회 내에 존재하는 이와 같은 군사적인 요소, 특히 귀족 출신의 장교들과 부랑자들로 이루어진 군인들에 대해 일말의 동정심도 갖지 않았던 부르주아계급의 부와 자신감 또한 커져갔다. 부르주아들이 볼 때, 그들은 잘 보아 자신들과는 전혀 관계가 없는 일을 담당하고 있는 전문가 집단이었으며, 가장 나쁘게는 조롱과 경멸의 대상이었다. 계몽주의시대 사람들은 전쟁을 더 이상 인류의 필수 불가결한 숙명, 즉 참을성 있게 용기를 가지고 견뎌내야만 하는 운명으로 받아들이지 않았다. 또한 18세기 경제학자들은 17세기 그들의 선대가 너무나 자명하고 반드시 획득해야만 한다고 믿었던 고유한 부의 원천을 전쟁에서 찾지 못했다. 점차 부는 자유롭고 방해받지 않는 재화의 교역에서 나오는 것으로 생각되었다. 그리고 인류는 자비로우신 신께서 현명하게도 전 세계에 고루 분배해놓으신 이 재화를 교환함으로써 점점 더 조화와 평화의 유대로 함께 묶여진다고 믿었다. 프랑스에서는 중농주의자들physiocrats●이, 영국에서는 위대한 애덤 스미스[1723~1790. 1776년 『국부론An Inquiry into the Nature and Causes of the Wealth of Nations』 출판]의 신봉자들이 바로 그렇게 가르쳤다. 전쟁은 잘못된 법과 그릇된 지각 그리고 기득권의 산물이었으며, 만약 인간과 사회 행동의 진정한 본질을 이해하고 있는 명민한 사람들이 세계를 통치하고 조직한다면, 전쟁은 결코 일어날 까닭이 없었다. 볼테르와 백과전서파들Encyclopédistes●●은 그렇게 가르쳤다. 그들에게 군인은 지나간 시대의 생존자들이었으며, 계몽된 사람들이 스스로 벗어나고 있는 그리고 조만간 인류가 벗어던질 삶의 양식을 대표하는 자들이었다.

이것이 직업 군대의 성장에 대한 하나의 대응이었다. 그러나 이와는 매우 다른 종류의 대응도 있었다. 프랑스에는 18세기 후반 사회의 평온한 표면 아래서 점차 기세를 더해가던 거대한 사회적·정치적 에너지를 담아내기에는 사회의 다른 분야로부터 분리되어 전쟁 행위를 더 전문화되고 난해한 과학으로 탈바꿈시키고 있었던 빈틈없이 짜인 제도들이 부적합하다고 판단한 이들

● 프랑수아 케네(1694~1774)와 안 로베르 자크 튀르고(1727~1781)를 중심으로, 국부의 근원이 토지와 토지 생산물에 있다고 본 18세기 중후반 프랑스 정치경제사상가들을 말한다.
●● 드니 디드로(1713~1784)와 달랑베르(1717~1783)를 포함해 『백과전서』(1751~1772)의 편찬에 참여했던 프랑스 사상가들을 말한다.

도 있었다. 그들이 보기에 그러한 에너지는 새로운 종류의 군사 조직과 전쟁 양식을 통해 표출되어야만 했다. 자크 드 기베르 백작은 그와 같은 시각을 대표하는 사람 중 한 명이었다. 1772년에 출판된 『전략에 관한 일반 논의Essai générale de tactique』에서 기베르는 당시 전쟁의 수행 과정에 대해 다음과 같이 가차없는 비판을 가했다.

우리는 제대로 모집되지도 않았을뿐더러 임금을 적절히 받지도 못하고 있는 군대를 이끌고 군사 행동을 개시한다. 누가 이기든 지든, 양편 모두 지쳐 나자빠진다. 국가 부채는 늘어나며 신용은 떨어지고 돈은 동난다. 해군은 더 이상 선원들을 구할 수 없으며, 육군은 더 이상 병사들을 찾을 수 없다. 양측의 장관들은 협상을 해야 할 시간이 왔다고 판단한다. 평화 협정이 맺어진다. 몇몇 식민지 혹은 지역이 교환된다. 종종 갈등의 원인은 해결되지 않은 채로 방치되며, 양측 모두 폐허 속에 웅크리고 앉아 빚을 갚고 무기를 다듬는 데 정신을 쏟는다.

그러나 만약 유럽에 강고한 정신과 자원 그리고 정부를 지닌 국민people 이 일어선다고 가정해보자. 확고한 팽창 정책에 금욕의 덕과 국민 민병대national militia를 결합한 국민. 자신의 목표가 무엇인지 절대로 잊지 않는 국민. 어떻게 하면 전쟁을 저비용으로 치를 수 있는지, 그리고 어떻게 하면 승리를 통해 살아갈 수 있는지 아는 국민. 또한 재정적인 문제로 인해 무기를 놓아야만 하는 상황으로 치닫지 않을 국민. 우리는 이와 같은 국민이 북풍이 어린 갈대를 흔드는 것처럼 이웃 나라를 복종시키고 그들의 유약한 정체를 전복시키는 것을 보게 될 것이다.[5]

1789년 프랑스 대혁명 당시 장창과 도끼, 칼, 대포 등으로 무장하고 있는 프랑스 여성들을 그린 삽화다.

기베르는 이와 같은 상황이 도래하리라 생각하지 않았다. 기베르는 "그와 같은 국민은 떠오르지 않을 것이다"라고 구슬프게 적었다. "왜냐하면 유럽에는 더 이상 신흥 강국이 존재하지 않기 때문이다. 유럽 국가들은 모두 비슷하게 성장했으며, 서로를 오염시키고 있다." 기베르는 자신의 놀라운 예언이 현실이 되기 1년 전인 1791년에 세상을 떴다.

제5장

혁명의 전쟁

18세기의 마지막 10년 사이 유럽 사회의 사회·경제·정치·군사적 근간이 송두리째 흔들렸다. 18세기 유럽은 국경선이 명확히 그어져 있었고, 각국 통치자는 자신의 영토 내에서 절대적인 주권자의 지위를 누렸던 국가들로 이루어진 체제system of states였다. 이들의 상호 관계는 국제법의 명확한 원칙에 의거한 엄정한 외교 관례에 의해 유지되었다. 이들 사이의 전쟁 또한 마찬가지로 유럽 전역에서 차출된 전문 군대에 의해 명확히 정해진 전례에 따라, 그리고 역시 국제적인 인척 관계를 맺고 있던 귀족들의 지휘 아래 치러졌다. 이제 이 모든 것이 의문시되었으며, 어느 지역에서는 변혁되었다. 이와 같은 변화는 상당 부분 1792년부터 1815년까지 사실상 멈춤 없이 진행되었던 혁명 프랑스와 이웃 국가 사이의 25년간의 전쟁[혁명 전쟁과 나폴레옹 전쟁]의 결과였다. 이 전쟁은 야만인들의 침범 이래 당시까지 유럽이 겪어보지 못한 규모의 것이었다. 하지만 이 전쟁은 혁명적인 변화의 원인이었을 뿐만 아니라 그 전조이기도 했다.

　18세기 전쟁의 성격은 이를 수행했던 사회의 성격과 매우 밀접하게 연관되어 있었다. 따라서 사회 혁명은 곧 군사 분야에서의 혁명을 초래하게 되어 있었다. 국가는 더 이상 왕가의 군주들이 백성의 이익을 위해 얼마나 열심히 일하고 헌신하고 있는가와 상관없이 그들의 '사유물property'로 간주되지 않았다. 다시 말해, 국가가 대다수 사람이 어떠한 대가와 희생을 치르더라도 아깝지 않은 어떤 절대선의 구현을 볼 수 있게 해줬던 '자유Liberty' 혹은 '국민Nationality' 아니면 '혁명Revolution'과 같은 추상적인 개념들에 헌신하는 강력한 세력의 도구가 되자, 로코코 시대의 '절제되고 비결정적인 싸움'은 불합리한 시대착오로 보이기 시작했다. 이 시기를 살았던 카를 폰 클라우제비츠가 간파했듯이, 이제 전쟁은 독립된 행위가 아닌 국가 정책의 표현, 즉 다른 수단에 의한 국가 정책의 집행이었다. 국가의 성격이 변함에 따라 그들의 정책도 변했으며, 당연히 그들의 전쟁도 변했다.

　누구라도 구체제를 산산이 부수고, 짧은 시간이었지만 비스툴라 지역에서 대서양에 이르는 새로운 카롤링거 제국을 일구어냈던 프랑스 군대를 살펴본다면, 그들의 성취를 설명할 어떠한 새로운 무기도 존재하지 않았다는 사실을 알 수 있다. 나폴레옹의 병기는 프리드리히 대제의 병기와 거의 동일했다. 몇몇 중요한 전술상의 개선이 있기는 했지만, 그중 어느 것도 혁명 전쟁이 발발하기 수십 년 전부터 널리 논의되지 않았거나 군사 이론가들과 지휘관들에 의해 어느 정도 실행되지 않은 것은 없었다. 전술상의 개선으로는 다음의 네 가지를 손꼽을 수 있다. 첫째, 군대는 자율적인 '사단들divisions'로 나뉘었는데, 이로써 몇 개의 도로를 따라 동시에 기동할 수 있게 되어 군사 행동을 취함에 있어 속도와 유연성이 증가되었다. 둘째, 자유롭게 이동하고 필요시에는 언제라도 사격을 가하는 '전위병들skirmishers', 즉 '경보병대' 혹은 소총병들 riflemen이 등장했다. 셋째, 주어진 장소에서 화력의 우위를 확보하기 위해 전 장에서 포병을 좀 더 유연하게 활용하기 시작했다. 끝으로 횡대가 아니라 종 대로 공격하기 시작했는데, 즉 '가느다란 대열'에서 '두터운 대열l'ordre profonde' 로의 변화가 있었다. 이러한 대형은 방어용 화력보다 공격용 타격에 강조점을 두었다.

이와 같은 변화 중 앞의 두 가지는 보병 무기의 개량에 의해 가능하게 된 것이었는데, 이는 적어도 17세기 말엽에 이루어진 것이었다. 그 당시 소개된 부싯돌식 발화 장치를 지닌 머스킷총과 총검은 화력을 사용하고 자기 방어를 하는 데 있어 개개의 보병이 독립적으로 행동할 수 있는 능력을 몇 배로 높여 놓았다. 그리고 이들 무기로 무장한 소부대가 주력 부대로부터 분리되어 전 방이나 후방 혹은 측면 방어를 하는 것이 가능해졌다. 이러한 분견대는 심지 어 자신보다 더 강력한 적군에 대항하여 아군에 의해 구조되거나 후퇴할 때 까지 버틸 수도 있었다. 이와 같은 '전초전guerre des postes'을 위한 분견은 18세 기 중반에 이르면서 널리 통용되었다. 하지만 프랑스 장군 피에르 드 부르세 [1700~1780. 당시 참모장]가 군대 전체를 이러한 방식으로 조직할 수 있다고 제 안했던 것은 7년 전쟁 이후에서였다. 부르세는 『산악전의 원칙Principes de la Guerre des Montagnes』(1775)에서 군대가 바깥쪽의 분견대를 이끌고 한 덩어리 로 움직이는 대신, 부대를 각기 나름의 진군 대열에 따라 기동할 수 있고, 상 호 보조적이긴 하지만 각 부대가 나름대로 일련의 작전 행동을 취할 수 있도 록 하는 모든 병과로 구성된 독립적인 '사단'으로 나누어져야 한다고 제안했 다. 이는 부대를 훨씬 신속하게 이동할 수 있게 해줬을 뿐만 아니라 기동 작전 에 있어서도 새로운 유연성을 가져다줬다.

이렇게 하여 이제 새로운 종류의 전략상 계산이 전통적인 포위 공격과 보급에 관한 지식체계에 추가되어야만 했다. 그것은 각 사단이 얼마나 빠른 시간 내에 다른 사단을 돕기 위해 올 수 있는지와 전투력에 있어 차이를 지닌 각 단위 부대가 홀로 얼마나 오랫동안 버틸 수 있는지에 기초한 계산이었다. 그리고 이와 같은 부대 배치에는 또 다른 이점이 있었다. 샛길을 따라 이동할 수 있는 작은 단위 부대는 보급선에 전적으로 의존할 필요가 없었으며, 일정 정도 농촌 지역에 기대어 지낼 수 있었다. 이로써 그들의 기동은 훨씬 더 빨라졌다. 그리고 18세기 후반 부유한 서유럽 지역의 도로 체계가 개선되고, 더 많은 토지가 경작되면서 이와 같은 방식을 따르는 군대의 이동 기회는 늘어났다.

주력 부대의 가장자리에 자리한 숲과 마을에서 소규모 전투를 감행하는 전초전이 18세기 전쟁에서 점점 더 보편화됨에 따라 그와 같은 일을 수행할 전문가들에 대한 요구 또한 일어났다. 그와 같은 종류의 작전 행동을 위해서는 장교들의 경계 어린 시선 아래에서 열을 지어 싸우도록 훈련받은 부대에서는 좀처럼 찾아보기 어려운 정도의 자신감과 기지 그리고 신뢰가 있어야 했다. 그러한 재능을 가장 손쉽게 찾을 수 있었던 군대는 합스부르크 제국의 군대였다. 이는 유럽 동남 지역에서의 오랜 기간에 걸친 터키인들과의 교전의 결과였다. 제국 군대는 국경 방어를 위해 주로 정찰과 기습 공격을 담당하는 경기병대인 크로아티아의 '판두르pandour병', 헝가리의 '후사르huszar병', 알바니아의 '스트라디오트stradiot병'과 같은 독특한 종류의 군인들을 해당 지역에서 모집했다. 마리아 테레지아 황후[1717~1780, 재위 1740~1780]는 1741년의 오스트리아 왕위 계승 전쟁 당시 프러시아와 프랑스의 약탈로부터 자신의 서부 영토를 방어하는 데 이들 부대를 매우 유용하게 사용했다. 오스트리아의 상대국들은 말 탄 기사를 뜻하는 헝가리와 폴란드 등지에서 활약한 '후사르' 경기병대의 갑옷으로, 뒤의 날개는 돌격 시 쇳소리를 내 공포심을 일으키기 위해 부착되었다.

제국 군대의 주력의 최전방과 측면에서 독자적으로 작전을 수행하는 이들과 같은 경기병대를 도적이나 살인자에 지나지 않다고 불평했다. 하지만 프러시아와 프랑스는 이들과 대적하기 위한 조치를 취해야만 했다. 이에 프랑스군과 프러시아군은 산이나 숲에서 싸울 수 있는, 밀렵에 익숙한 벽촌 사냥꾼인 '추격병들chasseurs' 혹은 '저격병들jägers'로 이루어진 특수 대대를 모집하기 시작했다. 프리드리히 대제도 나름의 후사르병들을 모집했으며, 자신의 의지와 어긋남에도 불구하고 전초전을 담당할 '자유 대대Freibattalionen'를 창설했다. 프리드리히 대제는 이들을 '보병 부대를 강하게 만드는 규율의 결핍에 의해서만 정규 보병 부대와 구별이 되는 협잡꾼들, 탈영병들, 부랑자들'이라 경멸조로 깎아내렸다. 전초 척후병들이 양산되었던 또 다른 지역은 북아메리카의 숲이었다. 그곳에서 영국군, 프랑스군, 미국군은 모두 통례적인 유럽 전술의 제한된 가치를 터득했으며, '비정규irregular' 전투가 난무했다. 혁명 전쟁이 발발할 때쯤 종종 위장을 위해 사냥꾼들이 입었던 특이한 녹색 옷을 착용한 다양한 종류의 경보병 대형은 모든 유럽 군대의 일부분으로 받아들여졌다.[1]

포병과 관련해서는 앞서 1760년대 프랑스 대포를 규격화하고 기동성 및 정확도를 높인 장바티스트 드 그리보발에 의해 프랑스 육군에서 추진되었던 개혁을 언급했다. 이들 대포가 실제 전장에서 어떻게 운용되었는지는 장 뒤 테유 훈작사[1738~1820]에 의해 분석되었다. 그는 훗날 형 장 조제프 뒤 테유 남작[1722~1794]과 더불어 청년 나폴레옹 보나파르트의 후원자이자 선생이 되었다. 장 뒤 테유는 그의 저서 『평야 지대 전투에서 새로운 대포의 사용에 관하여De l'usage de l'artillerie nouvelle dans la guerre de campagne』(1778)에서 공성전에서 사용된 개념들이 열린 전장에서 어떻게 실제로 적용될 수 있는지 논했다. 특히 그는 어떻게 하면 적군의 전열을 와해시키고, 그 기회를 활용할 수 있도록 포격을 집중시킬 수 있는지 알려줬다. 장 뒤 테유는 화력과 기동의 상호의존성 그리고 평사포에 대한 곡사포의 이점과 같은 전술상의 사항들을 강조했다. 그럼에도 그는 언제나 화력의 집중이 필요함을 역설했다. "우리는 우리가 돌파하고자 하는 적진의 지점에 가장 많은 수의 부대와 가장 많은 수의 대포를 집중시켜야 할 것이다. (…) 우리는 승리를 결정지을 공격 지점에 우리 포병을 배가시켜야 할 것이다. (…) 이와 같이 영민하게 유지되고 증강된 포병은 결정적인 성과를 안겨줄 것이다."[2]

전통적인 양 진지 사이의 대결로 초래된 고비용의 교착 상태를 깨뜨리기 위해 병력을 집중 투입하고자 하는 열망은 또한 스페인 왕위 계승 전쟁 때부터 프랑스군 내에 존재했던 두터운 대열, 즉 보병 종대 공격에 대한 선호의 밑바탕이기도 했다. 프랑스군은 프러시아군과는 달리 매우 엄격한 규율과 완벽한 반복 훈련을 필수로 하는 가느다란 대열을 긍정적으로 검토하지 않았다. 사실 가느다란 대열을 효과적으로 수행하기 위해서는 매우 특이한 종류의 군대가 필요했다. 18세기 초 프랑스 군사 문제에 관한 유명 저자였던 드 포라드

훈작사[1669~1752]는 포격보다 충격의 효과를 극대화하기 위해 고안된 두터운 대형인 종대 공격을 매우 설득력 있게 선전했으며, 그의 가르침은 프랑스 대혁명 때까지 프랑스군 내에 큰 영향을 미쳤다. 오스트리아 왕위 계승 전쟁 동안 이를 실전에 적용시키고자 한 프랑스군의 시도는 이를 예상한 적군의 화력에 의해 프랑스군의 종대가 산산조각 나면서 비참하게 끝맺었으며, 세기가 흘러감에 따라 치밀한 수정이 가해졌다. 그 가운데 가장 효과적인 변형은 기베르에 의해 소개되었다. 그는 필요시 전열에 배치되는 소규모 종대로 편성된 대대의 유연한 '혼합 대열ordre mixte'을 제시했는데, 이는 1791년 프랑스 육군 조례의 기초를 마련했을 뿐만 아니라 혁명군의 공식적인 교리가 되었다.

하지만 1792년 프랑스 대혁명에 반대하여 침공해 들어오는 적에 홀로 맞서야만 했던 긴박한 상황에서 그와 같은 공식적인 군사 교리를 연습할 기회는 좀처럼 오지 않았다. 이전 왕실 군대의 극히 일부만이 혁명 정부에 충성을 맹세했으며, 그들조차 신뢰할 수 없다고 여겨졌다. '구체제ancien régime' 하에서 발전된 전술을 구사하기에는 교련을 받고 훈육된 보병대가 더 이상 충분치 않았다. 군 계급 사이의 틈은 설령 전통적인 규율을 습득할 시간적 여유가 있었다 하더라도 이를 받아들일 생각이 전혀 없었던 자원병들에 의해 채워져야만 했다. 따라서 혁명군은 기왕지사 '자연인natural man'이라는 루소적인 Rousseau-ite 개념을 지침으로 삼고 구질서의 인위성에 등을 돌리며 최선을 다했다. 그들은 자유인으로서 자유를 지키기 위해 싸웠으며, 그들 자유인에게는 개별적인 접전과 '착검!à la baionnette'의 명령에 이은 대규모 종대 공격의 혼합이 가장 자연스러운 전투 방식이었다. 사실 이것이 전투를 치르기 하루나 이틀 전 난생 처음 머스킷총을 잡아본 그들 부대에게 가능했던 유일한 전투 방식이었다. 그리고 이는 놀랍게도 효과가 있었다. 여기서 우리는 구체제에서

발미 전투의 장면을 담은 프랑스 화가 에밀 장호레이스 베르네의 1826년 작품이다.

는 자신들에게 주어지지 않았던 임무와 기회를 반겨 맞이했던 정규군, 부사관, 그리고 젊은 장교들이 혁명군 내에서 확실히 세를 얻어가고 있었다는 사실을 간과해서는 안 될 것이다. 이는 궁정 귀족들 사이에서는 거의 선호되지 않았던 포병과 경보병 부대에 있어 특히 더 그러했다. 프랑스 대혁명을 구원했던 1792년 9월 발미Valmy[프랑스 동북 지역 시골 도시]에서의 포격을 가한 이들은 구체제 군대의 포병 정규군이었다. 이듬해 프랑스 육군은 구체제 군대와 혁명 군대의 형식적인 '혼합amalgame'으로 재편성되었다. 구체제 정규 일개 대대는 지원병들로 구성된 두 대대와 함께 여단으로 편성되었으며, 이전 왕실 군대의 하얀 제복은 새로운 국민 방위대의 빨간 제복과 파란 제복 사이에 자리하면서 삼색기Tricolour를 완성했다. 새로이 탄생한 프랑스군의 성공 비밀은 구체제의 전문직업주의와 국민 무장군의 열정이 결합한 데 있었다.

만약 처음부터 광적으로 전체주의적인 정권에 의해 조직되지 않았다면, 그리고 알렉산더 대왕[기원전 356~기원전 323] 이래 가장 위대한 군사 전략가에게 지도받지 않았다면, 이들 부대는 아마도 그들이 싸웠던 것만큼 잘 싸우지도 못했을 것이고, 그렇게 오래 싸우지도 못했을 것이 분명하다. 그리고만약 자신들의 적이 지닌 전문가적 효율성을 수적 우위로 대적할 수 없었다면 이들 부대는 승리는 말할 것도 없고 혁명 전쟁의 처음 몇 해도 제대로 넘기지 못했을 것이다. 구체제의 국왕들은 자신의 군사 예산을 매우 신중하게편성해야 했는데, 정규군을 유지하는 데 드는 비용이 재무성에 막대한 부담을 줬기 때문이었다. 하지만 혁명 국가에게 수는 더 이상 문제가 되지 않았다. 1793년에 이르면서 지원병의 수가 떨어지자 '8월 23일 법'은 "오늘부터 공화국의 영토에서 적들을 완전히 물리칠 때까지 모든 프랑스 남성은 영구적으로 군에 징집된다"라고 공표했다. 12개월이 채 지나지 않아 프랑스군은 자국 영토에서 적을 모두 내쫓았다. 하지만 그 후로도 20년 동안이나 더 프랑스 징집병들은 더 무자비하게 차출되었다. 1794년 말 프랑스 혁명 군대를 조직했던 라자르 카르노[1793년 전쟁 장관에 임명]는 100만 명 이상의 무장한 군대를 거느리고 있었으며, 이들 덕분에 모든 전장에서 결정적인 수적 우세를확보했다. 그의 표어는 '언제나 집단으로 행동하라!Agir toujours en masse'였다."더 이상 계략은 필요치 않다. 더 이상 군사 기교는 필요치 않다. 오로지 화력과 강철 그리고 애국심뿐이다!" 18세기에 거의 사라졌던 순수한 잔인함의요소가 다시 전장을 지배했다. "전쟁은 폭력적인 상태다" "젖 먹던 힘을 다해à l'outrance 싸우지 않으려면 차라리 집으로 돌아가는 것이 낫다"라고 카르노는 적었다. 그리고 만약 공포가 국내 정치를 지배하는 원칙이라면, 전장에서는 '더더욱a fortiori' 그러해야만 했다. 카르노는 "우리는 적들을 몰살시켜야만한다. 끝까지 모두 몰살시켜야만 한다"라고 강조했다.[3] 전쟁은 더 이상 절제되지도 또 비결정적이지도 않았다.

만약 사람들을 징집할 수 있다면 당연히 국가의 자원도 그들을 무장시키고, 입히고, 먹이기 위해 징발할 수 있었다. 그리고 이를 위해 카르노와 그의 동료들은 단두대의 공포의 힘을 빌려 전쟁을 위한 계획경제를 구축하고자 했다. 지역 소비를 위해 필요하다고 간주된 종을 제외한 모든 작물이 징발되었다. '평등의 빵pain d'égalité'이라 통칭된 빵이 국가 차원에서 생산되었으며, 배급표에 따라 지급되었다. 모든 소비재에 걸쳐 최고 가격이 정해졌다. 전쟁 물자의 해외 구입을 위해 다량의 사치품이 징발되었으며, 모든 해외 무역은 중앙위원회에 의해 규제되었다. 모든 수송 수단과 산업 생산이 국유화되었으며, 전쟁을 위해 동원되었다. 사재기를 통해 이와 같은 규제를 회피하거나 암시장에서 거래를 할 경우에는 사형으로 벌했다. 무기, 군수품, 제복, 그리고 군장비의 제조는 국가 차원에서 이루어졌다. 심지어는 과학자들조차 야금술, 폭약, 탄도학, 무기 생산과 관련된 여타의 문제를 연구하도록 징집되었다. 뫼동Meudon[파리 서남 교외 도시]에는 세계 최초로 군사 정찰 풍선을 고안한 연구 실험실이 설립되었다. 파리와 국경 사이에는 수기 신호 전신기가 설치되었다. 처음으로 과학이 국가 차원에서 전쟁을 위해 활용된 것이다.

이들의 운용은 생각했던 것만큼 잘 이루어지지는 않았다. 당면한 침략의 위험이 사라지자 사람들은 더 이상 전체주의 정부를 용인하고자 하지 않았으며, 당시 동원할 수 있는 수단들 또한 이들을 억누르기에는 역부족이었다. 1794년 열월Thermidor[프랑스 혁명 달력 11번째 달. 7월 20일에서 8월 18일], 공포Terror와 덕Virtue에 기초한 로베스피에르[1793~1794년 공안 위원회 위원]의 정부가 전복되자 군용 물자를 공급하는 일은 사기업에게 되돌아갔다. 그리고 평소 그와 같은 일을 규제할 책임을 지닌 감독 기관이 어마어마한 규모로 이루

어지는 활동들을 조정하기에 매우 부적합함에 따라 부패가 만연했다. 군계약
업자들은 집정부Directory와 제국의 과시적인 '신흥 부자들nouveaux riches'이 되
었으며, 처음에는 프랑스의 납세자들이 그리고 이후에는 유럽의 납세자들이
이들의 호주머니를 채우기 위해 착취당했다. 나폴레옹 군대에 소속된 이들을
다음과 같은 세 부류로 나누는 것은 사실에 매우 근접한 것이었다. 명예와 부
를 모두 얻은 고위 장교들, 명예는 얻었지만 부를 얻지는 못한 하급 장교들과
일반 사병들, 그리고 부는 얻었지만 명예를 얻지는 못한 전쟁 감독관들.[4]

　　1794년 이후 이와 같이 엄청나게 커진 군대를 해산시키는 것은 불가능했
다. 만약 그렇게 했다면 프랑스 내부가 혼란에 휩싸였을 것이다. 그렇다고 그
들을 프랑스 영토 내에서 연명하도록 하는 것 역시 가능치 않았다. 이런 연유
로 프랑스와 프랑스 대혁명을 수호하기 위해 시작되었던 전쟁은 처음에는 약
탈전으로, 이후에는 정복전으로 변모했다. 집정부는 프랑스 군대가 해외에
주둔하는 한 그들과 그들의 지휘관들이 어디로 가는지 크게 신경 쓰지 않았
다. 1796년 청년 보나파르트는 약탈의 기회를 주겠다는 약속 하나를 걸고 자
신의 굶주리고 기진맥진해진 부대를 이끌고 이탈리아로 갔으며, 이로써 그 나
름의 관성을 지니게 될 정복 전쟁을 개시했다. 만약 나폴레옹의 군대가 왜 이
탈리아뿐만 아니라 이집트로, 독일로, 폴란드로, 종국에는 러시아로 그를 따
라갔는지 묻는다면, 그리고 비참한 상태의 젊은 징집병들 중 점점 많은 이가
당연히 집에 남아 있기를 원했지만 다른 방도가 없었기 때문에 그렇게 했다
는 사실을 받아들인다면, 우리는 그 질문에 대한 답의 일부를 다음에서 찾을
수 있을 것이다. 즉 어떤 이들은 전리품을 찾아서, 다른 이들은 전장에서의
승진의 기대에 이끌려―나폴레옹의 군대는 사회적 이동의 가장 효과적인 기
제였다―그리고 다른 이들은 모험 자체를 위해 나폴레옹을 따라나섰다. 그리

고 이 모든 것은 '영광la Gloire, Glory'이라는 개념으로 요약될 수 있다. 구체제의 견고한 틀이 무너지면서 개인의 용기, 지능, 그리고 운이 취할 수 있는 한계가 사라졌다. 웰링턴 공작[이베리아 반도 전쟁 시기 영국군 지휘. 1815년 워털루 전투에서 승리. 1828~1830년 영국 총리 역임]은 다음과 같이 적었다.

> (나폴레옹은) 프랑스군의 총지휘관이자 프랑스의 주권자였다. 이 나라는 군사적 기초 위에 세워졌다. 이 나라의 모든 제도는 정복을 위한 군대를 양성하고 유지할 목적으로 만들어졌다. 프랑스 정부의 관직과 이익은 우선적으로 군대를 위해 배타적으로 비축되었다. 장교, 심지어는 사병들조차 자신의 복무에 대한 대가로 왕국의 주권을 탐낼 수 있었다.[5]

따라서 당시 예술에 크나큰 영향을 미쳤던 낭만적 영웅주의의 정신은 그보다 좀 더 솔직하게 약탈을 목적으로 했던 나폴레옹의 '대군Grande Armée'과 잘 공존할 수 있었다. 당연히 프랑스인들은 몇 세대에 걸쳐 계급과 상관없이 이 시대를 동경의 시선으로 회상했다.

바로 이러한 것들이 나폴레옹이 손에 넣은 생각이자 도구였다. 그리고 그는 천재적인 소질로 이를 군사적으로만이 아니라 정치적으로도 활용했다. 아마 그 이전의 인물들 중에서 말버러만이 전쟁을 따로따로 분리된 포위와 전투의 연속이 아닌 하나의 전체로 그릴 수 있는 능력—모든 작전이 그것을 위해 수행되었던 목표를 식별할 수 있는 능력—을 비슷하게나마 보여줬다. 나폴레옹이 1796년 피에몬테Piemonte[서북 이탈리아]에 맞서 보여줬듯이 그 목표가 주저하는 적을 고립시키고 회유하는 것이든, 아니면 그가 1806년 프러시아에 맞서 보여줬듯이 막강한 적을 완전히 괴멸시키고 제거하는 것이든 간에 어쨌

1807년 프리드란트Friedland 전투에서 러시아군을 대파하고 나폴레옹에게 경례하는 프랑스 기병대의 모습을 담은 장루이 에르네스트 메소니에의 1875년 작품이다.

든 정치적 목표가 전략의 기획을 결정했으며, 전략의 기획은 적진지의 결정적인 약점을 파악하고 강력한 타격을 가하는 데 초점이 맞추어졌다. 나폴레옹은 이 모든 것을 장 뒤 테유로부터, 그리고 포병 생도로서 스스로 공부하면서 배웠다. 나폴레옹은 다음과 같이 적었다. "전략을 짜는 것은 마치 포위 공격을 하는 것과 같다. 즉 모든 화력을 한곳에 집중해야만 한다. 틈새가 생기면 균형은 깨질 것이고 다른 모든 것은 무용지물이 된다."[6] 수적 우세에 있는 적의 결정적인 취약점은 이들 부대가 분절되는 지점에 있었으며, 나폴레옹은 그 지점을 공격함으로써 1796년 이탈리아에서 적을 각개격파했고, 이는 워털루 전투[1815년]에서도 거의 재현될 뻔했다. 열세에 있는 적의 경우, 결정적인 지

점은 연락선이 가장 취약한 곳에 있었다. 이에 적은 불리한 상황 속에서 싸울 수밖에 없거나 아니면 1805년 울름Ulm[현 독일 남부 도시]에서 운이 나빴던 오스트리아 장군 맥이 그러했듯이 굴욕적으로 항복할 수밖에 없었다.

이와 같은 결정적인 힘의 집중은 부대의 초기 '분산dispersal'으로부터 진행되었는데, 이러한 전개는 매우 드넓은 범위에 걸쳐 이루어졌기에 나폴레옹이 정확히 어느 지점을 공격하고자 하는지 미리 알 수 없었다. 나폴레옹이 행한 전쟁 가운데 유일하게 크게 한숨 돌릴 수 있었던 1801년부터 1805년 사이 4년간의 평화 기간 중 그는 다음 한 세기 반 동안 유럽의 모든 군대가 채용할 모형에 따라 프랑스군을 조직했다. 그 모형은 군대를 단일한 최고 지휘 체제 아래 거의 무한정으로 분산할 수 있도록 해줬다. 부대는 육군 군단으로 나뉘어졌으며, 각 군단은 각 8000명에 이르는 보병과 기마병으로 구성된 두세 개의 사단으로 이루어졌다. 각 사단은 다시 두 개의 여단으로 나뉘었으며, 각 여단은 두 개의 연대로 구성되었다. 그리고 각 연대는 두 개의 대대로 이루어졌다. 1805년 이들 육군 군단은—프랑스 북부, 네덜란드, 하노버Hanover[독일 북부 라이네 강 중류 지역으로 영국의 하노버 왕가의 수도]에 배치되어—서유럽 전역을 전담했으며, 적시에 울름에 주둔하고 있던 오스트리아군을 포위하기 위해 집결했다. 이들은 이후 다시 분산되었으며, 아우스터리츠Austerlitz[현재는 체코 슬라프코프Slavko]에서 오스트리아와 러시아의 군대에 대적하기 위해 다시 모였다. 이듬해 이들은 예나Jena[독일 중동부 도시]에 있는 프러시아군을 물리치기 위해 몰이꾼처럼 퍼져서 북쪽으로 진군했다. 나폴레옹은 벽촌의 버려진 길들을 따라 이루어진 수십만에 달하는 병력의 이와 같은 이동에 필요한 복잡한 계산을, 이를 위해 후세대들이 거대한 참모 본부를 창설하게 될 계산을 모두 자신의 대용량 두뇌에 넣고 다녔다.

　이 같은 군사 전략의 목적은 전투를 감행할 수 있는 최상의 위치에 프랑스군 병력을 배치하는 것이었다. 그렇게 감행된 전투는 기껏해야 필요악이 아닌 전체 군사 행동의 장대한 절정으로 여겨졌다. 이를 위해 나폴레옹은 혁명군의 전술을 채용하고 정교화했다. 일단의 척후병과 저격병 무리가 적의 저항을 와해시키기 위해 주력군에 앞서 진군했다. 포병은 적의 전선을 긁어냈으며, 수천에 이르는 보병 종대들은 나폴레옹이 자신의 화력과 예비 부대를 한곳으로 집중시킬 수 있는 취약한 지점이 나올 때까지 되풀이하여 총검으로 무장하고 적의 방어 진지를 맹렬히 공격했다. 이러한 전술은 만약 이베리아 반도나 워털루에서의 영국군과 같이 견고하게 자리를 잡고 있는 정규 부대에 맞서 서투르게 사용될 경우에는 자살 행위나 다름없었다. 하지만 예나에서 프러시아군은 견고하지도 전문가적이지도 않았다. 심지어 프러시아군의 규율은 보이지도 않는 적군의 몇 시간에 걸친 포격과 척후 공격 앞에 무너져 내렸다. 그리고 마침내 적의 전선이 붕괴되는 순간 나폴레옹은 적군과 적국의 파괴를 마무리할 추격을 위해 자신의 기병대를 풀었다. 이와 같은 적 진영으로의 깊숙한 침투는 적국민들 사이에 공포를 확산시키고, 모든 회복의 희망을 짓밟기 위해 이루어졌다.

그러나 전쟁이 길어지고 징집된 이들의 질 또한 떨어짐에 따라 나폴레옹의 전술은 난타전 그 이상도 이하도 아니게 되었다. 1806년 이후 모집된 부대들의 경우 어떻게 행군을 해야 하는지, 또 어떻게 기동해야 하는지 교육받지 못했으며, 간신히 총을 쏘는 방법만 배웠다. 기본적으로 필요한 기술들은 진군을 하면서 동료들로부터 하나씩 습득했다. 1809년 아슈페른−에슬링Aspern-Essling[비엔나 근처 다뉴브 강 유역]에서 나폴레옹은 오스트리아군에 대적하여 간신히 준비된 자신의 보병 종대를 바로 전투에 투입했으나 그 결과는 당연히 패배였다. 이후 나폴레옹은 대포의 수를 늘림으로써 프랑스군의 떨어진 질을 만회하고자 시도했다. 하지만 그러한 노력에도 나폴레옹은 갈수록 늘어나는 프랑스군의 피해를 대가로 승리를 쟁취할 수밖에 없었다. 아스페른에서의 패배는 며칠 후 바그람Wagram[오스트리아 동북 지역 마을]에서 되갚을 수 있었다. 하지만 나폴레옹은 그 과정에서 (아우스터리츠의 8000명과는 대조적으로) 3만 명에 달하는 병력을 잃었다. 1812년 보로디노Borodino[모스크바 서부 110킬로미터 지역 마을. 1812년 9월 전투]에서 나폴레옹은 러시아군의 진지에 맞서 어떠한 작전도 시도하지 않고 정면 돌파를 감행했으며 결국에는 성공했다. 하지만 그 전투에서 나폴레옹은 잃어서는 안 될 3만 명의 병사를 잃었을 뿐만 아니라 쿠투조프[1812년 11월 나폴레옹을 격퇴]의 군대를 전멸시키는 데도 완전히 실패했다. 워털루에서 웰링턴의 전선에 맞선 서투른 난타전의 결과로 프랑스군은 7만2000명의 병력 중 3분의 1이 넘는 2만5000명을 잃었다.

자신이 계획한 전투에서조차 이길 수 없다면 나폴레옹의 모든 전략은 파산할 수밖에 없었다. 물론 나폴레옹은 보급 문제를 간과하지 않았으며, 실제로 모든 출정에 앞서 면밀히 준비했다. 하지만 보급선은 나폴레옹 군대의 빠른 기동 속도를 따라잡을 수 없었다. 이에 나폴레옹의 군대는 30년 전쟁 당시의 군대가 그러했듯이 상당수가 주변 농지에 기식할 수밖에 없었다. 나폴레옹은 자신의 군대가 자급자족하리라 기대했으며, 실제로도 그러했다. 하지만 그 과정에서 이들 부대는 프랑스의 대의를 매우 인기 있게 만들지는 못했다. 그러나 프랑스군의 규모가 수십만에 달하면서 그조차도 짧은 기간 동안에만, 그리고 계속 이동을 할 경우에만 가능하게 되었다. 좀 더 장기간의 생존을 위해서는 전투 이후 적군의 물자 저장고를 탈취할 수밖에 없었으며, 패전국으로 하여금 자신들을 지원하도록 강제해야만 했다. 하지만 1807년 나폴레옹이 아일라우Eylau[프러시아 동부 도시] 전투 이후 폴란드로 그리고 이베리아 반도를 거쳐 유럽에서 덜 비옥한 땅으로 침투해 들어감에 따라 보급은 해결 불가능한 성가신 문제가 되어갔다. 이베리아 반도에서 웰링턴의 성공 비밀은 바로 자신의 보급 체계를 강화시키면서 프랑스군 보급 체계의 문제점들을 활용하고 악화시킨 냉정한 무자비함에 있었다. 1812년 러시아군의 성공[크라스니 Krasny 전투, 11월]은 나폴레옹이 결정적인 전투를 감행하지 못하도록 저지하면서, 프랑스군의 보급 체계가 감당할 수 없을 정도로 깊숙이 러시아 영토 내로 진군하도록 그를 유인한 능력에 있었다. 나머지는 추운 겨울과 아사가 처리해줬다. 남은 3년 동안 나폴레옹은 좀 더 전통적인 방식의 작전에 스스로를 가둘 수밖에 없었으며, 그러자 그의 대적자들의 군대가 가지고 있었던 전통적인 재능이 두각을 나타낼 수 있게 되었다.

나폴레옹의 몰락은 궁극적으로 이들 적장의 노력에 따른 것이라기보다 나폴레옹 자신의 전쟁 수행 방식—프랑스의 자원을 터무니없이 많이 필요로 하고, 자기 자신의 행운도 터무니없이 시험한 그의 전쟁 수행 방식에는 당연히 보복의 여신이 결국 따르기 마련이었다—에 의해 초래되었다고 주장한다고 해서 그들의 성과를 과소평가하는 것은 아니다. 오스트리아의 카를 대공[레오폴트 2세의 아들. 1809년 아슈페른-에슬링 전투에서 승리했으나 바그람에서는 패배]과 웰링턴 공작과 같이 전통적인 전략을 따르는 냉철한 지휘관들의 성공은 18세기의 군사 전술 및 전략 교리, 특히 제대로 된 보급선의 확보와 전장에서의 확실한 규율에 대한 이들의 강조가 여전히 지속적으로 효력을 지니고 있음을 입증했다. 그러나 마찬가지로 나폴레옹의 방식에 직면하여 18세기의 고정관념에 별 생각 없이 집착할 경우 파멸을 맞이할 것이라는 점도 여실히 드러났으며, 이는 18세기 전쟁의 효율성을 극대화한 국가인 프러시아 왕국에서 가장 선명하게 나타났다.

제1차 대불 동맹 전쟁War of the First Coalition[1792~1797]의 짧은 참전의 경험[1792~1795년 프러시아 참전]과 1796년에서 1801년 사이 보나파르트의 군사 행동을 관찰한 결과로, 일부 프러시아 육군 청년 장교들은 자신들이 새로운 형태의 전쟁과 마주하고 있다고 확신했다. 그들은 프랑스 대혁명을 통해 확연해진 국민적 에너지의 분출을 단순히 일시적인 현상으로 간주해서는 안 된다고 보았다. 그것은 유럽 사회의 정치적, 군사적 관계를 변형시킬 근원적인 변화였으며, 그들의 나라도 군사 개혁만이 아니라 정치 개혁을 통해 그에 응대해야만 하는 성질의 것이었다. 1806년 예나에서의 대패는 게르하르트 폰 샤른호르스트, 헤르만 폰 보이엔, 아우구스트 폰 그나이제나우, 그리고 카를 폰 클라우제비츠를 포함한 청년 장교들의 생각을 가장 적나라하게 뒷받침했다. 이들의 지도자였던 샤른호르스트는 예나에서의 패배 이후 프로이센 육군을 개조할 목적으로 설립된 군개혁위원회의 위원장에 임명되었다. 프랑스군의 사단 체제와 경보병대의 운용과 같은 프랑스의 대형과 기술을 기계적으로 흉내 내는 것만으로는 분명 충분치 않았다. 나머지 국민으로부터 경멸받고, 채찍에 의해서만 질서가 잡히는 장기 복무 징집병들로 프로이센 육군이 이루어져 있는 한 어떠한 강도 높은 개혁도 불가능했다. 군대는 스스로만이 아니라 사회 전체적으로도 자신의 나라를 지키는 이들이라 여겨지는 진지하고 똑똑하고 신뢰할 만한 애국자들로 구성되어야만 했다. 하지만 그나이제나우가 냉담히 지적했듯이, "조국Fatherland을 효과적으로 지키기 위해서는" 우선 "이들에게 조국을 주어야만" 했다. 하지만 이 조국이 단순히 호엔촐레른 가문의 세습 영토를 지칭하는 것일까? 아니면 그보다 좀 더 광범위하고 좀 더 숭고한 개념으로서 독일Germany을 의미하는 것일까?

이는 위험한 생각이었다. 사실 호엔촐레른 왕가와 합스부르크 왕가 그리고 그들을 수반했던 귀족들은 바로 그와 같은 생각을 억누르기 위해 프랑스와 전쟁을 하고 있다고 믿었다. 프랑스 대혁명의 불길을 이렇게 맞불로 응대하는 것은 결코 매력적인 전망이 아니었으며, 샤른호르스트와 그의 동조자들은 궁정에서만 아니라 육군 내에서도 극심한 반대에 부딪혔다. 클라우제비츠를 포함한 이들 중 일부는 자포자기하며 러시아 육군으로 자리를 옮겼다. 그러나 1813년 나폴레옹 군대가 러시아에서 궤멸되자 상황은 반전되었다. 독일 전역에 걸쳐 모든 계급을 망라하여 폭발한 애국적 열망은 구질서의 수많은 장벽을 무너뜨렸다. 징병제가 도입되었으며, '후비군landwehr'이라 불린 국민 병역에 입각한 군대가 창설되었다. 후비군 장교들은 자체적으로 선출되었으며, 후비군 복무는 군대에 징집되지 않은 모든 징병 연령의 남성에게 강제되었다. 프러시아 정규군과 후비군은 60만 명에 달하는 병력을 전장에 투입했으며, 그렇게 투입된 군인들은 처음에는 서툴렀지만 무자비하고 용맹스러웠다. 그들은 1813년 라이프치히에서 나폴레옹을 격퇴하는 데, 1814년 나폴레옹을 제위에서 끌어내린 프랑스 침공에서, 그리고 1815년 나폴레옹을 완전히 타도하는 데 있어 맡은 바 임무를 완벽히 수행해냈다. 나폴레옹의 침략은 독일에서 국민 무장군Nation in Arms을 탄생케 했다. 하지만 아직 그 국민Nation이 어떠한 단일 국가State의 매개를 통해 현시되고 있지 못했기에 해결되어야 할 중대한 문제가 여전히 남아 있었다.

워털루에서 나폴레옹에게 '최후의 일격'을 가한 것은 블뤼허[1742~1819] 원수 지휘 아래 프러시아군과 웰링턴 공작 지휘 아래 영국군을 주력으로 한 연합군이었다. 그리고 전자만큼이나 후자 또한 군사 부흥의 산물이었다. 섬이라는 지리적 위치와 해상력은 18세기 내내 영국 육군을 변방의 소규모 기구로 제한했다. 육군의 유지를 위해서는 의심 많은 의회의 승인을 매년 요청해야 했으며, 그마저도 즉각 내려지지 않았다. 평시 영국 육군은 주로 해외 점령지―여기에는 가장 골칫거리였던 아일랜드도 포함되어 있었다―의 수비에 종사했다. 전쟁이 발발하면 새로이 연대가 '임시로' 모집되었으며, 전쟁이 끝나면 그들은 해산되었다. 18세기 가장 위대한 법학자였던 블랙스톤[1723~1780]의 말을 빌리자면, 국왕의 정규군은 "국가의 혼란으로 인해 생성된 일시적인 흑덩어리로 간주되어야 하지 왕국의 영원하고 영속적인 법체제의 일부로 여겨져서는 절대 안 된다."7 영토를 방어하기 위해 영국의 지배계급은 우선적으로 대영 해군에 의존했으며, 다음으로는 지방의 젠트리들이 관할하고 있었던 '입헌 군대Constitutional Force'인 민병대Militia에 눈을 돌렸다. 1688년에 자신의 권력을 확대시킬 목적으로 상비군을 이용하려는 의도가 만천하에 드러났던 국왕[윌리엄 3세, 1650~1702. 네덜란드 연방 총독 1672~1702, 영국 왕 1688~1702]의 권력에 대한 불신은 매우 천천히 사그라들었다. 프랑스 대혁명에 따른 전쟁으로 말미암은 영국 육군의 팽창—1793년 4만 명 미만에서 1801년 15만 명으로 팽창—은 의심 많은 의회에 의해 단계별로 철저히 검토되었다. 이 시기 왕실 군대 총지휘관이었던 요크 공[1763~1827. 조지 3세(1738~1820. 재위 1760~1820)의 둘째 왕자 프레더릭. 1795년 총사령관에 임명]의 주도 아래 영국 육군의 능력을 대륙 수준으로 향상시키고자 했던 시도는 휘그들Whigs[1688년 명예혁명의 주축으로 제한 군주정 옹호]과 급진주의자들에 의해 공히 강력하게 비판받았다. 장교들의 교육을 위해 왕실 군사 학교를 설립하고자 했던 선구적인 노력은 전제 정치의 전조를 알리는 증거로 간주되었다. 원칙상 육군은 국왕에게 충성하도록 되어 있었으나, 젠트리들은 임명장 구매라는 제도와 일정 수준의 부와 사회적 자가 선택이 장교단의 모집에 있어 결정적인 기준이 되도록 한 연대 제도의 유지를 통해 육군을 실질적으로 통제했다.

따라서 영국 육군은 나폴레옹 전쟁 동안 줄곧 영국 사회의 안정적인 계급 구조를 충실히 반영하는 18세기 군대로 남아 있었다. 장교들은 대체로 하위 귀족계급과 젠트리계급 출신이었으며, 전문 직종에 속하는 중산층 상인계급 출신은 사실 전무했다. 나머지 병사들은 정부 보조금을 가지고 사회의 주변 계층에서 모집했다. 장교단과 나머지 하급 병사들은 서로 다른 세계에서 병존했으며, 부사관들을 통해서만 소통했다. 존 무어 경[1803년 영국 최초의 상비 경보병 연대 창설]과 랠프 애버크롬비 경[아일랜드 주둔 영국군 총지휘관으로 군대 규율을 확립]과 같은 소수의 뛰어난 군인들은 그 틀을 깨고 프랑스 군사 체제

웰링턴 경의 초상화로 토머스 로런스의 1815년 작품이다.

의 유연성과 독립성을 영국에도 일부분 도입하고자 노력했다. 하지만 지배적인 인물은 18세기의 그 모든 평온한 확실성을 체화하고, 이를 19세기 중반 이후로까지 넘겨줬던 웰링턴 공작, 아서 웰즐리였다. 웰링턴은 어떤 변화도 필요 없다고 보았다. 그는 18세기 전쟁의 최고의 대가였으며, 그가 참전했던 전쟁의 제한된 성격은 그로 하여금 그 이상의 것을 생각할 필요가 없도록 만들었다. 당시 한 프랑스 장군은 영국 보병대는 세상에서 가장 뛰어나며, 그들의 수가 얼마 되지 않는다는 사실은 좋은 일이라 했다고 전해진다. 하지만 영국의 보병대가 그렇게 우수할 수 있었던 까닭은 바로 그들이 매우 소규모였기 때문이다. 만약 영국인들이 대륙의 수준으로 육군을 양성해야 했다면, 그들은 대륙의 모델을 분명 더 진지하게 고려해야만 했을 것이다. 이유인즉 그러한 시도는 결국 영국의 사회 구조에 매우 광범위한 영향을 미쳤을 것이기 때문이다.

영국이 대륙의 규모로 육군을 키우지 않아도 된 것은 18세기 말 세계에서 가장 뛰어난 전문 군대였던 대영 해군이 쟁취하고 유지했던 우위 덕분이었다. 그러한 영국 해군의 우위는 18세기 내내 프랑스에 의해 계속 도전받았다. 1756년에서 1763년 사이 7년 전쟁 기간 동안 영국은 대영 해군의 승리로 북아메리카와 인도에서 식민지 쟁탈의 경쟁자로서 프랑스를 완전히 퇴출시킬

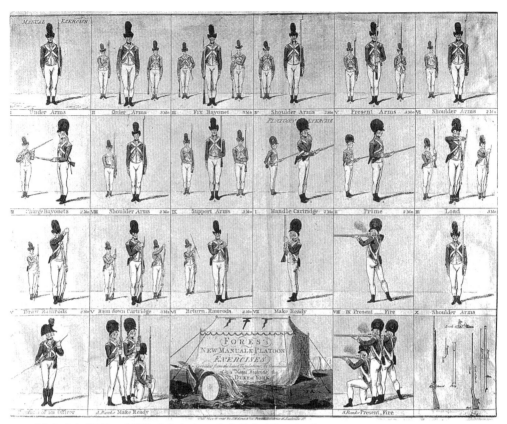

1798년에 출판된 새뮤얼 포레의 『소대 훈련 신新교범』에 실린 보병 교련도다.

수 있었다. 하지만 프랑스 해군은 실패 속에서 배움을 얻었고, 20년 후 순전히 전문가적 능력을 발휘함으로써 영국 해군에게 수차례에 걸쳐 패배를 안겨줄 수 있었으며, 그로 인해 영국은 아메리카 식민지에서의 반란[미국 독립 전쟁]을 제압하고자 했던 시도를 포기할 수밖에 없었다.

그러나 프랑스 대혁명은 프랑스 해군의 우수성이 기초하고 있었던 전문가적인 뼈대를 무너뜨렸으며, 해군의 항해에 있어 혁명의 열정은 제한적 효율성만 지니고 있음이 판명되었다. 프랑스 해군의 지휘 체계와 보급 체계는 와

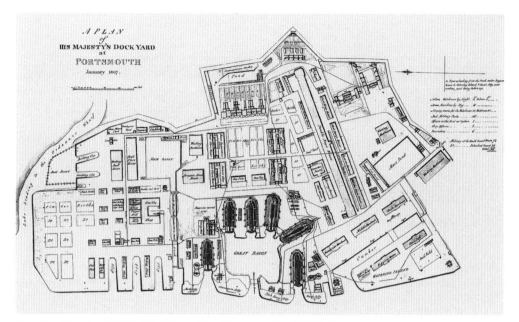

영국 남부 포츠머스에 위치한 해군 공창工廠의 도면으로 1807년에 작성되었다.

해되었다. 반대로 영국 해군은 1778년과 1783년 사이 자신들에게 치욕을 가져다준 결점들을 철저히 반성했다. 영국 의회는 육군보다 해군에 더 관대했다. 평화 조약[미국 독립 전쟁을 공식적으로 끝낸 영국과 미국 사이의 파리 평화 조약(1783)을 지칭]이 체결된 후 첫 두 해인 1784년과 1785년, 전체 국가 예산 5000만 파운드 중 2000만 파운드가 해군을 재건하는 데 들어갔다. 그리스 신화의 아우게이아스왕의 외양간Augean Stables[3000마리의 소를 키우던 외양간으로 헤라클레스가 청소할 때까지 30년간 방치되었다]과 같았던 해군성의 행정은 새로이 임명된 감사관Comptroller 찰스 미들턴 경에 의해 정화되었다. 찰스 더글러스 제독은 프랑스에서 그리보발이 일구어냈던 개혁에 견줄 만한 포술과 관련된 개혁을 추진했다. 그로써 해상 포격에 있어서 융통성이 확보되었으며, 포격의 속도와 정확도 또한 향상되었다. 영국 해군은 이제 멀리 떨어져서 적함에 소사를 하는 것이 아니라 근접 사격을 통해 적함을 격파하도록 장려되었다.

　새로운 신호 체계는 해군 지휘관들에게 매우 높은 수준의 주도권과 융통성, 통제력을 가져다줬으며, 따라서 그와 같은 근접 공격은 이전의 혼란스러운 난투극으로 치닫지 않았다. 18세기 지상전에서와 같이 철저하게 해전을 지배했던 융통성 없는 전열에의 고집스러운 집착은 이미 미국 독립 전쟁을 거치면서* 깨지고 있었다. 이제 영국의 제독들은 셀 수 없을 정도로 다양한 전술 대형과 수단을 구사할 수 있는 능력을 구비했으며, 기민한 영국 해군성은 이를 장려했다. 로드니, 하우[1759년 퀴베롱 만 해전 승리, 1794년 대서양 해전 승리], 저비스[1797년 포르투갈 연안 해전 승리], 특히 넬슨은 새로운 기술들이 전문가적 노련함, 그리고 적들을 당혹케 만들었던 전술적 재능과 어떻게 결합될 수 있는지 보여줬다. 그들은 영국의 오랜 적수였던 스페인, 네덜란드, 프랑스의 함대를 차례로 격파했으며, 이로써 20세기까지 이어질 전 세계 대양의 지배권을 확정지었다.

　1805년의 트라팔가르Trafalgar 해전[넬슨에 의해 프랑스와 스페인 연합 함대가 패배] 이후 확고히 자리 잡은 그 같은 지배권은 영국으로 하여금 나폴레옹의 패배를 가져올 또 다른 중요한 기여, 곧 대륙 봉쇄를 취할 수 있도록 했다. 당시 대부분 유럽 국가의 경제는 식량 자급에 기초하고 있었다. 이에 영국과 프랑스 양측 모두 서로에게 취했던 봉쇄를 처음에는 상대를 아사시키려는 시도라―20세기의 세계대전에서는 그렇게 되겠지만―여기지 않았다. 이 시기 봉쇄는 우리가 앞서 논의한 바 있는 '상인들의 전쟁'의 연장, 즉 상대국의 무역을 장악함으로써 상대국을 재정적으로 파산시키고자 했던 중상주의적 시도로의 복귀로 이해되었다. 1802년 아미앵Amiens[프랑스 북부 도시]에서 맺어진

영국 화가 레뮤얼 프랜시스 아봇이 1797년에 완성한 넬슨 제독의 초상화다.

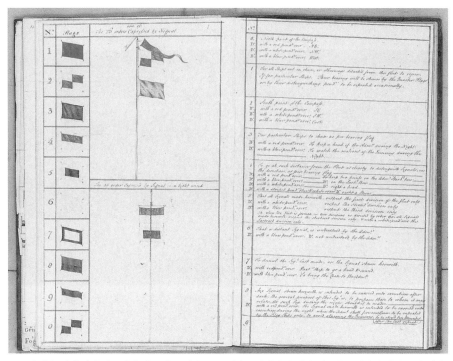

1776년 하우 경에 의해 만들어진 해군 신호 체계도로, 핵심은 깃발마다 작전 번호가 부여되어 있다는 데 있다.

영국 화가 클락슨 스탠필드가 1836년에 그린 트라팔가르 해전의 모습으로, 가운데에 프랑스와 스페인 함선 사이를 뚫고 지나며 함포 사격을 하는 넬슨 제독의 빅토리호가 보인다.

영국 해군 소속 모든 군함의 명칭과 등급을 나눈 표로 1804년에 출판되었다.

영국과 프랑스 사이의 평화가 그렇게 단명할 수밖에 없었던 이유 중 하나는 바로 나폴레옹이 프랑스 재계의 막대한 지원에 힘입어 영국의 무역에 맞선 콜베르식의 중상주의 전쟁을 되살리고자 단단히 마음먹었기 때문이다. 이 중상주의 전쟁은 윌리엄 피트[1783~1801, 1804~1806년 영국 총리 재임]가 애덤 스미스의 자유무역 원칙을 적용하고자 용감히 시도했던 1786년의 에덴 조약에 의해 잠시 중단됐었다. 구체제 하에 존재했던 국내 관세 장벽을 허물고, 새로이 합병된 벨기에 지역의 석탄과 철을 확보한 프랑스는 이제 더 위협적인 경쟁 상대가 되었다. 상호 봉쇄는 제1차 및 제2차 대불 동맹 전쟁[1798~1802]에서 주요한 역할을 했는데, 이는 프랑스가 1780년에서 1783년 사이 그러했던 것처럼 영국의 해상 봉쇄를 통한 압박에 맞서 북유럽 상업 국가들을 무장중립연맹으로 한데 묶을 수 있었기 때문이다. 따라서 트라팔가르 해전이 영국의 해상 통제력을, 그리고 아우스터리츠와 예나에서의 전투가 프랑스의 대륙 통제력을 확정시킨 직후인 1806년에 나폴레옹이 베를린 칙령을 공표함으로써 영국 상품 및 영국을 거친 상품들을 자신의 지배 아래 있는 모든 지역에 걸쳐 금지시킨 것은 기존 정책의 연장선에서였다.

그에 대한 영국의 대응은 프랑스 무역의 파괴가 아니라 통제를 목적으로 고안된 봉쇄령을 내리는 것이었다. 당시 영국의 한 정치가가 적었듯이, "프랑스는 이 칙령[베를린 칙령]을 통해 영국과의 모든 무역을 철폐하고자 작심했다. 이에 대해 영국은 프랑스는 영국하고만 거래를 해야 할 것이라 응대했다."[8] 중립국의 선박들은 영국이 강제하는 조건 하에서만 프랑스 제국과 무역을 하도록 허용되었다. 영국의 이와 같은 규제는 곧 마찰을 일으켰으며, 종국에는 1812년 미국과의 전쟁을 초래했다. 그리고 유럽 대륙의 시장은 의복과 금속과 같은 영국의 상품에만이 아니라 영국이 이제 완전히 독점하고 있었던—면

1812년 미국과의 전쟁을 위한 수병 모집 포스터다. 사략선원은 임금도 보상도 제대로 받지 못하지만 해군은 정기적인 임금과 더불어 '포획 상금'도 제공한다고 선전하고 있다.

1797년 스페인의 카디스 항을 봉쇄하고 있는 영국 함대의 모습으로, 출처는 아이네아스 앤더슨의 『지중해 지역으로 파견된 영국 해군 일지』(1802)다.

화와 염료, 설탕과 커피 같은—식민지 생산품에도 굶주려 있었기에 영국의 봉쇄령은 유럽 대륙에 견딜 수 없는 고통을 가할 수 있었다. 그와 같은 곤궁은 막대한 규모의 밀수를 통해서만 완화될 수 있었다. 결국 프랑스 정부는 그와 같은 밀수를 승인했을 뿐만 아니라 심지어는 그에 동참할 수밖에 없었다.

그 결과로 유럽인들은 프랑스 대혁명의 지도자들이 자신들에게 가져다준 정치적 실익보다 제대로 관리되고 있지 못했던 경제의 억압과 부패를 더욱 의식하게 되었다. 나폴레옹은 자신이 내린 봉쇄령을 작동시키기 위해 자신의 통제권을 한층 더 강화시켜야만 했다. 1808년 스페인과 포르투갈, 그리고 이탈리아가 그의 '대륙 체제'에 강제로 편입되었으며, 이로 인해 지중해 전역에 걸쳐 영국에 대한 지지가 늘어났다. 1809년에는 홀란트와 북부 독일이 대륙 체제에 편입되었으며, 1810년에는 스웨덴이 포함되었다. 나폴레옹은 영국만 아니라면 자신의 군대를 해산시키고 평화롭게 살 수 있을 텐데 하며 비통에 잠겨 한탄했다. 만약 1812년, 프랑스를 포함한 유럽 대륙 전체가 불만으로 부글부글 끓고 있었다면, 그 공의 상당 부분은 이전의 승리를 통해 가능하게 된 영국 해군의 진부하지만 끈질긴 해상 봉쇄에 돌아가야 할 것이다. 5년 전 틸지트Tilsit[러시아 서부 도시]에서 나폴레옹의 봉쇄 체제에 참여하기로 결정했던 러시아의 차르 알렉산드르 1세[1777~1825, 재위 1801~1825]는 바로 그해 영국과의 목재 및 곡류 무역의 중단에 따른 고통을 더 이상 견딜 수 없다고 판단했으며, 이에 반항적으로 영국과의 상업 관계를 재개했다. 나폴레옹은 알렉산더를 군사력으로 복종시키는 것 이외에는 다른 수가 없다고 판단했다.

하지만 또 다른 측면도 있었다. 이러한 봉쇄 정책이 영국 경제에 어떠한 피해도 입히지 않은 것은 아니었다. 100여 년 전과는 달리 전쟁은 더 이상 무역과 이익의 동의어가 아니었다. 프랑스의 식민지 무역을 쟁탈했던 영국의 상인들은 큰 이익을 취했지만, 이제는 그들보다 영국의 의류 및 금속 제품 제조업자들이 훨씬 더 중요했다. 이들의 생산품은 가뜩이나 제한된 시장을 제공했던 유럽에 쉽게 밀수될 수 없었다. 1808년 공급 과다로 인한 혼란은 나폴레옹이 이베리아 반도를 침공하면서 열린 스페인과 포르투갈 제국의 시장으로 영국의 수출길이 열리면서 잠시 동안 가라앉았다. 영국의 남아메리카로의 수출은 1805년 800만 파운드에서 1809년 2000만 파운드 가까이 늘어났으며, 제2차 세계대전 때까지 지속될 무역 양상이 자리 잡았다. 하지만 이것이 반드시 축복은 아니었다. 과열된 투기는 1810년 시장의 붕괴를 가져왔고, 동시에 유럽 대륙에 대한 영국의 봉쇄 정책에 앙갚음할 목적으로 미국은 영국 상품을 불매했으며, 영국의 대유럽 수출도 1810년 770만 파운드에서 1811년 150만 파운드로 곤두박질쳤다. 영국의 창고들은 팔 수 없는 상품들로 가득

찼고, 노동자들은 일시적으로 해고되었다. 이에 폭동과 공장 기계의 파괴[러다이트Luddite 운동, 1811년 개시]가 시작되었으며, 연속된 흉작으로 인한 빵 가격의 급상승은 영국을 고난의 끝머리로 이끌었다. 영국 육군은 자국민의 불만을 잠재우는 일을 수행하기 위해 소집되었으며, 이는 다음 40년 동안 어떠한 해외에서의 전쟁보다도 주된 영국 육군의 사무가 되었다.

따라서 프랑스 대혁명 시기와 나폴레옹 시기의 화려한 군사적 사건들의 이면에는 경쟁하는 두 경제 체제 간의 갈등이 자리하고 있었다. 이 갈등은 결국에는 그 군사적 사건들만큼 결정적이 될 터였으며, 더 나아가 전쟁의 미래를 결정하는 데 있어서는 훨씬 중요하게 될 것이었다. 전쟁은 더욱 총력적으로 되어갔다. 이제 전쟁은 군대의 충돌이 아니라 인구의 충돌이었다. 그리고 이와 같은 경향은 빈Wien 회의[1814~1815]가 끝난 뒤 몇 년 동안의 기술상 발전에 의해 훨씬 더 공고히 자리를 틀었으며, 유럽 대륙을 변화시키기 시작했다.

제6장

국민들의 전쟁

1814년 이후, 25년간의 혁명과 전쟁으로 인해 안장에서 거의 떨어질 뻔했다가 불안하게 다시 자리에 앉은 유럽 지배계급의 주된 관심사는 나폴레옹 전쟁의 경험이 결코 재현되지 않도록 확실히 하는 것이었다. 즉 18세기 유럽을 안정적인 평형 상태로 유지했던 정치·사회적 균형은 복구되고 지켜져야만 했다. 그 같은 균형의 복원은 프랑스 대혁명이 드러냈던 유럽 사회의 저변에 깔린 정치적 에너지와 군사력의 새로운 원천을 활용하는 것보다 더 중요한 목표로 여겨졌다. 만약 나폴레옹의 군대가 보여준 군사적 효율성이 전체 사회의 혁명적 변화에 의존하는 것이었다면, 이는 아직 왕정복고에 참여했던 군주들이 치를 준비가 된 대가는 아니었다. 나폴레옹 전쟁이 유럽 국가들의 체제를 전복시키고자 하는 권력자에게 얼마만큼의 가치를 지녔든지 간에 이는 그 체제를 보존하려는 정치가들에게는 별 가치가 없었다.

따라서 반세기 동안 유럽의 군대는 귀족적인 장교단과 사회의 나머지 부분으로부터 고립된 장기 복무 전문가들로 구성된 18세기 군대 양식으로 최대한 회귀했다. 나폴레옹에 대적하고자 어쩔 수 없이 자국의 군 구조에 부분적인 혹은 일시적인 조정만 가했던 영국, 러시아, 합스부르크 제국과 같은 나라들은 큰 어려움 없이 이전의 전통으로 되돌아갈 수 있었다. 하지만 프로이센에서는 샤른호르스트와 그의 동료들에 의해 입안되고 1814년에 육군 법령에 의해 확정된 개혁들—정규군으로는 3년, 예비군으로는 2년의 징집, 그리고 재산을 가진 자들로 구성되는 독립적인 후비군. 이 후비군의 장교단은 동료들에 의해 선출되었다—을 모두 완전히 되돌릴 수는 없었다. 그럼에도 개혁을 주도했던 이들은 좌천되거나 은퇴 조치되었으며, 후비군은 시골 동호회 수준으로 쇠하도록 방치되었다. 징병제는 가능한 한 드물게 그리고 조심스럽게 적용되었으며, 장교단 내부적으로는 귀족계급이 자신들의 절대적인 지배를 재정립할 수 있도록 허용되었다. 반면 프랑스에서는 구체제로의 전면적인 복귀가 불가능했다. 프랑스의 군사 제도는 낡은 나폴레옹 군대의 뼈대 위에 건립되어야만 했다. 1818년에는 나폴레옹의 전직 부관이었던 구비옹 생시르가 그리고 1832년에는 술트[1804년 제국 원수에 선임, 1830~1834, 1840~1844년 전쟁 장관 재임]가 이 일을 떠맡았다. 이들의 군사 입법은 징병제의 원칙을 고수했다. 하지만 이들은 사실상 면제권을 구입할 수 없을 정도로 가난한 계급에게만 징병제를 한정시킴으로써, 또한 복무 기간을 7년으로 늘림으로써 프랑스군을 혁명 시기 국민 무장군과는 매우 다른, 장기 복무하는 전문가들로 구성된 군대로 바꿔 놓았다. 이 군대의 통솔은 귀족들이 아니라 전문가들에 의해 이루어졌다. 이들 전문가 중 하급 장교들은 대체로 사병 출신이었으며, 그들은 민간 세계와 사실상 어떠한 관계도 맺고 있지 않았다. 게다가 그들은 19세기 전반 프랑스 정치를 규정지었던 상습적인 정권 교체를 경험하면서 자신들이 택

할 수 있는 가장 올바른 길은 윗사람에게 무조건적으로 충성하는 것이라는 사실을 깨달았다. 영국이나 프러시아 그리고 오스트리아와 러시아 육군과 마찬가지로 프랑스 육군도 사회 질서와 정치 질서를 수호하는 믿음직한 도구라는 점이 입증되었다. 모든 유럽 국가의 육군은 40여 년 가까이 서로 싸우거나 싸울 준비를 하는 것보다 자국 내에서 폭동과 혁명을 진압하는 데 더욱 신경을 쏟았다.

그럼에도 자신의 나라를 지키고, 만약 필요하다면 '대규모 전쟁la grande guerre'을 감행하는 것이 공식적인 '존재 이유raison d'être'였던 군대가 나폴레옹 시대의 경험을 무시할 수는 없었다. 나폴레옹 전쟁 와중과 직후 주요 교전국들은 모두 전문적인 장교 교육과 참모 장교의 양성을 위해 군사 학교를 설립하거나 복원시켰다. 영국은 1802년에 왕실 군사 학교를, 프랑스는 1808년 생 시르Saint-Cyr[프랑스 서북 도시, École Spéciale Militaire de Saint-Cyr]에, 프러시아는 1810년에 베를린에 전쟁학교Kriegsakademie를, 러시아는 1832년에 제국 군사학교를 세웠다. 그리고 이들의 교육 과정에는 최근 전쟁의 교훈들이 철저히 반영되어야 했다. 나폴레옹 전쟁 와중과 직후, 지휘고하를 막론하고 모든 군인과 모든 국가가 각자의 경험을 기록하고 그로부터 도출되어야 할 결론을 우쭐거리며 논하기 위해 달려들면서 프랑스 대혁명 이전에도 이미 상당했던 군사 관련 서적들이 통제할 수 없을 정도로 범람했다. 그들 중 가장 존경받았던 전략가들은 이전의 전쟁 형태와 새로운 전쟁 형태 사이의 연속성을 강조한 이들이었다. 그들은 나폴레옹과 프리드리히 대제의 전문 지식을 결합시켰으며, 이들 두 위대한 지휘관의 성공을 낳았듯이 앞으로도 확실히 유효할 전쟁의 근본 원칙을 제시했다. 『대전 이론Theorie des grossen Krieges』(1840)을 쓴 프러시아의 폰 빌리젠 장군, 『군사 작전Operations of War』(1866)을 쓴 영국의 에드워드 브루스 햄리, 그리고 특히 『전쟁술 요약Précis de l'Art de la Guerre』(1838)을 쓴 스위스의 앙투안 드 조미니와 같은 이들의 저작 속에서 나폴레옹 전쟁은 18세기 전쟁에서처럼 기동의 문제, 아군의 측면 및 병참선을 방어하면서 적군의 측면 및 병참선을 위협하는 문제, 그리고 결정적인 지점에서 확실한 병력의 우위를 확보하는 문제로 단순화되어 논해졌다. 당대 가장 위대한 군사 관련 저서였던 카를 폰 클라우제비츠의 『전쟁론Vom Kriege』(1832)의 상당 부분 역시 전략의 기본적인 원칙들을 찾는 데 할애되었다. 그러나 클라우제비츠는 프랑스 대혁명에 이어 발생한 전쟁과 구체제 하에 일어난 전쟁의 유사점을 강조하는 것보다 이들의 차이점을 분석하고 설명하는 데 더 심혈을 기울였다. 클라우제비츠는 전쟁이 전문 군사 기술의 문제만이 아니라 그만큼 도덕과 정치의 문제이기도 하다고 주장했다. 그는 프랑스 대혁명에 의해 촉발된 도덕과 정치에서의 변화가 전쟁의 성격을 바꾸어 놓았으며, 이에 구체제 군대는 당황할 수밖에 없었다고 강조했다. 완벽한 승리를 위해 국민적 에너지를 모두 모아 치러진 전쟁은 제한된 목표를 위해 제한된 무력을 가지고 싸운 전쟁과는 언제나 다른 양상을 띨 수밖에 없다고 클라우제비츠는 보았다. 만약 유럽이 혁명 시기를 거치면서 실제로 경험하지 않았더라면 전자의 범주에 속하는 '절대전absolute wars'은 군사 계획을 짜는 데 필요한 추상적인 기준, 즉 플라톤의 이상에 지나지 않게 보였을 것이다. 클라우제비츠는 그와 같은 종류의 충돌이 재발하지 않을 것이라 주장하는 것은 너무 성급하다고 경고했다. "단지 무엇이 가능한지 알지 못한 무지로 인해 생긴 장애물이 허물어지면, 사실 이를 다시 세우는 것은 쉽지가 않다. 그리고 적어도 주요한 이익이 걸려 있을 때, 서로에 대한 적의는 오늘날 그러했던 것과 동일한 형태로 표출될 것이다."[1]

왕정복고 시기의 정치가들은 바로 그와 같이 적에게나 자신에게나 공히 위

크리미아 전쟁 당시 크리미아 반도에 상륙하고 있는 영국과 프랑스 연합군의 모습을 담은 상상화다. 당시 역사상 최대의 상륙작전이라 대대적으로 선전되었다.

험했던 국민적 열정의 폭발을 결코 다시는 대면하지 않기를 기원했으며, 30년 넘게 그와 같은 분출을 저지하는 데 성공했다. 하지만 그들이 그렇게 오랫동안 유럽에서 평화와 질서를 유지하는 데 성공하면서 산업과 기술의 발전이 가능해졌으며, 이는 궁극적으로 전쟁이 다시 일어날 경우 나폴레옹 전쟁의 경험조차 왜소한 것으로 만들 만큼 가공할 규모가 될 것임을 보증했다.

1815년 나폴레옹 전쟁이 끝나고 크리미아에서의 전쟁Crimean War[1853~1856]이 발발한 40여 년 동안 증기기관이 개발됨에 따라 육상 및 해상 교통의 변혁이 이루어졌다. 이러한 기술 변혁이 해전에 가져다준 영향에 대해서는 다음 장에서 논의할 것이다. 지상에서는 철도가 도입되고 전쟁 목적으로 사용됨에 따라 심지어는 적과 싸우기도 전에 가장 강인한 전문 군대 병력의 상당수를 앗아갔던, 종종 몇 주씩 계속된 장기간에 걸친 행군을 할 필요가 사라졌다. 1830년 영국에서는 일개 연대 병력이 행군으로는 2~3일이 걸리는 맨체스터에서 리버풀 사이의 34마일의 거리를 기차로 단 2시간 만에 이동했다.

같은 시기 라인란트의 독일군은 부활한 프랑스가 나폴레옹식의 침공을 재개할 목적으로 막대한 규모의 병력을 신속하고 예기치 않게 집중시킬 수 있지 않을까 노심초사했다. 사실 처음에 영국군과 프랑스군은 대도시에서 발생하는 폭동을 진압할 부대를 수송할 수단으로 철도에 관심을 가졌다. 하지만 이 새로운 수송 체계로부터 가장 많은 이득을 본 것은 프러시아의 경제력과 군사력이었다. 철도는 중부 유럽에서 뻗어가고 있던 프러시아 영토를 효과적으로 연결시켜주었다.

철도의 진가가 드러난 유럽에서의 첫 전쟁은 1859년 4월에서 7월 사이 이탈리아 북부에서 프랑스와 오스트리아 제국이 벌인 전쟁Second War of Italian Independence이었다. 이 전쟁에서 12만 명에 이르는 프랑스 병력은 행군으로는 2개월이 걸릴 거리를 단 11일 만에 이동하여 전장에 도착했다. 하지만 이 전쟁은 철도 수송에 있어서의 문제점 또한 드러냈다. 병력과 말은 신속히 이동시킬 수 있었지만, 그들을 위한 보급은 전혀 다른 문제였다. 전장의 프랑스군은 탄약과 의료 물자, 마초와 가교, 그리고 포위 공격에 필요한 장비를 제대로 구비하고 있지 못했으며, 그들이 효과적으로 싸울 수 있었던 것은 단지 오스트리아군의 상황이 더 좋지 않았기 때문이다. 프러시아 참모 본부는 장래 프러시아의 적이 될 가능성이 가장 높았던 이 두 나라 사이의 전쟁을 유심히 연구했으며, 이러한 교훈을 놓치지 않았다. 1866년 오스트리아에 맞선 보오 전쟁Austro-Prussian War에서 한차례 실수를 저지른 이후, 프러시아 참모 본부는 1870년 보불 전쟁에서 전례 없이 효율적으로 운용될 철로 구역을 신설했다. 이때에 이르면 철도 수송이 군사 전략가들에게 안겨준 문제점과 가능성에 대한 수많은 예가 미국 남북 전쟁에 의해 한층 더 풍부하게 제시된다.

사실 기동 속도는 철도가 가져온 여러 군사적 이점 중 하나에 지나지 않았

파리에서 생제르맹St. Germain을 연결하는 철도선으로, 1837년에 완공되었다.

남북 전쟁 당시 북군에 의해 점령되어 북군의 군사 보급 거점지가 된 테네시 주 네슈빌Nashville 중앙역의 모습이다. 사진은 1864년에 흑백으로 촬영되었으며, 최근 컬러로 복원되었다.

다. 마찬가지로 중요한 이점은 철도가 전장에 있는 부대에게 가져다준 주둔 능력이었다. 더 이상 군대는 한 차례의 출정을 위해 군수창고에 적재해놓은 물자에 의존할 필요가 없었다. 이제 국가 경제 전체가 군수 물자를 지속적으로 공급하도록 조정될 수 있었다. 또한 전 병력이 모두 육체적으로 건강한 상태로 전장에 도착할 수 있게 되었다. 이는 결코 사소한 문제가 아니었다. 특히 파병된 병력의 상당수가 처음으로 민간 생활을 벗어난 경우 더욱 그러했

미국 남북 전쟁 당시 버지니아 주 북부 포토맥 강 지류에 있는 북군의 병참 정거장의 사진으로, 1863년 이른 봄에 촬영되었다. 본래 흑백사진이었으나 근래 컬러로 복원되었다.

다. 물론 기차로 이동할 경우 고된 진군 과정 속에서 점진적으로 느낄 수 있었던 출정의 혹독함을 더 이상 느끼지 못하게 되는 부차적인 단점이 있었다. 셋째로 병력이 양호한 상태로 유지될 수 있었다. 병자와 부상병들을 기지 병원으로 철수시키고, 이들을 건강한 자들로 대체할 수 있었다. 그리고 전쟁이 장기화될 경우 부대는 휴가를 갔다가 복귀할 수 있었다. 전쟁은 더 이상 정부의 짧은 공고나 전쟁이 끝나고 오랜 후에야 나오는 병사들의 이야기를 통해서만 알게 되는, 멀리 떨어져 있는 곳에서 벌어진 사건이 아니었다. 그리고 작전

1832년에 발명된 전기 전신기는 행정부와 군대의 운영뿐만 아니라 여론의 형성에 지대한 영향을 주었다. 사진은 19세기 후반 영국 전기 전신소의 모습이다.

지역과 본국 기지 사이의 의사소통은 비슷한 시기에 개발된 전기 전신기에 의해 더욱 긴밀히 이루어졌다. 전기 전신기는 수도에 있는 정치 지도자들과 전장에 있는 군지휘관들 사이에서만이 아니라 신문들이 점차 자리를 잡아가고 욕심을 냄에 따라 전선의 부대와 함께 지내고 있는 교신원과 편집실 사이의 즉각적인 통신까지 가능케 했다. 영국민들은 1854년에서 1855년 사이 크리미아 전쟁의 판세를 아주 자세히 따라갈 수 있었으며, 그에 따라 이베리아 반도에서의 웰링턴의 군사 행동에 대해서보다 훨씬 더 비판적으로 전쟁에 임했다.

그리고 영국민들은 그보다 훨씬 더 먼 지역에서의 영국군의 활약 역시 그만큼은 아니더라도 꽤 상세히 파악하고 있었다.

물론 각국 정부는 여전히 대중의 관심이 군대의 사기를 진작시키기보다 오히려 저하시킬 것이라 우려하며 그로부터 군대를 절연시키고자 했다. 하지만 19세기 전반 동안 일어난 통신 체계의 혁명은 유럽인들—점점 더 글을 읽고 쓸 줄 아는, 도시화되고, 정치적으로 의식 있는 사람들—로 하여금 자국 군대의 활동에 대해 새로운 친밀감과 관심을 가지도록 만들었다. 그러나 군대와 그들이 차출된 공동체와의 관계를 증진시켰던 이와 같은 변화는 동시에 이들 군대를 유지하고자 하는 정부로 하여금 이전과는 비교할 수 없을 정도로 공동체의 자원에 의존하도록 만들었다. 이는 전적으로 군사적인 필요 때문이었다.

일반적으로 18세기에는 전장에 배치될 수 있는 병력의 규모가 보급 문제에 의해 규정된 한계에 따라 확실히 결정된다고 믿었다. 18세기의 지휘관들 중 8만 명 이상의 병력을 통솔하여 작전한 이는 매우 드물었다. 앞서 보았듯이, 이 같은 한계는 부족한 정기 보급 물자를 조직적 혹은 비조직적인 약탈로 보충했던 프랑스 대혁명 시기 프랑스 육군에 의해 허물어졌다. 그러나 1812년 나폴레옹이 러시아로 이끌고 간 60여만 명에 달했던 병력을 덮친 참사는 그와 같이 즉흥적으로 이루어진 무자비한 결정조차 그 나름의 한계를 지니고 있음을 보여줬다. 바로 그러한 한계가 철도의 등장과 함께 무너져 내렸다. 1860년대 프로이센 참모 본부의 경험에서 볼 수 있듯이, 일단 철도를 통한 병력 수송의 복잡한 행정상의 문제들만 극복된다면 각 사회의 병력 규모는 징병 연령에 해당되는 성인 남성의 수, 이들을 징집하는 데 수반되는 정치적·경제적 부담감, 그리고 이들의 훈련, 무장, 동원을 책임질 정부의 능력에 따라 결정되었다. 1870년에 북부 독일 연맹은 프랑스에 맞서[보불 전쟁] 나폴레옹이

러시아로 끌고 갔던 병력의 정확히 두 배인 120만 명을 동원했다. 1914년 독일의 병력 규모는 다시 배로 증가하여 340만 명에 다다랐으며, 독일의 이웃 국가들도 비슷한 수준으로 병력을 키웠다. 19세기 말에 이르면 유럽 대륙 열강들의 안보는 전적으로는 아닐지라도 근본적으로 그들이 전장에 투입할 수 있는 군대의 규모에 기반하고 있다고 여겨졌다.

그와 같은 믿음은 1866년과 1870년 독일 통일 전쟁의 경험에 상당 부분 뿌리내리고 있었다. 이 전쟁에서 프러시아는 단 몇 주일 만에 오스트리아 제국군과 그에 이어 프랑스군을 격파했다. 특히 프러시아군은 진정으로 나폴레옹의 방식대로 프랑스의 수도를 점령했으며, 완전히 무력해진 적에게 자신이 정한 조건을 강제했다. 클라우제비츠가 예언했듯이, '절대전'이 다시 등장했다. 그리고 유럽에 이를 다시 소개했던 이는 클라우제비츠의 제자였던 프러시아의 참모 총장 헬무트 폰 몰트케[1857년 참모 총장에 부임]였다.

프러시아의 군사적 효율성의 기초는 1814년에 처음으로 도입된 이후 쇠퇴하기는 했지만 결코 완전히 폐기되지는 않았던 강제 병역 체제에 있었다. 징병제는 프러시아 군사력의 부활을 자신의 주목표로 삼고 그 과정에서 주저하지 않고 프러시아 의회와 정면으로 충돌했던 군주로 곧 국왕이 된 빌헬름 1세[1857년 형 빌헬름 4세의 건강 악화로 섭정 시작. 독일 황제 재위 1871~1888] 섭정 왕자가 1858년 왕위에 오르면서 소생되었다. 빌헬름 1세의 전쟁 장관이었던 알브레히트 폰 론[1859~1873년 전쟁 장관 역임. 비스마르크, 몰트케 등과 같이 활동]은 의무 군복무를 정규군 3년, 예비군 4년으로 재조정했으며, 이후 훈련된 병사들은 독립적인 지위를 상실하고 정규군의 통제 아래로 들어온 후비군에 배속되었다. 복무 체제의 관리는 각 지역에 배치된 육군 군단의 지휘관들이 맡았다. 이들은 정규군뿐만 아니라 예비군과 후비군의 소집과 훈련 및 무

헬무트 폰 몰트케는 당시 철강 산업을 중심으로 한 기술 발전의 군사적 함의를 정확히 포착했다.

장까지 책임졌다. 또한 가장 중요한 동원 속도와 효율성도 이들의 소관이었다. 동원령이 떨어지면 정규군은 완벽히 훈련된 예비군에 의해 보강되었으며, 예비군의 무장은 별도의 무기고를 통해 이루어졌다. 이후 이들 모두는 치밀하게 마련된 철도 체계를 통해 주요 작전 지역으로 선정된 국경 어디라도 갔으며, 주요 작전 지역은 사전에 수립된 참모 본부의 계획에 따라 정해졌다.

아마도 19세기 가장 중대한 군사 혁신은 이와 같은 역할을 떠맡은 참모 본부라 할 수 있을 것이다. 프러시아의 참모 본부는 샤른호르스트의 재임 시절 창설되었지만, 1857년에 몰트케가 참모 총장이 된 후 완전히 새로운 조직으로 다시 태어났다. 대규모 병력에 물자를 공급하고 그들을 배치하는 문제는 오래전부터 모든 군대에 걸쳐 지휘 참모들의 임무 확장과 완벽하게 전문화되지는 못했더라도 상당한 수준으로 숙련된 참모 장교들의 공급을 필연적으로 수반했다. 철도의 발전에 따른 군 규모의 증가와 함께 전시 지휘 및 통제뿐만 아니라 평시 준비 체제의 문제 또한 매우 불거졌다. 엄청난 업무에 눌린 프랑스, 오스트리아, 영국 육군 내 참모 장교들은 일선 연대에 소속된 동료들로부터 분리된, 또한 그들의 경멸의 대상이 된 단순한 군사 행정 관료에 지나지 않았다. 그와 정반대로 몰트케는 참모 장교들을 엘리트로 만들었다. 그들은 연대 소속 장교들 가운데 가장 전도유망한 자들 중에서 선발되었으며, 몰트케의 감독 아래 훈련받았다. 또한 그들은 참모 본부와 예하 부대의 중책을 번갈아 맡으면서 경력을 쌓았다. 프러시아 군대와 1871년의 승리 속에서 태어난 독일 제국 군대에서 참모 장교들은 단순한 '행정가들chefs de bureau'이 아니었다. 그들은 전문적인 조언자였으며, 지휘관들은 점차 그들의 조언에 따랐다. 1870년[보불 전쟁에서 프러시아가 승리한 해]은 프러시아 군사력이 승리한 해인 만큼 프러시아 관료 체제가 승리한 해이기도 하다. 프러시아 관료 체제는 사회적 효율성의 기준을 전적으로 새로이 정립했다. 제2제정[1851년 쿠데타로 집권한 루이 나폴레옹 보나파르트(1808~1873)가 황제 나폴레옹 3세로 즉위한 1852년부터 보불 전쟁의 패배로 물러나게 되는 1870년까지의 프랑스 정권] 군대에 의해 부활되었던, 그리고 대다수의 프랑스 장군이 나름대로 이름을 남겼던 식민지에서 치러진 소규모 전쟁을 거치면서 전성했던 나폴레옹 시대의 낭만적 영웅주의는 전쟁을 과학적인 계산과 행정 계획 그리고 전문가적 지식의 문제로 전환시킨 체제에 의해 완전히 분쇄되어 기억 저편으로 사라졌다. 1871년 이후 유럽 대륙의 모든 국가는 프러시아의 제도들—징병제, 전략 철도, 동원 기술, 그리고 무엇보다도 참모 본부— 을 모방했다. 영국과 미국은 그로부터 30년 후 남아프리카와 쿠바에서의 처참한 경험[1899~1902년 제2차 보어 전쟁과 1898년 4~8월 미국과 스페인의 전쟁] 이후 자신들의 필요에 맞춰 프러시아의 제도들을 도입했다.

이와 같은 행정상의 혁명과 병행하여 기술 혁명이 진행되었다. 앞서 우리는 15세기부터 19세기까지 무기 체계가 유럽 사회의 안정적인 경제 구조 내에서 얼마나 더디게 발전했는지 살펴보았다. 대포의 기동성 향상과 정확도의 미미한 증대가 얼마나 점진적으로 이루어졌는지, 그리고 어떻게 화승식 발화 장치가 부싯돌식 발화 장치로, 창이 총검으로 변용되었는지 알아보았다. 이는 모두 사정거리를 크게 늘리지도, 인간과 말의 역량에 따라 주어진 기동성의 제약을 넘어서지도 못하면서 이루어졌다. 하지만 1815년과 1914년 사이 통신 체계에 있어서의 혁명이 전략을 변혁시키고 있었다면, 무기 기술에 있어서의 혁명은 전술을 변혁시키고 있었다.

1870년에 이르면 화기는 이미 한 차례 변화를 거치게 된다. 무엇보다 강선이 들어갔다rifling. 나선 모양의 홈이 총열의 안쪽에 새겨졌으며, 이로써 사정

수동식 노리개가 장착되고 강선이 들어가 정확도와 사정거리가 배로 늘어난 마우저Mauser총으로 무장하고 있는 보어 민병대들로, 이들을 진압하기 위해 영국은 45만 명의 군인을 보냈으며, 2만 명이 넘는 희생을 치러야만 했다.

거리와 정확도 모두 다섯 배가량 증가했다. 이 기본 원리는 16세기 이래 사냥용 총에 적용되어왔으며, 총신 안쪽에 강선이 들어간 라이플rifle총은 18세기이래 전문 경보병들에 의해 사용되어왔다. 하지만 총구를 통해 장전해야 했기에 라이플총의 사격 속도는 매우 느렸다. 일반적으로 라이플총은 보편적으로사용하기에는 너무나 정밀한, 즉 정확도가 우선인 무기로 취급되었으며, 보병대열에 있어서는 사정거리나 정확도보다 방대한 양의 총격이 더 중요하다고생각되었다. 그러나 1840년대 강선이 들어간 머스킷총이 개발되었다. 탄환은총열을 통해 장전될 수 있었으며, 발포 시 탄환은 강선에 맞도록 팽창했다. 이

보오 전쟁 당시 드라이제 바늘 총으로 오스트리아군을 소탕하는 프러시아군의 모습을 담고 있다. 후장식 장전 방식도 보인다.

에 머스킷총은 이전의 사격 속도 비율에 늘어난 사거리와 높은 정확도를 지니게 되었다. 동시에 부싯돌식 발화 장치는 훨씬 더 안정적인 뇌관으로 교체되었다. 이러한 무기를 가지고 프랑스, 영국, 러시아, 오스트리아 군대는 1850년대 크리미아와 이탈리아에서 전투를 치렀다.

프러시아는 이들 전쟁에 어떠한 참여도 하지 않았다. 따라서 프러시아는 1866년 오스트리아와의 전쟁에 이르러서야 지난 20년 동안 자국 보병에게 지급했던 드라이제Dreyse '바늘 총needle gun'[요한 드라이제에 의해 개발되었으며 1836년 소총으로 군대에 지급]의 효력을 가늠해볼 수 있었다. 이 총은 첫 후장식 라이플총이었다. 이 총은 아직 세련되지 않은 무기로, 총구로 장전하는 소총에 비해 사정거리가 턱없이 짧았으며, 총미를 통해 빠져나오는 엄청난 양의 가스로 인해 사격하기가 결코 유쾌하지 않았다. 그럼에도 드라이제 총은 총구로 장전해야 하는 전장식 소총이 한 발을 발사할 때 세 발을 쏠 수 있었으며, 특히 누워서 쏠 수 있다는 절대적인 이점을 지니고 있었다. 전쟁의 역사상 처음으로 보병이 자신의 모습을 드러내지 않고 수백 야드 떨어진 곳에서 적을 사살할 수 있게 된 것이다. 프러시아 군대에 의해 1866년에 엄청난 효력을 발휘했던 이 같은 이점은 곧 다른 모든 유럽의 군대로 하여금 재빨리 나름의 개량된 후장식 소총을 구하도록 강제했다.

포병과 관련해서도 동일한 발전이 이 시기에 이루어졌다. 1860년에 이르면서 유럽의 모든 육군은 약 1000~3000야드 정도의 사정거리를 지닌 강선이 들어간 다양한 종류의 전장식 대포로 무장하고 있었다. 포병에 있어서도 프러시아 육군은 오스트리아와 프랑스 육군에 비해 뒤처져 있었다. 하지만 1866년 프러시아 대포의 미미한 활약은 전술에 있어서의 혁신을 유도했으며, 프리드리히 크루프[1787~1826. 당시 영국이 독점하고 있었던 주강cast steel 생산법을 습득. 주강 대포는 1847년 아들 알프레트에 의해 생산]에 의해 발전된 강철로 만든 새로운 후장식 대포의 도입을 가져왔다. 바로 이 대포가 1870년의 전장을 지배했다. 좀 더 뛰어난 프랑스의 후장식 라이플총인 '샤스포chassepot'[앙투안 샤스포가 개발하여 1866년 프랑스군에 도입]에 의해 선제 공격이 저지되자 프러시아 장군들은 보병을 사정거리 밖으로 물러나게 한 후 맹렬한 포격을 가해 프랑스군을 항복시켰다.

그러므로 이미 1870년에 공격하는 측이 적진에 접근하기가 어려워지고 있었다. 프랑스 진지를 공격했던 프러시아 보병대와 프러시아 진지의 공략을 시도했던 프랑스 기병대는 모두 엄청난 피해를 입었다. 전장에서 프러시아군의 승리는 일부분 포병과 일부분 수적 우세에 의해 가능해진 포위 전술에 따른 것이었다. 1870년 이후 그러한 어려움은 한층 더 가중되었다. 1880년대에는 리다이트lyddite, 코르다이트cordite, 멜리나이트melinite와 같은 고성능 폭약들이 발명되었다. 화약과 달리 이와 같은 폭발성 물질은 모두 순간 연소되었기에 발포하는 이를 향해 반대로 연기를 내뿜지 않았다. 또한 이 물질들은 총열에 부착물을 거의 남기지 않아 사격 속도를 늦추지 않았으며, 동시에 모든 무기의 사정거리를 이제까지 상상할 수 없었던 정도로까지 늘려놓았다. 이제 보병의 소총은 유효 사정거리가 1000야드까지 늘어났다. 이들 소총의 구경口徑역시 줄어들었으며, 이로써 소총은 더 가벼워지고 정확해졌다. 이에 보병들은 더 많은 탄약을 지니고 이동할 수 있게 되었다. 또한 탄창과 금속으로 된 탄약통은 총의 장전을 더 편리하고 신속하게 할 수 있도록 도와주었다. 이렇게 개선된 무기의 활약조차 19세기 말 등장한 탄띠를 통해 탄약이 장전되고 냉수기가 달린, 분당 수백 발을 쏠 수 있는 기관총 앞에서는 초라해졌다. 어떻게 이와 같은 무기들로 방어되고 있는 진지를 공략할 수 있을까?

19세기 말 전술가들은 한목소리로 공격하는 측이 성공하기 위해서는 방어하는 측보다 훨씬 더 강력한 화력을 개발해야 한다고 설파했다. 이 시기에 이루어진 포병의 발전은 그와 같은 생각이 현실화될 수 있다는 믿음을 심어줬다. 1870년에 그러했듯이 늘어난 야포의 사정거리는 더 이상 시야가 개방된 장소에서 수천 야드 정도 떨어져서 발포해야 할 필요를 없앴다. 이제 야포는 전선에서 5마일 정도 떨어진 거리의 엄폐된 장소에서 전투에 투입될 수 있었다. 동시에 반동이 적은 포가는 매 발포 후 재조준을 할 필요가 없도록 했으며, 그로써 포격의 속도와 정확도 모두 개선되었다. 중포heavy artillery는 20마일 이상의 사정거리를 확보했고—예외적으로 몇몇 괴물 같은 대포의 경우 50마일 내지 60마일의 사정거리를 지니기도 했다—당시 존재했던 모든 요새를 완전히 관통할 수 있었다. 1870년은 1914년에서 1918년 사이 제1차 세계대전이 확증하게 될 변화, 즉 포병이 전장에서 중심적인, 어쩌면 가장 결정적인 무기가 될 것임을 예고하고 있었다. 1918년에 이르면서 포병은 고지를 점령했고, 보병은 이를 사수했다. 그리고 고지의 중요성은 거의 전적으로 포병 관측의 용이성에 따른 것이었다.

그렇다면 가장 오랜 역사를 지녔고, 가장 높은 명성을 누렸던 병과인 기병대는 어떻게 되었을까? 급습과 정찰에 있어 기병의 중요성은 여전히 의문시되지 않았다. 사실 새로이 확장된 전장에서 그들의 중요성은 훨씬 더 컸다. 또한 화력의 활용에 있어서도 기병의 기동성은 마찬가지로 중요했다. '말을 탄 보병', 전통적인 '용기병들'의 가치는 미국 남북 전쟁의 전장은 물론이거니와 남아프리카의 드넓은 공간에서도 아주 뚜렷이 드러났다. 그러나 기병들은 오랫동안 자신들의 존재 이유라 스스로 여겨왔던 일, 즉 전장에서 결정적인 충격을 가하는 역할 대신 아주 보조적인 역할을 담당하게 될 것이라는 어떠한 암시도 받아들이고자 하지 않았다. 그들은 향상된 보병의 화력이 개선된 포병의 화력에 의해 상쇄될 것이라 기대했다. 그들이 책임져야 할 거리가 늘어나기는 했지만 개선된 말의 품종이 이를 가능케 할 것이었다. 그러한 연유로 1914년 유럽의 모든 군대는 여전히 창과 기병도로 무장하고 전장에서 적진으로 돌격하여 돌파구를 만들도록 훈련받은 완전한 기병대 조직을 구비하고 있었다. 어떠한 연속적인 전선도 만들어지지 않았던 동유럽의 방대한 공간에서 기병대는 20세기까지 실력 발휘를 할 수 있었다. 반면 서유럽에서는 채 몇 주도 지나지 않아 중기병대가 이제는 고가의 시대착오라는 사실이 몇몇 기병대 지휘관들을 제외한 모든 이에게 분명해졌다. 조만간 정찰병으로서의 역할마저도 오토바이와 장갑 차량에 의해 대체될 터였다.

대체로 군사 사상가들은 새로운 무기에 의해 야기된 문제들을 과소평가하지

1913년 8월 벨기에 전장에서 독일군 진영을 뚫고자 과감히 돌격하고 있는 영국 기병대의 모습을 그린 상상화다. 현실은 이와 너무나 달랐다.

않았다. 1870년의 경험은 1877~1878년 러시아와 터키의 전쟁, 1899~1901년 남아프리카에서 치러진 영국의 보어 전쟁, 그리고 1904~1905년의 러일 전쟁에 의해 뒷받침되었다. 이 모든 전쟁은 최신의 무기로 무장하고 잘 준비된 지점에 참호를 파고들어간 보병이 공격해 들어오는 적군에게 견디기 힘든 인명 피해를 가할 수 있는 능력을 지니고 있음을 점점 더 선명하게 보여주었다. 이 시기 독립적인 관찰자였던 폴란드 은행가 이반 블로흐는 자신의 책 『미래의 전쟁La Guerre Future』(1898)에서 당시 무기의 활약상에 관한 면밀한 분석에 기초하여 이제 공격하는 측의 성공은 확률적으로 불가능하기 때문에 전쟁은 더 이상 정책의 실행 가능한 도구가 아니라고 결론지었다. 군 지휘관들은 당연히 그와 같은 결론을 도출하지 않았다. 하지만 준비 태세를 갖춘 진지에 정면 공격을 감행하는 부대는 분명 엄청난 희생을 치를 채비를 하고 있어야만 한다는 점, 그리고 1870년 독일 육군에 의해 실전에 적용된 것과 같은 종류의 포위 작전을 위해서는 어마어마한 수의 병력이 필요하다는 점을 부인하지는 않았다. 어느 경우에나 동원 가능한 총인원이 많은 군대가 결정적인 이익을 취할 수 있었다. 그리고 1871년과 1914년 사이 각국의 참모 본부는 각자의 문제점에 대한 해결책으로 더 많은 수의 병력을 경쟁적으로 요청했다.

가장 급박한 심정으로 병력 증강을 요구했던 이는 베를린의 군사 계획자들이었다. 독일 참모 본부는 프랑스와 러시아에 맞서 두 전선에서 싸울 수 있는 계획을 마련해야만 했다. 독일 참모 본부의 고민은 1890년 이후 러시아 제국이 철도 체계를 발전시킴에 따라 러시아 육군이 유럽 지역에 더 많은 병력을 동원할 수 있게 되면서 해가 갈수록 더 깊어져갔다. 러시아와 오스트리아-헝가리 제국과 우호적인 관계를 유지함으로써 프랑스를 고립시키고자 했던 비스마르크의 외교 정책을 그의 후계자들이 폐기하고, 프랑스와 러시아가 1891년에 평화 협정을 체결함에 따라 독일 참모 본부는 전쟁은 이제 시간문제라 판단했다. 그들의 고민은 어느 전선에 먼저 병력을 집중시킬 것인가 하는 데 있었다. 스당Sedan[프랑스 동북 지역 도시로 1870년 보불 전쟁에서 프랑스군이 대패한 곳]에서와 같은 형태의 결정적인 승리는 서유럽의 제한된 공간에서만 가능하다고 판단되었다. 하지만 이제 프랑스 국경은 매우 견고하게 요새화되어 있어서 그와 유사한 결정을 이 지역에서 취한다는 것은 절대 불가능했다. 독일 참모 총장이었던 알프레트 폰 슐리펜 백작[1833~1913]에 의해 제안된 해결책은 잘 알려져 있다. 슐리펜의 작전은 벨기에를 거쳐 프랑스를 우회하여 포위 공격하는 것으로서 프랑스의 후방을 점령하여 프랑스군을 자국군의 방어막 사이에 가둔 뒤 '최후의 일격Schlacht ohne Morgen'을 가해 괴멸시키는 것이었다. 그렇게 되면 독일 육군의 상당수를 더 넓게 퍼진, 하지만 느린 속도로 움직이는 러시아군의 위협에 대응하도록 동쪽으로 보내는 것이 가능해졌다. 1905년 슐리펜은 이 같은 생각을 자신의 후계자들에게 전하고 은퇴했다. 하지만 그들이 더 면밀히 검토하면 할수록 슐리펜의 작전을 실행에 옮기는 것은 불가능해 보였다. 병참과 관련된 문제는 분명 엄청났지만 해결이 불가능하지는 않았다. 근본적인 문제는 이에 필요한 병력을 구하는 것이었으며, 따라서 1912년 독일군의 규모를 한층 더 키우기 위한 새로운 육군법이 통과되어야만 했다.

프랑스와 러시아와의 양면 전쟁에 대비한 방책을 마련하고자 고심했던 독일 참모 총장 알프레트 폰 슐리펜 백작이다.

당연히 프랑스는 유사한 방법, 즉 자국의 징집병이 정규군으로 복무해야 할 기간을 연장함으로써 그에 응대했다. 하지만 프랑스 참모 본부는 독일 참모 본부에 비해서 근대전에 있어 방어하는 측의 능력에 대해 그다지 고민하지 않았다. 우선 프랑스군은 대체로 1870년 패배의 원인을 나폴레옹이 했던 방식대로 주도권을 잡고 적과 대적하여 대담하게 작전을 구사하지 않고 진지만 지키려고 했던 프랑스 장군들의 소극성에서 찾았다. 두 번째로, 앞서 보았듯이 프랑스 육군의 전통은 18세기에조차 공세를 취하는 것이었으며, 대부분의 프랑스 지휘관은 방어막 뒤에 앉아서 적이 알아서 지칠 때까지 공격하도록 내버려두고자 하지 않았다. 전쟁에서 정신력과 육체적 능력의 비율은 3대 1이라는 나폴레옹 시대의 교훈을 여전히 마음에 간직하고 있었던 프랑스의 지휘관들, 특히 페르디낭 포슈 원수[1914년 마른 Marne 전투에서 승리. 1918년 연합군 총지휘관]는 공격하는 측이 화력의 결정적인 우위를 점하고 있다면 아무리 강력한 방어막이라도 영웅적인 지휘관의 통솔 아래 대규모 공격을 감행하면 뚫을 수 있다고 확신했다. 이에 1914년 프랑스 참모 본부는 선제 공격을 통해 주도권을 장악함으로써 독일군의 기동을 분쇄할 계획을 짰다. 그와 같은 공격은 막대한 희생을 전제로 한 것이기는 했지만 강력한 의지를 지닌 지휘관이라면 결코 이에 머뭇거려서는 안 되었다.

결국 1914년 훨씬 이전부터 유럽의 모든 나라는 상대적인 국력과 지위의 유지를 위해 자신들이 의존하고 있는 군대의 능력이 소규모 전문 부대의 전투력이 아니라 인구에 따른 동원 가능 병력과 적절한 전략 철도망의 결합에 달려 있다는 사실을 인지하고 있었다. 다른 면이 동일하다고 할 때, 이와 같은 두 가지 측면에서 결정적인 유리함을 확보한 국가라면 거의 하룻밤 안에 유럽의 정치 지도를 뒤바꾸어 놓을 수도 있었다. 따라서 얼마만큼 병력을 동원할 수 있는가 하는 문제와 더불어 그들의 후생은 이전과는 비교할 수 없을 정도로 국가적인 관심사가 되었다. 출생률 자체가 군사력의 지표가 되었으며, 프랑스인들은 경쟁국 독일의 치솟는 출생률과 비교해 1870년 이후 떨어지고 있는 자국의 출생률을 매우 심각히 우려하며 주시했다. 징집된 병사들의 체력도 중요했다. 영국 사회 정책의 상당 부분은 러시아에 맞선 크리미아 전쟁을 위해 정규군으로 모집한 시민병들 중 걱정스러울 정도로 높은 비율이 복무 불가 판정을 받아야 했던 1850년대의 경험에 따른 것이었다. 기초 교육 수준 역시 이와 마찬가지였다. 근대적인 군대는 최하위계급까지도 글을 읽고 쓸 수 있으며, 기본적인 계산 능력을 필요로 하는 복잡한 조직이 되었다. 냉소적인 이들은 장교들보다 부사관들이 글을 읽고 쓰는 능력을 훨씬 더 필요로 한다고 주장하기도 했다. 보불 전쟁에서 승리를 가져다준 이는 프러시아의 학교 교장들이라는 속담이 의미하는 바는 웰링턴이 말했다고 전해지는 '워털루 전

투의 승리는 이튼Eton College[영국 남부 버크셔Berkshire 지역의 사립학교로 1440년
에 설립]의 교정에서 얻어졌다'는 말과는 매우 다른 종류의 것이었다.

물론 이는 용기, 진취적 기상, 독립성, 그리고 통솔력과 같은 귀족계급의 전
통적인 자질이 덜 필요하게 되었다는 말은 아니다. 고위 장교들은 자신들이 원
하는 바를 개략적으로밖에 설명할 수 없었고, 상황을 고려하여 이를 집행하
는 일은 하급 장교들이 맡아야만 했던 확장된 전장에서 그와 같은 자질은 긴
요했다. 문제는 우수한 장교가 매우 많이 필요했다는 데 있었다. 19세기 후반
토지 가치의 하락으로 인해 토지를 소유한 귀족계급이 군인이라는 직업을 경
제적 구제의 한 방법으로 새로이 관심을 가지며 바라보았지만, 귀족계급 홀로
이들 장교를 모두 채울 수는 없었다. 그리고 귀족계급이 여전히 자신들의 전
통적인 존재 이유였던 카리스마적 통솔력을 제공할 수 있었다고 해도, 점점
더 새로운 종류의 자질이 전문 군인들에게 요구되었다. 특히 무엇보다 과학기
술에 대한 이해와 최상의 행정 능력이 요구되었다. 이에 따라 새로운 종류의
전문주의가 정규 장교들 사이에서 일어나기 시작했다. 이들은 여전히 영웅적
인 지휘관이기를 멈추지 않으면서, 추가로 관리자나 공학자가 되는 법을 배워
야만 했다.

프랑스 대혁명 이래 중산계급을 중심으로 장교단을 구성했던 프랑스에서
는 이와 같은 스타일상의 변화가 별다른 어려움 없이 성취되었다. 합스부르크
제국에서 귀족계급은 줄곧 융통성을 지녔으며, 절충적이었다. 러시아에서는
군이 중산계급과 중하위계급의 산물인 융커junker, junker school[1864년 처음 설
립되고, 1900년대 초 모스크바와 키예프Kiev 등지에 추가로 설립]라고 알려진 사관
생도 양성소에 의해 상당 부분 운영되고 있었기에 군이 필요로 하는 장교들
을 공급하는 데 귀족계급까지 갈 이유가 없었다. 반면 독일의 상황은 매우 경

직되어 있었다. 앞서 보았듯이, 독일에서는 장교단과 군주가 상호 충의에 근거하여 매우 독특한 방식으로 친밀한 관계를 맺고 있었다. 장교들은 자신들의 군벌에 충성을 맹세했고, 그 대가로 자신들의 특권이 승인되기를 기대했다. 혼란스러운 19세기 중반으로 접어들면서 프로이센 장교단은 자신들이 외부의 적으로부터 군주를 보위할 뿐만 아니라 국내 분열 세력에 맞서 사회 질서를 수호하고 있다고 믿었다. 참모 본부의 압박으로 이들 장교는 프로이센군의 팽창에 대한 군사적 필요성을 인정하기는 했지만, 지휘관들은 그 같은 과정을 우려의 눈으로 바라보았다. 이는 그들이 보기에 장교들의 회식 자리가 자유주의적 집안 출신의 중산층 벼락 출세자들로 가득 메워지고, 사회주의적 사고에 물든 청년들이 부사관과 사병계급을 채우는 위험한 일이었다.

사실 프로이센의 군 지휘관들은 그렇게 걱정할 필요가 없었다. 분명 '탐구의 시기Erhebungszeit'의 지적 그리고 정치적 효소를 담지했던 1820년대와 1830년대 중산계급의 급진주의자들은 1848년에는 혁명적이었으며, 1850년대에는 줄곧 골칫거리 반대파로 남아 있었다. 하지만 비스마르크가 프로이센 군주정으로 하여금 독일 민족주의의 대의를 신봉하도록 설득하면서 그들은 무력화되었고, 1871년[독일 제국의 건립이 선포될 때] 그들은 어느 누구보다 소리 높여 '황제 폐하 만세!Hoch dem Kaiser'를 부르짖었다. 이후 독일 부르주아들은 프로이센 군사 지배 체제를 지지했고, 자신들과 동일시했으며, 만약 예비 장교 임관장을 구할 수만 있다면 뛸 듯이 기뻐했다. 그리고 그들은 특히 그 누구보다 사회주의가 산업 프롤레타리아계급 내에서 확산되는 것을 두려워했다. 그것은 또한 군 당국에게 특히 걱정스러운 일이 아닐 수 없었다. 루르Ruhr[독일 중서부 석탄 광산, 산업 도시]와 라인란트 지방의 신흥 공업 대도시의 노동자들은 귀족계급이 여전히 대부분의 영토를 소유하고 있었던 브란덴부르크와 프러시아의 유순한 농민들과는 달리 봉건 지배자에 대한 충성의 전통이 없었다. 그러나 인구는 바로 이들 도시에서 급속도로 증가하고 있었으며, 동원 가능한 군 병력의 증강을 위해서는 이들 도시에서 병력을 모집해야만 했다. 하지만 그와 같은 군대를 얼마나 신뢰할 수 있을 것인가? 만약 그들이 독일 상류층이 점점 더 두려워하고 있는 혁명에 맞서 사회 질서를 유지하기 위한 목적으로 부름을 받는다면? 프랑스군이 아니라 자신의 형제들에 맞서야 한다면?

프러시아의 장교단이 두려워했던 바를 카를 마르크스와 프리드리히 엥겔스는 소망했다. 둘 다 열정적으로 군사 문제를 공부했으며, 기민한 논평을 했다. 특히 엥겔스의 저작들은 그를 19세기 군사 문제의 최고 평론가 반열에 올려놓았다. 마르크스와 마찬가지로 엥겔스는 전문적인 군사 기술에 관한 세세한 지식과 더불어 군대의 발전과 사회 변화를 연결하고 있는 저변에 대한 깊이 있는 이해를 보여주었다. 둘은 모두 '부르주아 평화주의bourgeois pacifism'—영국과 프랑스의 자유주의자들은 이 같은 사상을 계몽주의로부터 계승했다. 하지만 영국에서의 기원은 비국교도non-conformist 교회로 거슬러 올라가며, 리처드 코브던Richard Cobden[곡물법Corn Laws 반대. 1860년 영국과 프랑스 자유 무역 협정 체결 주도]과 존 브라이트와 같은 지도자들에 의해 대표되면서 상당한 정치적 중요성을 획득했다—에 대해서는 일말의 동정심도 지니지 않았다. 또한 마르크스와 엥겔스는 엘리트들에 의해 추동된 폭동이 사회의 지배 질서를 뒤집어엎을 수 있다고 믿었던 1830년대 낭만주의적 혁명가들에 찬동하지 않았다. 마르크스와 엥겔스는 인간사에 있어 무력이 언제나 변화의 도구였으며, 계속 그러할 것이라 믿었다. 하지만 그와 같은 변화는 일정한 객관적 법칙에 따라 발생할 터였다. 혁명을 위한 상황이 마련되려면 시간이 걸렸다. 그러나 이제까지 구질서의 가장 믿음직한 탄압 도구였던 전문 직업 군대가 대중 스스로 소형 화기의 사용법과 군사 전술을 익히는 군대에 의해 교체되고 있다는 사실은 혁명의 가장 확실한 전조였다.

마르크스와 엥겔스가 갈망했지만, 프러시아 장교단은 두려워했던 그런 일은—적어도 러시아의 사회 구조에 도저히 감당할 수 없을 만큼의 부담이 가해져 1917년 러시아 혁명이 터지기 전까지는—일어나지 않았다. 독일군은 전복되지 않았다. 오히려 독일과 다른 지역에 있어 보편적 군복무는 군사화의 효과적인 도구로 판명되었다.

'파시즘'과 마찬가지로 '군사주의militarism'는 일반적으로 무지하게 남용되는 용어가 되었기에 학자라면 매우 주의하여 사용해야만 한다. 여기서 우리는 군사주의를 군대 하위문화의 가치를 사회의 지배적인 가치로 승인하는 것으로 간단하게 정의 내리기로 하자. 즉 조직에서의 위계와 복종의 강조, 개인행동에서의 육체적인 용기와 자기희생의 강조, 극한의 시련 상황에서의 영웅적인 통솔력의 강조, 이 모든 것은 국가 체제에 있어 무장 충돌의 필연성과 그러한 무장 충돌을 치르기 위해 요구되는 자질을 키워야 할 필요성을 인정하는 데서 출발한다. 19세기 말에 이르면서 유럽 사회는 놀라울 정도로 군사화되었다. 전쟁은 더 이상 봉건 지배계급이나 소규모 전문 직업군인 집단의 문제로 간주되지 않았다. 이제 전쟁은 국민 모두의 문제였다. 군대는 왕실의 한 부분이 아니라 국가의 체현으로 여겨졌다. 주권을 지닌 왕가들은 국민적 지도자로서 자신의 역할을 강조했다. 그들은 가능하다면 어디에든지 제복을 입고 등장했으며, 군대 행진과 군악대 그리고 군사 의식은 모든 계급이 자신들과 동일시할 수 있는 국가의 형상을 제공했다.

군사주의적 민족주의는 비단 부르주아계급에게만 해당되었던 현상이 아니었다. 마르크스가 노동자계급에게 조국이란 없다고 한 말은 농촌 지역의 안정적인 사회 질서에서 방출된 후 아직 어떠한 정체성도 발전시키지 못한 상태에서 도시의 비참한 상황 속으로 마구잡이로 몰렸던, 즉 자신들을 착취하는 사회로부터 진정으로 소외되었던 초기 산업혁명 시대 노동자들에 대해서는 옳게 말한 것일 수도 있다. 하지만 50년 후 상황은 공교육과 합법화된 강력한 노동조합들 그리고 이들 중 가장 중요하다고 할 수 있는 선동적인 저가 신문에 의해 뒤바뀌었다. 20세기가 시작될 즈음 노동자계급은 민족주의의 자극에 대해 적어도 사회주의의 자극에 대해 그러했던 것과 같이 적극적으로 반응했다. 그리고 가장 성공적인 정치 지도자는 이 양자의 호소를 결합시켰던 자들이었다. 국경을 넘어선 계급적 통일성에의 호소는 1914년 군대의 나팔 소리가 들리기 시작하자 바람 속으로 흩어졌다.

몇몇 역사가가 그러했듯이, 20세기 초 열광적인 군사주의적 민족주의를 반동적인 지배계급이 혁명에 대한 대중의 지지를 근절시키고, 기존의 질서 내로 그들을 끌어들이고자 세뇌시킨 성공적인 결과라 주장하는 것은 너무나 기계적인 해석이다. 사실 민족주의를 가장 미심쩍게 바라본 것은 지배계급 내에서도 가장 반동적인 집단이었다. 헤겔과 주세페 마치니[1805~1872. 이탈리아 독립 운동가]의 주장은 나름의 가치와 호소력을 지녔으며, 민주주의와 민족주의는 서로를 북돋웠다. 국가state의 일에 참여한다는 느낌이 커질수록, 국가는 더욱더 자신에 의해 탄생된 이와 같은 독특하고 고귀한 가치체계의 체현으로 보였으며, 국가를 지키고 국가를 위해 일하고자 하는 헌신도 한층 더 증대되었다. 이에 더해 국가nation는 기존 종교의 힘이 쇠퇴하고 있을 때 대중의 충성심의 초점으로 등장했다. 국가는 기적의 시대에서 벗어난, 하지만 아직 팝스타의 시대에 들어서지 못한 사람들에게 목적의식과 고유성 그리고 흥분과 존

엄성을 제공해주었다. 그러나 국가nation는 다른 국가에 비추어서만 자신의 가치와 힘을 측정할 수 있다. 한 국가의 목표가 얼마나 평화롭든 그리고 그 국가가 지향하는 바가 얼마나 숭고한 것이든지 간에 국가의 최상의 운명은 전쟁이라는 결론을 갈수록 피하기 어려웠다. 19세기 말, 20세기 초에 점점 더 많은 수의 사상가는 그 같은 결론을 피하고자 어떠한 노력도 기울이지 않았다.

  이는 1914년에 일어난 가장 경이로운 현상을 설명하는 데 도움을 준다. 흥분한 군중은 유럽 주요 도시의 대로를 가득 메웠다. 영국의 자원병들은 흥이 끝나기 전에 프랑스로 건너가고자 징병소에 떼로 몰려들었으며, 생시르 군사전문학교의 프랑스 사관생도들은 흰 장갑에 장식 술을 단 졸업 예복을 입고 전장으로 행군해 나아갔으며, 독일에서는 바로 이전 여름 대학생이었던 예비군들이 랑에마르크Langemarck[플랑드르 서부 지역 마을]에서 죽음을 무릅쓰고 영국의 기관총수들에 맞서고자[First Battle of Ypres, 1914] 어깨동무를 하고 군가를 부르며 행진해갔다. 당시 문헌을 보면 거의 무아경과 같은 감정이 방사되고 있음을 알 수 있다. 물론 어떤 이들은 1789년과 마찬가지로 1914년을 한 체제, 어쩌면 한 문명의 파국적 붕괴라 생각했지만 다른 이들에게 1914년은 성취와 도피의 순간이었다. 1789년에 그러했듯이 막대한 욕구불만의 에너지가 방출되었다. 전문 직업군인들이 필요로 했던 성인 남성들은 무더기로 발 벗고 나섰다. 그들은 슐리펜의 불가능한 목표를 달성하기 위해 발이 닳도록 행군했다. 또한 조프르[1914~1916년 프랑스군 지휘, 1914년 마른 전투에서 승리]의 공세 전략을 수행하기 위해 군말 없이 자신들의 목숨을 내던졌다. 그리고 그들은 계속해서 자원했다. 1914년 내내 유럽의 대군을 지탱했던 열정은 2년 후에나 사그라지기 시작했으며, 그때조차도 적어도 영국과 독일에서는 그와 같은 열정이 완고하고 끈덕진 인내심으로 자리를 틀었다.

이러한 열정은 군대에서만이 아니라 그들을 양산했던 사회 전반에 걸쳐 퍼져 있었으며, 이는 대중지에 반영되었고 그에 의해 가열되었다. 이를 또한 단순히 지배 엘리트들에 의한 선전과 조작 탓으로 돌리는 것은 너무나 기계적이고 왜곡된 설명이라 할 수 있다. 전쟁 초기 권력을 쥐고 있었던 영국의 애스퀴스[1852~1928, 총리 재임 1908~1916]와 프랑스의 비비아니[1863~1925, 총리 재임 1914~1915] 주변의 전통적인 정치인들은 오늘날 우리가 극우파라 부르는 이들의 분위기에 더 적극적으로 호응할, 좀 더 민중적인 로이드 조지[1863~1945, 총리 재임 1916~1922]와 클레망소[1841~1929, 총리 재임 1906~1909, 1917~1920]를 따르는 정치인들에 의해 거칠게 밀어붙여졌다. 그리고 심지어는 1917년 최고사령부에 의해 민간 출신 재상 베트만홀베크[1856~1921, 독일 제국 재상 1909~1917]가 계획적으로 축출되었던 독일도 상황은 다르지 않았다. 곧이어 등장했던 힌덴부르크[1847~1934, 1916년 제1차 세계대전 와중 독일군 참모 총장 취임, 이후 루덴도르프와 함께 독일 정치 지배, 대통령 1925~1934]와 루덴도르프[1865~1937, 1916년 제1병참 총감 임명 후 힌덴부르크와 함께 독일군 작전 지휘]의 군사 독재는 독일 사회의 모든 계층을 대표하기는 했지만 그럼에도 지지의 상당 부분을 중하위계급으로부터 얻었을 조국 전선Fatherland Front[당시 약 120만 회원 확보]이라는 강력한 단체의 지지를 받았다.

이 모든 것은 단지 극소수의 선견지명을 지닌 예언자만이 필요할 수도 있다고 생각했던 일, 그리고 그보다 더 적은 수의 사람만이 가능하다고 믿었던 일, 다시 말해 수년 동안 계속될 장기전을 위해 해당 사회의 모든 자원을 총동원하는 일을 가능케 했다. 전전戰前 군사 사상가들은 20세기의 전쟁은 단기간에 종결될 것이고 결정적일 것이라 믿었다. 그들은 대중이 총동원되는 전쟁이 달리 어떻게 가능하다는 것인지 상상할 수 없었다. 징병 연령에 해당되는

왼쪽은 힌덴부르크, 오른쪽은 루덴도르프의 모습이다.

모든 남성이 군복을 입고 있다면 누가 밭을 갈고 공장을 돌릴 것인가? 전쟁을 치르는 데 필요한 막대한 자금을 구하기 위해 모든 금융 기구가 붕괴되는 것은 아닐까? 전쟁으로 인해 현재 작동되고 있는 세계 무역과 금융 체계의 국제적인 골격이 해체된다면 어쨌든 모든 금융 기구는 붕괴되는 것이 아닌가? 따라서 전쟁은 크리스마스 이전에 '끝나야만' 했으며, 어느 누구도 만약 그렇지 않을 경우 어떻게 할 것인지 계획을 마련하지 않았다.

그러나 전쟁은 크리스마스 이전에 끝나지 않았다. 서부전선만 교착 상태에 빠진 것이 아니었다. 동부전선의 놀라운 기동전 역시 어떠한 결정적인 결과도 낳지 못했다. 자신의 군주에게만 책임을 지는 18세기의 정치가들이었다면 1914년과 같이 엄청난 비용을 소모했음에도 불구하고 아무런 결론도 도출하지 못한 회전會戰이 끝난 1915년 초 한데 모여 서로에게 만족스러운 평화 협정을 일구어냈을 것이다. 하지만 1914년에 폭발한 대중의 열정과 그들의 기대와 분노의 힘은 1792년에 그러했던 것처럼 다시 쉽게 고삐를 틀어잡을 수 있는 성질의 것이 아니었다. 유럽의 국민들이 기꺼이 무기를 들고 인내하며 엄청난 희생을 치렀던 것은 단순히 세력 균형의 미세한 재조정을 위해서가 아니었다. 러시아인들은 새로이 들어선 자신들의 대의기구를 통해 합스부르크 제국의 해체나 다름없는, 유럽 동남부 지역에 있어 슬라브족에 대한 보호권 보장을 요구했다. 뿐만 아니라 러시아인들은 역사적으로 잘 알려진 러시아 외교정책의 목표였던 콘스탄티노플도 요구했다. 극소수의 용기 있는 사회주의자를 제외한 독일인들은 어떠한 적의 연합에도 자신들을 안전하게 지켜줄 영토의 취득을 원했다. 또한 애스퀴스의 말을 빌리자면 영국인들은 '프러시아 군사주의'의 위협이 완전히 제거될 때까지—즉 완전한 군사적 패배로 인해 독일의 정치체제가 연합군에 의해 개조될 수 있을 때까지—칼을 칼집에 넣지 않으리

1915년 4월 영국군 소속 오스트레일리아군과 뉴질랜드군이 다르다넬스 해협에 상륙하고 있는 모습이다.

라 맹세했다.

　따라서 전쟁은 계속되어야만 했다. 1915년에 교전국들은 다시 한번 전장에서 결판을 내고자 했다. 독일군은 동부전선에서 깊숙한 침투 작전과 측면 포위 작전을 통해, 프랑스군은 서부전선에서 정면 공격을 계속함으로써, 그리고 영국군은 자국의 해군력을 이용해 다르다넬스Dardanelles 해협[에게 해와 흑해와 연결된 터키 서북부의 마르마라 해 사이의 해협]에서 측면으로 상륙 작전을 감행하여 주도권을 장악하고자 했다. 1915년 말에 이르면 지난 100여 년 동안 병력 양성의 기준이 되어왔던 나폴레옹의 원칙—독일인들이 '압도 전략Niederwerfungsstrategie, strategy of annihilation'이라 명명했던 원칙—은 더 이상 유효하지 않았다. 그보다 더 타당했던 전략은 전략 목표가 적군의 괴멸이 아니라 적국의 경제적 자원을 고갈시키는 것, 즉 '소모 전략Ermattungsstrategie, strategy of attrition or exhaustion'이었던 17~18세기 전쟁의 원칙이었다. 하지만

1918년 9월 말 독일의 서부전선 방어선인 힌덴부르크선의 일부를 뚫은 직후 자축하는 영국군의 모습이다.

18세기에는 그러한 전략이 전투를 회피함으로써 가장 잘 이루어졌던 데 반해, 20세기에는 전투를 하도록 자극함으로써 성취되었다. 즉 주요한 전술적 성과를 반드시 기대하지 않으면서 적으로 하여금 자원을 아군보다 더 빨리 소모하도록 하기 위한 공격을 감행함으로써 이루어졌다. 바로 이러한 것이 1916년 독일군의 베르됭Verdun[프랑스 동북 지역 마을] 침공과 1916년과 1917년에 영국군이 서부전선에서 공격을 감행했던 이유는 아닐지라도 계속해서 공격을 했던 근거였다. 한 영국군 장군이 퉁명스럽게 말했듯이, 돈이 가장 많은 측이 이길 터였다the side with the longest purse would win.

그러므로 군대는 더 이상 국민전의 대리인이나 투사鬪士가 아니었다. 군대는 교전국들이 상대국의 자원과 병력을 출혈시켜 고갈케 하는 도구였다. 동시에 또 다른 전통적인 무기였던 해상 봉쇄는 그 목적에 있어 더 냉혹해졌다. 주요 해상 교전국이었던 영국과 독일은 교전국으로 하여금 전쟁을 수행할 수 있도록 돕는 물자에만 해상 봉쇄를 철저히 한정시킨 제한을 재빨리 내던졌다. 이 제한은 지난 300여 년간 해상전을 거치면서 마련되었고, 가장 근래에는 1909년 런던 협정[미국을 포함한 유럽 10개국 사이의 협정]을 통해 재차 확인된 바 있었다. 다시 말해, 영국과 독일은 '모든' 자원이 전쟁을 위해 동원될 수 있고, 실제로 동원되고 있다는 가정 아래 움직였다. 영국과 독일은 서로에게 계엄 상태를 강제하고자 착수했다. 평화가 찾아왔을 때 그것은 전장에서의 승리 덕택이 아니라 극도의 경제적, 심리적 피로에 따른 것이었다.

시민들은 이와 같은 종류의 전쟁이 자신들에게 가한 부담을 아무런 불평 없이 감내했다. 막대한 액수의 전시 공채가 발행되었다. 여성은 공장과 농촌에서 남성의 자리를 대신했다. 시민들은 사치품을 몰수당했고, 갈수록 더 가혹해지는 필수품의 배급을 순순히 받아들였으며, 상점에서 소비재가 사라짐에 따라 허리띠를 졸라맸다. 이 과정에서 참전한 사회 내부적으로도 근본적인 변화가 일어났다. 정부는 새로운 사회 활동과 경제 활동의 영역들에 대한 통제권을 획득했다. 정부 사업의 경우 더 많은 공중의 참여에 대한 요구가 늘어났으며, 이는 대체로 수용되어야만 했다. 노동조합은 정부의 협동자로 인정되어야만 했으며―두 세기 전 귀족계급이 그러했던 것과 같이―사회 내 특권 및 지위의 인정과 관련하여 대가를 요구했다. 전시 세금은 구질서에 내재되어 있었던 주된 부의 불평등을 낮추었다. 만약 사회의 군사화가 구질서 하의 엘리트들에 의해 의도적으로 고안된 것이라 한다면 그들은 매우 손해 보는 거

제1차 세계대전 당시 석탄 공장에서 일하고 있는 영국 여성 노동자의 모습이다. 참호전으로 인해 교착 상태가 지속되면서 점점 더 많은 여성이 전통적인 남성의 역할을 대신하기 시작했다.

제2차 세계대전 당시 영국 정부는 전쟁 물자와 식량 보급을 위해 일반 시민에게 정원이나 공원, 공터 등을 밭으로 일구어 자급자족하도록 장려했다. 사진은 "승리를 위해 땅을 일구자"라고 적힌 당시 영국 정부의 공식 포스터다.

래를 한 것이었다. 왜냐하면 조만간 그들을 무너뜨릴 이는 불가능한 승리를 위해 모든 것을 희생했던 유럽의 애국적인 민중들이었기 때문이다. 지난 500여 년 가까이 왕가와 지배 귀족에 의해 통치되었던 유럽의 왕조 국가들은 1914년에서 1918년 사이 불과 몇 주일 만에 불안의 구렁텅이로 빠져들었다.

하지만 이들 왕조를 섬겼던 전문 직업 군대는 휩쓸려 떠내려가지 않았다. 심지어 그들은 몇몇 국가에서 정치권력을 장악하기도 했다. 어떤 나라에서는 다음 정권의 손에 자신들의 전문 기술을 기탁하기도 했다. 그리고 평화가 선포되자 그들은 모두 (만약 그들의 정치 지도자들이 다시 한번 전쟁을 치러야만 한다고 판단한다면) 어떻게 하면 앞으로의 전쟁을 좀 더 능숙히, 자원을 덜 낭비하면서, 그리고 무엇보다 더 단호히 수행할 수 있을 것인가라는 문제에 대한 답을 구하고자 궁리했다.

제7장

기술자들의 전쟁

많은 이는 어떻게 해서 유럽 국가들이 자신들의 역사 속에서 가장 엄청났던 전쟁, 모두 합쳐 약 1300만 명의 생명을 앗아간 전쟁을 치른 지 20년 만인 1939년, 자신들의 사회에 더 큰 규모의 파괴를 가져다줄, 또한 자신들의 우월한 전 지구적 지위를 완전히 종결시킬 갈등에 또다시 휩싸이게 되었는지 궁금해할 것이다. 승리를 거둔 연합국들이 전쟁을 끝내기 위한 전쟁이 되어야만 한다고 확신했던 그 전쟁은 어째서 이와 같은 아이러니한 결말을 낳았던 것일까?

이 질문에 답하려면 우리는 제1차 세계대전을 균형감 있는 시선으로 살펴봐야만 한다. 앞 장에서 우리는 19세기의 무기 기술 발달이 어떻게 전쟁의 파괴력을 증대시켰는지 그리고 그와 함께 교전국들의 인적 자원에 대한 부담을 증가시켰는지 살펴보았다. 하지만 이와 같은 암울한 상황 묘사에 대한 평형추로서, 동일한 시기에 있었던 운송과 의학에서의 개선이 어떻게 산업화 이

제1차 세계대전 당시 부상으로 인해 다리를 잃은 영국 상이군인들의 모습을 담은 사진이다.

전 시대의 전쟁에 수반되었던 참사의 일부분을 경감시켰는지 다뤄야 할 것이다. 1870년 이전, 군대에서 질병으로 인한 사망자의 수는 적의 공격으로 인한 사망자의 수보다 대략 다섯 배 정도 많았다. 1918년에 이르면 그 비율은 역전되었다. 마찬가지로 1815년 이전에 전투 중 부상당한 자들의 대다수는 실제로 수일 내에 사망하거나 운이 좋아도 영구적으로 불구가 되었다. 그러나 1815년 이후 완전히 회복한 부상병들의 비율은 놀라운 속도로 증가했다. 그래서 즉사하거나 부상으로 인해 죽은 병사들과, 가벼운 부상만 입어 완쾌된 후 부대로 복귀했지만 상태가 더 나빠지지 않았음에도 사상자 목록에 여러 차례 등재되었던 많은 수의 병사를 가려내기 위해서는 섬뜩한 제1차 세계대전의 '사상자 목록casualty lists'을 매우 조심스럽고 면밀하게 검토해야만 한다.

또한 운송 수단에 있어서의 개선은—적어도 서유럽에 있어서—어떤 부대도 최대 몇 주 이상 극한의 고난을 겪지 않고 휴식과 휴양을 취할 수 있게끔 조정하는 것을 가능케 했다. 끝으로 몇몇 끔찍한 예외가 있기는 했지만 시민병들은 전장에서 민간인들과 적군을 대함에 있어 모두 인도주의적 기준을 군 생활에 도입했다. 19세기 중반의 전쟁 이래 좀 더 인간적으로 전쟁을 수행할 수 있도록 하는 기본 원칙들을 마련하고자 하는 시도들도 과감히 이루어졌다. 1859년 프랑스와 오스트리아 사이의 전쟁[제2차 이탈리아 독립 전쟁] 이후 국제적십자회International Red Cross Society, IRCS가 [1863년] 창설되었다. 1864년과 1906년에는 제네바에서, 1899년과 1907년에는 헤이그에서 민간인과 부상병 그리고 전쟁 포로의 대우를 규제하기 위해, 또한 (이 부분에서는 그다지 성공적이지 못했지만) 사용되는 무기의 치사율을 조정하기 위해 국제 회담이 개최되었다. 부분적으로 이와 같은 인도주의적 활동과 이들이 내세웠던 신념의 지속적인 작용 덕분에 '대중전mass-war'의 개시는 야만주의로의 퇴보를 낳지 않았다.

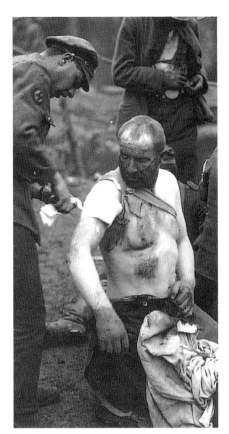

1917년 제3차 이프르 전투 중 포로로 잡힌 독일군 병사를 치료해주고 있는 영국군 소속 뉴질랜드 위생병의 모습이다.

적십자는 대체로 존경받았다. 부상당한 적군은 인도주의적으로 처우받았다. 상호주의와 국제 감시는 전쟁 포로에 대한 정당한 대우를 확고히 다졌다.

그 결과, 최전방의 병사들까지도 자신의 선조들이 마땅히 부러워했을 법한 조건 속에서 지낼 수 있었다. 그들은 충분한 양의 식사를 때에 맞춰 했다. 사실 그들 중 많은 수는 군 지원 사무의 발전 덕택에 자국에서 민간 생활을 할 때보다도 더 보살핌을 받았다. 전후 세계로 복귀한 참전 병사들은 후일 유럽에 형성되었던 끔찍한 공포의 시대라는 제1차 세계대전에 대한 이미지에 동의하지 않았다. 그들 중 많은 이에게 전후 세계는 실망스러웠으며 지루했다. 어떤 이들에게 전후 세계는 진정한 박탈의 세계였다. 전후 자신이 속했던 연대의 친목 모임을 통해 그들은—아마도 나이가 들어감에 따라 더 쉽사리—동지애와 모험, 도전과 승리, 그리고 그와 더불어 경제적인 안정과 가정 내 책임으로부터의 자유를 가져다줬던 지난 전쟁이 자신들의 삶에서 진정으로 가장 행복한 시기였다고 확신할 수 있었다.[1] 이와 같은 안정과 지위, 삶의 목적을 가져다줬던 잃어버린 세계에 대한 향수는 1920년대 다양한 형태의 파시즘을 낳은 혼돈스러운 정치 운동의 중요한 요소였다.

따라서 제1차 세계대전의 경험은 많은 나라에서 전전 기간의 군사주의에 반대하는 광범위하고 심원한 반작용을 낳기도 했지만, 이 같은 반작용은 결코 보편적이지 않았다. 국민적 충성심과 전통적 가치들로 채워진 확실하고 안정적인 세계로부터 혼동과 패배 그리고 혁명의 세계로 들어선 많은 이가 배신감을 느꼈다. 이들은 희생양을 찾았으며, 새로운 대중 조직 속에서 군대의 위계질서가 담지했던 알 수 없는 마력과 안전을 재현하고자 노력했다. 또한 많은 이가 폭력의 사용을 국내 및 국제정치에 있어서 힘을 쟁취할 수 있는 길이라 보았다. 이탈리아의 경우, '파시즘'이라는 총칭적인 명칭을 부여받은 극우 세력에게 전쟁은 국가 정책의 실행 가능한 도구에만 머무르지 않았다. 그들에게 전쟁은 인류가 스스로를 정당화하는 행위 가운데 하나였다. 따라서 그들은 제1차 세계대전 이전 유럽을 휩쓸었던 군사주의적 민족주의에 대항하지 않았다. 오히려 그들은 군사주의적 민족주의를 한 차원 더 높은 수준으로 끌어올렸다.

하지만 전전 민족주의가 프랑스 대혁명의 이상, 즉 자유, 평등, 우애의 이상과 양립 가능했다면, 그리고 국가들이 대체로 그와 같은 이상의 이름으로 각자의 시민들에게 충성을 호소했다면, 파시즘은 그와 정반대에 자리했다. 파시즘은 자유의 덕이 아니라 지도력과 복종의 덕을 주장했다. 평등의 덕이 아닌 지배와 순종의 덕, 우애의 덕이 아닌 인종적 우열의 덕을 파시즘은 주창했다. 그렇게 함으로써 파시즘은 이전의 세속적인 그리고 종교적인 권위 체계 내에서─그와 같은 체계가 파괴되기 전까지는 미처 깨닫지 못했던─심리적인 욕구의 충족을 구했던 유럽 사회의 특성에 호소할 수 있었다. 잇따른 혁명과 전쟁의 패배로 인해 특히 더 취약해진 독일 사회에서는 그와 같은 욕구의 조작으로 인해 혁명 프랑스가 국제정치 체제에 가했던 충격보다 더 파괴적인 충격을

1918년 5월에 시작되어 2년 동안 지속된 러시아 내전 당시의 사진으로, 폴란드 국경 지대를 방어하고 있는 볼셰비키 기병대의 모습이다.

가할 정권으로 권력이 넘어갔다. 파시즘에 기초한 새로운 독일 정권은 유럽 국가들 사이에 존재했던 세력 균형에 도전장을 내밀었을 뿐만 아니라 국제체제 전반이 기반하고 있었던 이데올로기적 합의 또한 부정했다.

물론 러시아에서는 이미 그에 견줄 만한 이데올로기적 합의에 대한 부정이 이루어졌다. 러시아에서는 1917년 혁명을 통해 레닌[1903년 볼셰비키 결성, 1917년 10월 혁명 지휘]에 의해 조정된 카를 마르크스의 교리에 입각하여 자신들이 부르주아 세계와 항구적인 전쟁 상태에 처해 있다고 믿는 정권이 권력을 잡았다. 그러나 러시아 혁명의 즉각적인 결과에 따른 초기의 개입 전쟁[1918~1920] 이후 소비에트 연방은 서방 이웃들과 미심쩍은 공존 상태에 안주

했다. 서방 국가들도 러시아를 심각한 군사적 위협이라기보다 자국 내에 있는 공산당을 조정함으로써 자신들 정권의 국내적 기반을 흔드는 위험으로 인지했다. 제1차 세계대전과 제2차 세계대전 사이 유럽의 지배계급을 사로잡았던 두려움은 소련의 침공이 아니라 자국 내 '볼셰비즘Bolshevism'이었다. 볼셰비즘에 대한 공포는 유럽 지배계급의 상당수가 파시즘을 좌파의 위협에 맞선 동맹으로서 반기게끔 했을 뿐만 아니라 국내 및 국제적인 안정에 훨씬 더 즉각적인 위험도 알아차리지 못하게 할 정도로 매우 강렬했다.

그러므로 전후 유럽은 서로 경쟁하는 세 이데올로기 사이에 끼어 있었다. 표면상 1918년은 계몽주의에서 기원한 자유민주주의의 원칙을 고수하는 국가들이 승리한 해였다. 이들은 자신들의 승리를 통해 국가들 사이에서 법의 지배를 정립하고, 전쟁을 정책 수단으로 보는 시각을 단념시키고자 했다. 이 같은 생각은 19세기에 영국과 북아메리카의 평화롭고 풍요로운 땅에서 싹을 틔웠으며, 결실을 맺은 것이었다. 하지만 현실은 이와 괴리가 있었다. 제1차 세계대전은 유럽 사회의 전통적인 골간을 상당 부분 파괴함으로써 새 천년은 국내외에 있어서 또 다른 무력 충돌 없이는 결코 도래하지 않을 것이라 믿었던 좌파와, 국제 갈등의 지속은 인간의 피할 수 없는 운명이라 여겼던 우파 양쪽 모두에 있어 급진적인 세력을 눈에 띄게 강화시켜놓았다. 어쨌든 승전국들은 자신의 이데올로기를 강제할 위치에 있기는 했지만, 미국이 빠져 있었기에 그들에게는 이를 강제할 힘이 없었다. 그 결과로 베르사유 협정[1919]이 체결된 지 15년 후 유럽 국가들은 자신들이 다시 한번 전쟁을 준비하고 있음을 깨달았다.

파시즘이 찬미했던 종류의 전쟁은 불운한 징집병들로 이루어진 군중이 전선에서 멀찌감치 떨어진 곳에 있는 장군들의 명령에 따라 싸우는 전쟁이 아니었다. 파시즘이 찬양했던 종류의 전쟁은 젊은 영웅들로 구성된 작은 패거리들이 치르는 전쟁이었다. 공군 조정사, 전차병, 돌격 부대원으로 이루어진 젊은 영웅들은 대담무쌍함과 폭력을 통해 초록색 베이즈baize 탁자에 프록코트형 군복을 입고 모여 앉아 있는 늙고 비실비실한 이들로부터 인류의 운명을 빼앗아, 더 확실하고 더 영광된 미래를 구축할 '초인들supermen'이었다. 이 젊은 영웅들은 미래에는 전쟁이 엘리트들만의 일이 되기를 소원했다. 이들이 모두 틀린 것은 아니었다. 19세기에 대중이 전쟁에 참여할 수 있도록 했던 그리고 그들의 참여를 필수적으로 만들었던 기술은 20세기 들어 고도로 숙련된 기술자들의 손에 점점 더 많은 힘을 실어줬다. 제2차 세계대전은 대중의 참여와 전문 기술자들 사이의 내밀하고 치명적인 결투의 진기한 혼합을 선보일 터였다. 20세기 중반에 이르면 유럽인들은 만약 일어난다면 상상을 초월할 정도로 파괴적인 힘을 휘두를 비교적 적은 수의 군사 기술자에 의해 치러지게 될 갈등에서 대부분 뒷전으로 밀려나 있었다.

어떻게 그러한 일이 일어났는지를 이해하기 위해서는 이제 발걸음을 돌려 앞 장에서 다루지 않고 넘어갔던 19세기 전쟁의 몇몇 발전 양상을 살펴봐야 한다.

19세기의 기술 발전은 더욱 효과적이고, 사용이 편리한 대량생산된 무기를 가져다줬다. 보병과 관련해서는 탄약통의 등장으로 화약과 탄환을 능숙히 다뤄야 할 필요가 사라졌으며, 총미로 장전을 함으로써 탄약을 재는 쇠꼬챙이가 필요 없게 되었다. 탄창과 수동식 노리개는 발사 속도를 향상시켰으며, 눈금이 표시된 가늠쇠는 정확도를 높였다. 이로써 수 주일 만에 모든 징집병을 프리드리히 대제의 프러시아 근위사단 중에서도 가장 능숙한 척탄병Grenadier 조차 결코 따라잡을 수 없을 정도의 능력을 지닌 저격병으로 만들 수 있었다.

포병과 관련해서도 마찬가지였다. 후장식 장전과 반동이 없는 포가의 발명으로 인해 구식 대포를 전문가의 손에서조차 엄청나게 느리고 변덕스러운 무기로 만들었던 포신 내부를 봉으로 청소하는 일과 매 발포 후 다시 자리를 잡는 일 같은 지루한 작업은 더 이상 할 필요가 없어졌다. 몇 번의 연습 훈련과 표를 보고 하는 간단한 계산 그리고 폭발성이 높은 포탄의 넉넉한 공급으로 1914년 일개 야포 연대는 한 시간도 걸리지 않아 수백 평방 야드에 달하는 목표 지점에 나폴레옹 전쟁 기간을 통틀어 공수 양측의 모든 대포가 가했던 포격보다 더 큰 파괴력을 뿜어낼 수 있었다. 이 모든 것이 몇 달간의 훈련을 받은 징집병들에 의해 이루어졌다. 이 같은 무기의 대량생산은 병력의 대량 양성을 필요케 했다.

유럽과 같이 경제적으로 매우 긴밀하게 연결되어 있는 사회에서는 기술적으로 우수한 무기의 소유에 따른 어떠한 우위도 일시적이었으며, 그 자체로 결정적이기가 어려웠다. 문제는 결국 숫자였다. 하지만 화력의 사정 범위와 파괴력 자체가 승리를 쟁취하기에 충분한 때가 오기 마련이었다. 다시 말하자면, 수적으로 우세하더라도 기술적으로 뒤처져 있는 국가가 자신의 전투력을 과시할 수 있는 기회를 찾지 못할 경우 어떠한 결과가 나올 것인지는 전투가 개시되기도 전에 이미 드러났다.

그와 같은 우위를 유럽 열강들은 19세기 식민지 전쟁에서 만끽했다. 제3장에서 우리는 16세기가 시작될 무렵 총의 독점적인 보유가 어떻게 포르투갈인들로 하여금 인도양의 무역 체제에 침투하고 그를 지배할 수 있도록 해주었는지 살펴보았다. 그러나 전 세계에 걸쳐 소화기의 사용이 보편화됨에 따라 유럽인들이 그로부터 얻었던 이점은 사라졌다. 예컨대 18세기 유럽의 군대가 인도에서 우세를 취할 수 있었던 것은 그들이 소유하고 있었던 무기보다도 오히

남북 전쟁 당시 버지니아 주 요크타운 북군 기지의 모습을 담은 당시 사진으로 막대한 수의 대포와 포병이 보인다.

1879년 줄루 전쟁 당시 영국군에게 승리를 안겨준 개틀링Gatling 기관총으로 미국의 발명가 리처드 개틀링이 발명했다. 개틀링 기관총은 분당 약 400발을 발사할 수 있었으며, 1884년에 발명될 맥심 기관총의 모델이 된다. 역설적이게도 개틀링은 이 무기이 가공할 위력이 전쟁을 방지할 것이라 믿었다.

려 보급 체계에 대한 그들의 꼼꼼한 주의와 반복 훈련, 그리고 규율에 따른 전문가적 자질 때문이었다. 하지만 19세기의 균형은 기술적으로 우월한 유럽 열강들의 편으로 확고히 기울었다. 철도는 아프리카와 아시아 대륙을 열었으며, 유럽의 군대에게 규모에서의 열세를 보상하는 기동력을 제공해주었다. 이는 유럽 열강들의 제국주의적 팽창뿐만 아니라 러시아의 중앙아시아 식민지화, 미국의 서부 팽창에 있어서도 하나의 요인이었다. 유럽의 포병과 후장식 라이플총 그리고 기관총은 어떠한 싸움이든 거의 모두 결론지어버렸다.[2]

하지만 19세기 후반 유럽의 전쟁에서 기술 발전이 극도의 불안정을 낳기 시

H. M. S. '빅토리'호로, 6년 동안의 노력 끝에 1765년 진수되어 넬슨 제독의 기함으로 나폴레옹 전쟁 동안 맹활약을 했다. 현재 포츠머스 항에 보존·전시되어 있다.

1906년에 진수된 영국 노급전함의 사진으로, 1914년에 촬영되었다. 거함거포 시대를 열었지만, 제1차 세계대전이 발발할 즈음에는 이미 뒤처졌다. 1918년에는 예비 전력으로 돌려졌다.

작하는 것으로 보였던, 즉 단순히 전투에서 이기는 것만이 아니라 전쟁을 승리로 이끌고 새로운 종류의 정치적 지배를 확정지을 수 있는 우위를 충분히 제공할 듯 보였던 한 분야가 있었다. 바로 해전이었다.

해전에서 뒤처질 경우 자국에 비참한 결과를 가져다줄 것이기에, 단 한 세대 만에 자신들의 사고방식과 함선 그리고 무기와 전술을 넬슨의 시대에서 폰 티르피츠[독일 제국 해군 장관 역임 1897~1916]의 시대로, H. M. S. 빅토리Victory[1765년 진수된 전열함. 넬슨 제독의 기함으로 트라팔가르 해전 참전]의 규모에서 노급전함Dreadnought[1906년 영국 해군이 첫 진수]의 규모로 조정해야만 했던 19세기의 해군 장교들을 동정하지 않기란 어려운 일이다. 이들의 고난은 20세기 육해공군 모두에게 공통된 것이 될 터였다. 증기기관에서부터 핵분열에 이르기까지 모든 새로운 기술적 발전은 전쟁에 함의가 있었으며, 이는 면밀히 연구되고 활용될 것이었다. 전문 직업 군대는 갈수록 더 다재다능해져야만 했다. 전문 직업 군대는 이제 새로운 대중 군대의 기간요원으로 그 역할을 확장하는 한편 새로운 무기 체계를 발전시키고 공급할 기술적이고 과학적인 분과들을 세워야 했으며, 그와 같은 분과들의 활약은 20세기에 거의 절대적인 중요성을 지니게 된다. W. S. 길버트[1836~1911, 영국의 극작가]가 묘사했던 모든 과학지식을 마음 내키는 대로 활용할 수 있는 현대의 소장modern Major-General•의 모습은 빅토리아 시대의 독자들을 킥킥거리며 웃게 만들 수도 있었을 것이다. 하지만 조만간 기술의 변화에 뒤처지지 않고 이를 따라갈 지적 융통성이 부족하고, 아군이 새로운 기술을 먼저 이용할 수 있도록 하지 못하는

• 아서 설리번이 음악을, 길버트가 대본을 쓴 코믹 오페라 『펜잰스의 해적들The Pirates of Penzance』(1879)에 등장하는 인물로 「현대의 소장」이라는 노래로 유명하다.

1882년 지중해 몰타Malta 항에 정박해 있는 영국의 지중해 함대 사진이다. 이를 통해 영국은 19세기 줄곧 지중해 지역의 패권을 장악할 수 있었다. 특히 첫 번째 군함은 '모나크Monarch'호로, 세계 최초로 포탑을 장착한 원양 군함이다.

장교들에게는 어느 군대의 고위급 자리도 주어지지 않을 것이었다.

19세기의 해군력 경쟁은 오늘날 우리에게 친숙한 풍경을 선사한다. 오늘날 핵물리학과 미사일 기술을 성공적으로 활용하는 국가가 이웃 국가에 대해 압도적인—너무나 압도적이어서 전혀 싸울 필요 없이 상대편을 괴멸시킬 수 있는—우위를 행사하는 것처럼 보이듯, 19세기에는 나날이 발전을 거듭하고 있었던 해양 공학, 야금술, 대포 주조 기술을 자국의 해군 증강 계획에 가장 효과적으로 반영한 국가라면 어떠한 적의 함대라도 단 한 방의 포탄도 맞지 않고 모두 박살낼 수 있을 것처럼 보이기 시작했다. 증기기관은 이미 1840년대에, 특히 영국 해협과 지중해같이 범선의 내항성sea-keeping qualities이 별로 중요하지 않은 좁은 바다에서, 증기선이 속도와 기동성에서 범선을 압도적으로

능가할 수 있게 해줬다. 영국의 근심 어린 정치가들은 넬슨의 지휘 아래 영국 해군이 이 지역에서 프랑스 해군과 대적하여 확보했던 우위가 지나간 과거가 되어버리고 마는 것은 아닐까 하고 걱정했다. 선박 건조에서 철의 사용은 목재의 사용에 따른 제약에서의 탈피를 가능케 했다. 넬슨의 함선들이 최대 2000톤 정도의 배수량을 지녔던 반면, 철재로만 건조한 1860년대의 함선은 약 9000톤의 배수량을 지녔으며, 19세기 말에 이르면 배수량은 2만 톤까지 늘어난다. 이와 같은 중량은 단순히 군함 크기의 증대만이 아니라 늘어난 장갑의 두께에 따른 것이었다. 장갑의 두께가 늘어난 것은 군함의 크기가 증대됨에 따라 탑재할 수 있는 포의 구경과 사정거리가 늘어나면서 요구된 것이었다. 함포는 함선의 좌우 측면에 배치하기에는 너무 무거웠기 때문에 180도까지 회전 가능한 포탑을 중앙에 세워 배치했으며, 2만 야드까지 사정거리를 지니도록 만들어졌다.

전열 범선에서 철갑 군함으로의 발전은 디자인에서의 혼란으로 점철되었다. 러시아인들은 완전히 둥근 함선을 설계했다. 철과 증기기관 '그리고' 항해를 위해 필요한 모든 돛을 결합시키고자 했던 영국의 한 시험 함선은 전복되었으며, 선원 모두 함께 침몰했다. 크리미아 전쟁 초기 러시아군은 철갑군함의 포탄이 목재로 만든 범선들로 이루어진 함대 전체를 괴멸시킬 수 있음을 보여줬다. 1862년 미국 남북 전쟁 당시 햄프턴 로즈Hampton Roads 만[버지니아 동남 연안 항구]에서 벌어졌던 두 철갑군함, 메리맥Merrimac[정확히 말하자면 C. S. S. 버지니아다. 1861년 북부군의 목조 쾌속 범선 프리깃frigate함 U. S. S. 메리맥을 탈취한 남부군은 이를 개조하여 1862년 초 철갑군함 버지니아를 진수했다. 저자가 이를 혼동한 듯하다]과 모니터Monitor[1862년 진수된 북부군 군함]의 유명한 대결을 지켜본 영국 기자들은 실질적으로 대영 해군 전체가 이제 쓸모없게 되었다고

1862년 미시시피 강 유역에 정박해 있는 1861년에 진수된 북부군의 철갑군함 '카이로'호의 사진이다.

주장했다. 이렇게 하여 19세기 후반 영국과 영국의 주된 제국주의 경쟁국이
었던 프랑스와 러시아 사이에 필사의 경쟁—대포의 크기, 장갑의 두께, 그리
고 속도에 있어서의 경쟁—이 불붙었다. 19세기가 끝날 무렵 독일이 유럽에서
최고로 발전된 산업의 모든 힘을 등에 업고 이 무기 경쟁에 뛰어들었다. 일본
은 이 무기 경쟁에 뛰어든 지 5년 만인 1904년, 쓰시마 해전에서 러시아 함대
전체를 격퇴시킴으로써 기술적으로 뒤처질 때까지 손 놓고 있는 해군에게 닥
칠 운명을 보여주며 경종을 울렸다. 진정한 경쟁은 이제 바다에서가 아니라
해군 공창에서 벌어지고 있었다. 그리고 독일과 영국은 거포만을 탑재한 전함
인 노급전함과 초노급전함Super-Dreadnoughts[1910년 진수된 영국 해군의 '오리온'

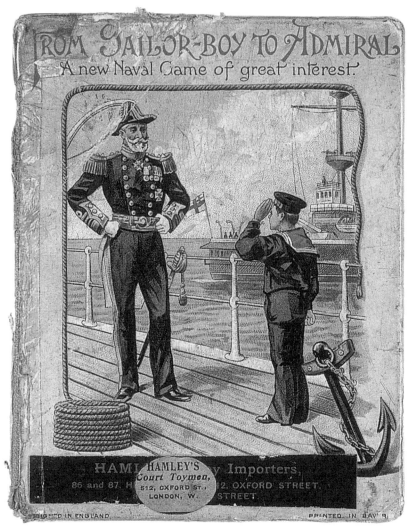

1880년대 영국에서 선풍적인 인기를 끌었던 보드 게임의 광고로, 당시 자국의 해상력에 대한 영국민의 신뢰를 잘 보여준다.

호가 그 시초]을 상대편보다 더 많이 건조하고자 경쟁했다. 제해권은 그와 같은 전함의 보유에 달려 있었으며, 제해권의 확보는 이제 세계 지배를 의미하는 것으로 믿어졌다.

사실 전함은 국가의 자부심과 특이한 종류의 국력의 상징이었다. 그것은 육군보다 더 산업화 시대에 적합한 것이었다. 전함은 즉각적으로 국가 전체의 기술적 성취와 전 지구적 행동의 범위를 체화했으며, 전함의 거포는 어마어마한 파괴력을 상징했다. 전함은 자신의 운명을 염두에 두고 있는 국가라면 반드시 보유해야만 할, 보편적인 타당성을 지닌 지위의 상징이었다.

하지만 역설적으로 이와 같은 전함은 모든 유럽 국가가 이를 계속 보유하면 할수록 점점 더 불안해졌던 국력의 상징이었다. 영국인들은 1897년 스핏헤드Spithead[영국 서남 지역 포츠머스와 와이트 섬 사이의 해협]에서 빅토리아 여왕의 즉위 60년제 관함식에 어느 해외 기지도 비우지 않고서 50기의 전함을 부를 수 있다는 사실에 큰 안도의 한숨을 쉬었다. 그러나 영국인들은 자신들이 지난 100여 년 동안 세계를 제패할 수 있도록 해주었던 산업적 우위를 상실하고 있다는 사실을 인지하고 있었다. 또한 영국인들은 자신들의 전함이 제해권을 잃게 될 경우 얼마나 취약한 위치에 처하게 될지도 알고 있었다. 폰 티르피츠 제독의 전함들은 제2독일 제국[1871~1918]—독일 동부의 군사 지주들이 아니라 서독 지역에서 빠른 속도로 성장하고 있었던 중간계급—의 성취와 열망을 완벽히 체화했다. 하지만 이 전함들도 1870년 이래 복수의 한이 맺힌 프랑스와 엄청난 잠재력을 지닌 러시아 제국이라는 두 강력한 경쟁국 사이에 독일이 끼어 있는 한 독일 국민의 뇌리에서 떠나지 않고 맴돌 자국의 취약성에 대한 우려를 떨쳐내지는 못했다. 전함은 프랑스인들이 지닌 인구에 있어서의 열세뿐만 아니라, 러시아인들의 기술적 후진성, 그리고 오스트

TRIUMPH OF THE JAPANESE NAVY
The French-built protected cruiser *Matsushima*,
flagship of the Imperial Japanese Navy during
the first Sino-Japanese War, fires a devastating
broadside against a Chinese warship. Naval scenes
such as this were a popular subject for Japanese
artists of the period who reveled in the big ships
and the imposing new technology of the rapidly
modernizing Japanese Navy.

러일 전쟁보다 10년 앞서 치러진 청일 전쟁(1894~1895) 당시 해전의 모습을 담은 일본화로 프랑스제 철갑 순양함 '마쓰
시마'가 청나라의 목재 군함을 격퇴하고 있다.

리아인들이 대면하고 있었던 자신들의 제국에 대한 민족주의의 위협을 전혀 누그러뜨리지 못했다. 그리고 19세기의 마지막 해전과 20세기의 첫 해전에서 유럽 국가의 함대가 비유럽 해상 열강들의 손에 의해 격파되었다는 사실— 1898년 스페인은 미국의 손에 의해, 러시아는 1904년 일본의 손에 의해 격파되었다—은 국제체제에 서서히 다가오고 있었던 변화를 그 어떠한 사건보다 명확히 예고하고 있었다.

1914년에 전쟁이 발발했을 때 영국과 영국의 우방국들은 해군력 경쟁에 있어 여전히 선두를 달리고 있었으며, 티르피츠의 대양 함대는 술래잡기 놀이에서 숨어 있는 적함을 찾아내는 것 이상의 역할을 담당할 능력을 보유하고 있지 못했다. 그러나 독일의 기술적 재간은 외양 항해가 가능한 잠수함의 발전과 함께 또 다른 방향으로 기회를 제공했다. 이와 함께 해전의 역사에 완전히 새로운 장이 열렸다.

1914년까지는 다들 제해권이 넬슨의 시대에 그러했던 것처럼 대규모 주력 함대 간의 격돌에 의해 판가름 나리라 예상했다. 그 같은 대결에서의 승자는 적의 소함선들과 통상 파괴선들을 대양에서 몰아낼 수 있을 것이며, 특히 해상 무역과 식량 수입에 의존하고 있는 인구가 밀집된 적국에 치명적인 해상 봉쇄를 내릴 수 있을 것이라 가정되었다. 바로 이것이 19세기에 접어들 무렵 유럽 해군의 성경이 되었던 『해양력이 역사에 미친 영향The Influence of Sea Power on History』(1890)의 저자인 미국의 해양사가이자 이론가 앨프리드 세이어 머핸이 주창했던 교리였다. 물론 적의 무역을 파괴하는 것이 궁극적인 목표이기는 했지만, 머핸은 17~18세기 프랑스가 그러했던 것과 같이 무역을 직접적으로 공격하기 위해 해군력을 사용하는 것은 잘못된 것이라 가르쳤다. 해군력의 임무는 '제해권Command of the Sea'을 획득하는 것이었다. 그로써 대양을 자국의 무역을 위한 대로로, 하지만 적국의 무역에 대해서는 장애물로 활용할 수 있는 것이며, 그러한 지배권은 최강의 함대만이 누릴 수 있는 특권이었다.

영국 해군이 독일에 더욱 가혹한 해상 봉쇄를 취할 수 있었던 제1차 세계 대전의 경과는 머핸의 주장을 뒷받침했다. 티르피츠의 대양 함대는 영국의 해상 봉쇄에 맞설 만큼 강하지 못했다. 영국 해군은 독일 본토와 독일 식민 지 사이의 자유로운 왕래를 끊어놓았다. 하지만 이는 별로 중요치 않았다. 독일에게 훨씬 더 치명적이었던 것은 미국과 같은 매우 강력한 중립 교역국과의 무역 단절이었다. 물론 그 과정에서 영국과 미국의 관계는 100여 년 전과 같이 한계점에 달할 정도로 냉각되었다. 그러나 해안 경비를 위한 단거리 무기로 처음 고안되었던 잠수함이 수 주일가량 순항 가능한 외양 항해 함선으로 발전하면서 독일은 가공할 만한 효력으로 복수할 수 있게 되었다.

하지만 해상 봉쇄를 가할 수 있다고 해도 잠수함은 대항해 시대에 만들어 진 포획물에 관한 법Prize Law의 원칙들에 의거하여 작전을 수행할 능력을 갖지 못했다. 다시 말하자면, 잠수함은 밀수품을 운송하고 있다고 의심이 가는 선박을 정지케 한 후, 배를 수색하고, 탑승한 나포선 회항원들Prize crews을 근처 항구에 있는 화물 압수 여부에 대한 판결권을 가진 전시 해상 포획물 재판소Prize court로 끌고 갈 수 없었다. 잠수함은 기껏해야 나포된 선박을 수색하고, 선박을 강제로 가라앉히기 전 선원들이 작은 배로 옮겨 탈 수 있도록 시간을 줄 수 있을 따름이었다. 그렇지만 잠수함이 수면 위로 떠오른다는 것은 스스로를 아주 작은 무장 상선의 공격에도 취약하게 만드는 행위였다. 자연히 선박이 보이면 우선 침몰시킨 이후에 심문하고자 하는 유혹이 매우 컸다. 독일은 인도주의적 이유 때문이 아니라 신중한 고려 끝에 자국의 잠수함

사진은 1911년에 배치된 독일 잠수함 U-8이다. U-8은 4년 뒤인 1915년, 영국 해협에서 작전 중 어선의 그물에 걸려 발각되어 영국 구축함에 의해 침몰된다.

함장들을 자제하도록 했다. 1915년 아마도 밀수품을 적재하고 있었을, 하지만 분명 다수의 미국 시민이 승선하고 있었던 루시타니아호R. M. S. Lusitania[영국 원양 여객선으로 아일랜드 서남 해양에서 피격되어 승선 미국인 139명 중 128명이 사망]를 침몰시킨 것과 같은 단발적인 사건들은 독일이 무제한 잠수함 공격을 감행할 경우 미국은 이미 거대한 수에 다다른 연합국 측에 설 것이라는 점을 분명히 알렸다. 하지만 1916년 말 해상 봉쇄를 통해 영국을 완전히 항복하게 만들 수 있다는 전망이 압도적이었고, 또한 지상에서의 전쟁에 대한 어떠한 결정도 가망이 없어 보였기에 독일 최고사령부는 무제한 잠수함 공격에 따른 미국의 참전을 자신들이 감내해야만 하는 위험이라 판단했다. 미국은 4개월 뒤 참전했다.

제1차 세계대전의 결과를 판가름한 것은 1918년에 미군이 유럽에 발을 디딤으로써 제공했던 병력상의 기여가 아니라 연합국들이 미국의 자원을 마

사진은 독일 암호 체계 '에니그마Enigma'를 해독하기 위해 1944년에 투입된 영국의 콜로수스로 세계 최초의 전기 디지털 컴퓨터다. 좌측은 앨런 튜링(1912~1954)을 비롯해 이의 개발에 참여한 과학자들이다.

음껏 쓸 수 있게 되었다는 사실이 가져다준 사기의 재충전이었다. 하지만 1917년에 만약 독일의 잠수함들에 아무런 손도 쓸 수 없었다면 아마도 미국이 구원할 연합국은 하나도 남아 있지 않았을 것이다. 대잠수함 전쟁에 있어서의 승리는 폭뢰와 위치 탐지기와 같은 전문적인 장치의 발전뿐만 아니라 영국 해군의 사고방식의 혁신을 전제로 했다. 즉 공격보다 수비가 잠수함을 격퇴시키는 데 더 효과적인 수단이라는 점, 상선들은 보호되기 위해서만이 아니라 미끼로서 호위받아야 한다는 점, 그리고 구축함과 같이 작은 군함은 대함대를 보호하는 것보다 호위함들을 호송하는 데 더 적절히 활용될 수 있다는 점 등을 인정해야만 했다. 그리고 이는 통신 기술과 완벽한 통신 첩보 기술을 필요로 했다. 그와 같은 기술은 라디오의 발명과 함께 사실상 전쟁의 네번째 차원을 형성하기 시작했다.

그러므로 해전과 대중의 참여는 별 상관이 없었다. 해전은 군함에 승선한

제1차 세계대전 당시 공군의 주요 임무였던 정찰을 위해 상자형 카메라를 들고 있는 영국 공군 조종사의 모습을 담은 사진이다.

소수의 전문 군인의 용기와 인내력 싸움이었다. 해전은 또한 대잠 자원으로 조만간 가세할 항공기 조종사들과 무기와 통신 시스템의 개발을 책임지는 그보다 더 적은 수의 과학자들, 기술자들, 암호 해독 집단, 그리고 군사 행동을 계획하고 지도하는 지휘관들과 참모 장교들의 그에 버금가는 노련함과 판단력의 싸움이었다. 전자공학과 관련된 전문 기술은 적어도 선박 조종술만큼 중요했다. 궁극적으로 승리는 적의 움직임을 추적할 수 있고, 자신의 암호는 극비로 하면서 적의 암호를 판독할 수 있는 측에게 돌아갔다. 그리고 이는 제2차 세계대전 시기에 이르면서 발전된 전파 탐지와 무선 교신을 엿듣는 첩보 기술에 의해 가능해졌다. 잠수함 승무원들과 그들을 뒤쫓는 바다 위의 군함 및 항공기들은 전쟁의 최종 결과를 결정지을 수도 있는, 죽음을 무릅쓴 숨바꼭질 놀이의 도구였다.

복잡한 무기 체계를 조작하는 고도로 숙련된 군인들과 서로 경쟁하는 기술자들 그리고 멀리 떨어진 곳에서 부대를 통제하는 지휘관들로 이루어진 소집단 사이에서 벌어진 것과 동일한 충돌 양상이 공중전의 발전에 따라 등장했다.

공중전은 제1차 세계대전 당시 항공기가 자신의 주된 임무였던 정찰을 자유로이 수행하기 위해 서로 다투게 되면서 지상전의 부가적인 측면으로 시작되었다. 그러나 전장에서 제공권을 장악한 공군은 단순한 포병의 눈이 아니라 포병의 역할마저 대체할 수 있었을 뿐만 아니라 그러한 역할을 전장에서만이 아니라 후방에서의 모든 이동까지 불가능하게 만들 규모로 수행할 수도 있었다. 하지만 이러한 점은 항공기의 항속 거리와 속도, 무장 능력의 증가와 발맞추어 매우 더디게 받아들여졌다. 해전에서도 공군력의 효과에 대한 인식은 마찬가지로 대단히 더디게 이루어졌다. 분명 항공기는 정찰과 적군을 괴롭히는 데 유용했다. 하지만 해군 지휘관들은 항공기가 항공기 공격에 대비하여 이루어질 모든 방어 채비를 뚫고 군함은 말할 것도 없이 선박을 침몰시킬 수 있을 것이라는 주장을 쉽게 받아들이고자 하지 않았다. 제1차 세계대전과 제2차 세계대전 사이의 기간은 자신이 소유한 무기의 성능을 고집스럽게 과장한 공군과 이를 무시하고 계속 공군의 능력을 평가절하한 해군 사이의 소소한 언쟁으로 점철되었다. 기술이 발전하는 속도와 평시에 실전 상황을 효과적으로 복제하는 것이 불가능하다는 점을 고려할 때, 그와 같은 상황은 이해할 만하다. 항공모함이 제해권 확보의 주력 수단으로서 전함을 대체했다는

1942년 5월 남태평양 산호해Coral Sea 근역에서 일본 해군과의 전투를 위해 미 항공모함 '요크타운'에서 발진 준비 중인 미 해군 소속 전투기 편대의 모습이다. '요크타운'호는 얼마 지나지 않아 미드웨이 해전에서 일본 해군에 의해 격침당한다.

점이 결정적으로 드러난 것은 1941년 이후 태평양에서의 전쟁 경험이 있은 뒤였다.

지상전과 해전에서 공군력이 지닌 잠재력에 대한 이해는 공군 지휘관들 스스로가 이 문제에 대해 충분한 관심을 쏟으려 하지 않았기에 더 지연된 면도 있다. 초기 공군력을 열광적으로 옹호했던 이들은 공군이 해전과 지상전의 성격을 바꾸어 놓을 것이라는 점보다 공군이 전쟁을 불필요하게 만들 것이라는 점을 보여주는 데 더 심혈을 기울였다. 이들은 전쟁이 더 이상 전통적인 군사 기술에 의해 결판나지 않는다는 점을 제1차 세계대전의 결과가 보여주고 있다고 주장했다. 제1차 세계대전의 결과는 병력과 군수품이 계속 공급될 경우 전장의 부대를 패배시키기 어렵다는 사실을 보여주었다. 20세기의 전쟁은 과거의 전쟁과는 달리 각국 군대만의 싸움이 아니었으며, 그렇다고 해서 각국 재무성 사이의 싸움도 아니었다. 20세기의 전쟁은 호전적인 국민들의 의지와 '사기morale'의 쟁투였다. 궁극적으로 제1차 세계대전에 종지부를 찍었던 것은 군사적 승리 자체가 아니라 지도자들 뒤에 있었던 일반 시민들의 단결과 '전쟁 수행을 위한 노력war effort'의 일환으로 요구되었던 손실과 고통의 짐을 기꺼이 짊어지고자 했던 그들의 의지, 즉 '후방Home Front'이라고 알려진 국내 정치체의 분열이었다. 공군력을 옹호했던 이들은 평화가 전장에서의 승리를 통해서가 아니라 혁명의 결과로, 아니면 혁명이 일어날지도 모른다는 공포에 의해 도래했다고 주장했다.

만약 전쟁 수행을 위한 노력의 중핵이 군대가 아니라 시민 대중에 있다면, 전쟁의 목표가 이제 적의 군대를 소진시켜 적의 시민 대중에게 견딜 수 없을 정도의 부담을 안겨주는 것이 되었다면, 승자도 패자와 마찬가지로 지치고 빚투성이가 되는 소모 과정을 밟는 것보다 중핵을 바로 공격하는 것이 더 효과적이지 않을까? 며칠에서 몇 주에 걸친 고통이 몇 해에 걸친 고통의 합보다 극히 적지 않을까? 무엇보다 어떠한 방어도 소용없는 강타를 맞을지도 모른다는 공포는 현존하는 평화를 깨뜨릴 궁리를 하는 어떠한 열강에 대해서도 가장 강력한 '억제책deterrent'으로 작동하지 않을까?

이와 같은 주장은 누구보다도 1920년대에 널리 읽힌 『제공권The Command of the Air』(1921)의 저자이자 이탈리아의 대령 줄리오 두에[1869~1930]의 것이었다. 이는 또한 영국 공군Royal Air Force, RAF의 창설자들, 특히 공군 원수 휴 트렌처드 경[1873~1956, 공군 총장 및 원수 역임 1919~1929]의 주장이기도 했다. 이 주장에 기초해 트렌처드는 지상군에서 완전히 독립되어 전략적 역할을 담당하는 조직으로 공군의 창설을 정당화했다. 전통적으로 국가 안보가 강력한 육군의 성취에 기반을 두고 있었던 유럽 대륙의 공군 조종사들은 공군을 육군에 종속시키고자 하는 제도적 압력에 저항하는 데 많은 어려움을 겪

영국 공군의 창설자 트렌처드 경의 모습이다.

었다. 하지만 영국에서는 제1차 세계대전 기간에 평시 육군을 보좌했던 소규모 제국 경찰대Imperial gendarmerie를 유럽 대륙에 개입할 수 있을 정도의 규모로 키우고자 했던 시도조차 (심지어는 군인들에 의해서도) 어떤 경우에도 되풀이되어서는 안 될 비정상적이고 유쾌하지 않은 경험으로 간주되었다. 따라서 1930년대에 영국이 정말 마지못해 재무장을 시작했을 때, 자원은 전통적인 지상전을 수행할 장비를 갖추고 있었던 육군에게가 아니라 적의 심장부에 가공할 공포를 가져다줄 수 있는—이러한 능력은 독일로 하여금 전쟁을 개시조차 못하게 만들 것이라 희망되었다—공군에게 배정되었다.

하지만 영국 항공기 산업은 독일 항공기 산업의 경쟁 상대가 아니라는 사실이 곧 밝혀졌다. 인접 국가의 도시에 즉각적이고 피할 수 없는 파괴를 안길 수 있는 능력을 확실히 보유한 공군을 먼저 건설했던 측은 독일이었다. 아돌프 히틀러[1889~1945]는 자신의 정책을 집행하는 데 있어 이와 같은 위협을 아주 적절히 활용했다. 공습에 대항할 어떠한 방어도 있을 수 없다고 여겨졌다—스탠리 볼드윈의 말을 빌리자면, "폭격기는 언제나 임무를 성공적으로 완수할 것이었다The bomber will always get through."• 또한 1917년 7월 런던에 두 차례 가해졌던 독일 공습의 여파로 방공망을 뚫은 폭격기는 견디기 어려울 정도의 막대한 피해를 가할 것이라 가정되었다. 하지만 일련의 사건들은 이 두 가지 가정이 완전히 틀린 것은 아닐지라도 크게 과장된 것이라는 점을 보여주었다. 1930년대 말엽 빠른 속도로 상승이 가능한 저익 단엽 비행기low-wing monoplane와 적의 공격을 미리 알려주는 무선 교신을 엿듣는 첩보 기

• 1932년 11월 당시 총리였던 볼드윈이 「미래에 대한 우려A Fear for the Future」라는 제목으로 했던 하원 연설에서의 발언이다.

1940년 10월 독일 공군의 공습을 피해 지하철역에 피신해 있는 런던 시민들의 모습이다.

술의 개발로 방어하는 측은 해가 떠 있는 동안 자국의 영토 내로 깊숙이 침투하고자 시도하는 적의 폭격기에 견딜 수 없을 정도로 큰 피해를 안겨주었다. 공격하는 측이 밤에 폭격을 가하기 위해서는 우선 정확한 계기 비행blind navigation을 위한 방향 지시 전파의 사출과 암흑이나 구름 속에서도 지상의 지형을 알아낼 수 있는 정사 장치scanning devices를 통해 전파 탐지기를 공격용으로 사용하는 방법을 터득해야 했는데, 이는 상당한 시간을 필요로 했다. 이를 터득하더라도 방어하는 측은 그사이 야간 전투기를 개발했으며, 공격하는 측이 의존하는 전기 방향 탐지 신호를 방해하는 방법을 찾아냈다. 해전과 마찬가지로 공중전도 전문 직업군인이 자신에게 부여된 임무를 완수하기 위

1940년 케임브리지셔Cambridgeshire, 덕스퍼드Duxford에 위치한 영국 공군 작전 지휘소의 모습을 찍은 사진이다.

해서는 적어도 자신의 노련함만큼이나 과학자들의 전문 지식에 의존해야만 하는, 전술적·기술적 재간에 있어 대단히 정교한 일이 되어가고 있었다. 연합국들이 독일 영토를 초토화하는 데 필요한 제공권을 공군력의 예언자들이 주장했던 만큼 확보하게 된 것은 제1차 세계대전의 마지막 몇 해, 즉 영국 공군뿐만 아니라 미국의 완전한 참전을 요구하는 노력이 있은 다음에서였다. 그리고 그때에도 독일 국민의 사기는 떨어지지 않았다. 독일 국민은 전쟁이 종식될 때까지 묵묵히 맡은 바 일을 하며 독일 정부를 순순히 따랐다.

　기술의 변화가 지상전에 가져다준 충격은 이보다 더 방대했다. 1914년 제1차 세계대전이 발발한 지 채 몇 개월이 지나지 않아 내연기관은 수송 차량

1917년 독일군이 설치한 철조망을 뚫고 돌진하는 영국군 전차의 모습이다. 하지만 서부전선에서 전차의 역할은 진흙과 참호, 포격으로 형성된 웅덩이로 인해 기대 이하였다.

뿐만 아니라 전투 차량을 움직이는 데도 사용될 수 있다는 사실이 밝혀졌다. 전쟁 발발 후 2년이 지나지 않아 최초의 '전차tank'가 전투에 투입되었다. 하지만 이 같은 초기 장갑 전투 차량의 디자인과 활용은 참호전의 요구에 맞춰져 있었다. 전차는 주로 적의 방어선을 뚫기 위한 공격에 도움을 주는 이동 가능한 화력으로 이해되었으며, 첫 전술적 기습 공격이 끝난 뒤 이를 되받아칠 수 있는 수단을 구하는 것은 그리 어렵지 않았다. 제1차 세계대전 당시 가장 놀라운 적진 돌파는 1918년 3월 서부전선에서 독일군에 의해 성취되었으며, 전차가 아니라 보병에 의해 이루어졌다. 이들은 언제나 그래왔듯이 소총병을 횡대로 길게 늘어세워 공격하지 않았다. 그들은 박격포와 경기관총 그리고 수

1918년 서부전선에서 영국군의 방어선을 뚫고 있는 독일군 돌격대의 모습이다.

류탄으로 무장한 소규모 '돌격대들storm troops'로 배치되었으며, 프랑스 대혁명 초기 전투에서의 전초전 이래 유럽에서 거의 찾아보기 힘든 수준의 독립성과 유연성을 지니고 기동하면서 방어 거점을 우회했고, 취약 지점이라면 어디든 파고들어갔다. 하지만 장갑차와 이 같은 돌격부대의 가치는 이들이 통신망을 벗어나거나 포병의 엄호를 받지 못할 경우에는 제한적이었다. 장갑 차량은 매우 취약한 야전 전화 연결에 의존하고 있었으며, 돌격부대는 폐허가 된 전장 위로 올려져야 하고 또 새로운 표적을 위해서는 다시 조준을 해야만 했던 야포에 기대고 있었다.

이 같은 현실적인 문제들로 인해 양차 대전 사이 육군은 영국의 J. F. C. 풀러와 B. H. 리들 하트, 프랑스의 샤를 드골[1890~1970. 1944~1946 임시 정부 수반, 1959~1969 프랑스 제5공화국 대통령. 1934년 『전문 육군을 향하여』 집필], 독일의 하인츠 구데리안[1888~1954. 풀러, 하트, 드골의 저술을 독일어로 번역. 1935년 기갑사관 지휘관], 소련의 투하쳅스키 원수와 같은 장갑전의 예언가들

1940년 7월 고위 참모들과 작전 회의를 하고 있는 히틀러의 모습이다.

의 좀 더 야심찬 제안들을 쉽사리 수용하지 못했다. 이들과 같은 군사 사상가들이 묘사했던 모든 사단이 적의 방어막을 뚫고 후방의 신경 중추를 제압하기 위해 '넘쳐나는 급류'와 같이 갈라진 틈 사이로 치고 들어가는 전차들로 이루어진 그림은 흥미진진했다. 하지만 이들은 다음과 같은 여러 문제에 대해 어떠한 답도 제공하지 않았다. 이런 단위의 부대는 자신의 후방과 어떻게 연락을 취할 것인가? 이들에게 보급은 어떻게 할 것인가? 이들을 위한 포병 지원은 어떻게 할 것인가? 어떻게 이들은 적에게 포위당하여 아군으로부터 분리되지 않을 수 있는가? 만약 전차가 전선을 돌파할 수 있다면 마찬가지로 전차는 이를 메우기 위한 반격의 수단으로도 효과적으로 사용될 수 있지 않을까? 기술의 발전은 이와 같은 문제의 일부분을 해결하는 데 도움을 주었다.

예컨대 무선통신의 발전이 없었다면 그와 같은 기동전은 결코 가능치 않았을 것이다. 그러나 독일 육군의 최고사령부조차 이에 대해 매우 회의적이었으며, 1934년 첫 기갑사단Panzer Divisions의 창설을 위해서는 히틀러가 몸소 개입해야 했다. 그리고 그와 같은 기갑사단의 효능은 몇 해가 더 지난 1938년에 와서도 프랑스 육군 최고사령부뿐만 아니라 장갑전의 창시자들 중 한 명이었던 영국의 전문가 리들 하트에 의해서도 평가절하되었다. 이미 이 시기 리들 하트는 기갑사단에 대항할 방편으로 지뢰밭과 대전차포 그리고 전차 반격의 결합을 고안하고 있었다.

1940년과 1941년에 '전격전blitzkrieg' 전술이 그렇게 효과적으로 먹혀들 까닭은 분명 없었다. 1940년 5월 서부전선 공격 시 독일군은 매우 큰 모험을 감행했다. 위험 부담이 너무나 컸기에 서부전선에 대한 공격을 뒷받침하는 전략적 구상이 처음 제안되었을 때 독일군 최고사령부는 이를 즉각 기각했으며, 그것이 받아들여지기 위해서는 다시 한번 히틀러가 개입해야만 했다. 평정심을 유지한 유능한 상대였다면 아마도 아르덴Ardennes[프랑스 동북 지역]에서 독일군 장갑부대 선두가 침투하는 것을 포위하는 데 성공했을 것이며, 독일군의 작전은 비참한 도박으로 역사 속에 기억되었을 것이다. 나폴레옹의 승리와 마찬가지로 독일군 작전의 성공은 이전 전쟁의 느긋한 보조에 익숙해져서 속도와 집중 그리고 기습에 전적으로 기초한 전술에 스스로를 적응시키지 못했던 상대편의 혼란 덕분이었다. 그리고 3년 전 장교단에 대한 대대적인 정치적 '숙청 작업épuration'으로 인해 이미 와해되어 있었던 소련군과 대적하여 독일군이 1941년에 일궈낸 승리는 당연히 그보다 훨씬 더 확실했다.

하지만 그와 같은 전술은 준비가 되어 있지 않은 적에게만 신속하고 결정적으로 취해질 수 있었다. 장기적으로 볼 때 회의론자들이 옳았다. 만약 전

이탈리아 남부 항구 도시 살레르노Salerno에 상륙한 영국군에 맞선 독일군 대전차포와 포병이다. 저자 마이클 하워드는 이 전투에서의 공으로 무공 훈장을 수여받았다.

제2차 세계대전 당시 동부전선에서 후퇴하고 있는 독일군을 쫓는 소련군 T-34 전차 부대의 사진이다. T-34 전차는 빠른 공격에 주안점을 두고 제작되었다. T-34 전차는 시간당 최대 55킬로미터를 달릴 수 있었으며, 전차 뒤에 보병들이 타고 이동할 수 있었다.

1942년 8월 이집트의 사이드 항에 군수물자를 내리고 있는 영국 수송선의 모습이다.

차가 공격을 할 수 있다면 당연히 역공도 가능했다. 지뢰와 대전차무기로 장갑 차량이 작전을 수행할 수 없을 만한 환경을 조성할 수 있었다. 게다가 전차 공격의 성공적인 완수는 전투 지역에 대한 제공권의 확보 및 유지에 크게 의존하고 있었다. 기갑부대는 빠른 속도로 이동 가능한 고도로 숙련된 보병과의 긴밀한 합동 작전이 아니라면 큰 성과를 올릴 수 없었다. 이를 위해서는 포병 또한 기갑부대와 보병을 따라다니며 그들을 엄호해줘야만 했다. 이 모든 것을 위해서는 수백여 대의 차량이 필요했으며, 이들을 위한 보급품과 연료 그리고 탄약을 공급하기 위해서는 수천 대의 차량이 더 요구되었다. 양차 대전 사이의 기간 동안 존재했던 적의 보급선을 공격해 최소 비용으로 최대 효과를 내는 민첩하고 숙련된 작은 단위 부대의 이상은 현실에서는 적의 공습에 매우 취약할 뿐만 아니라 이를 계속 움직이게 하기 위해서는 상당한 수준의 병참 능력을 전제로 했던, 어마어마한 '후속 부대들tails'을 거느린 거대한 군대로 변모되었다.

따라서 제1차 세계대전 때와 마찬가지로 제2차 세계대전 당시 육군의 효율성은 징집된 이들에 달려 있었다. 하지만 이는 군의 규모가 아니라 군의 복잡성 때문이었다. 1914년에 육군은 기본적으로 한정된 종류의 규격화된 무기로 무장한 막대한 수의 보병으로 이루어졌다. 그들이 필요로 했던 병참은 대부분 기차를 통해 이루어졌으며, 철도 수송 종점과 대부분의 경우 상당히 안정적인 전선 사이의 병참은 단순한 왕복 운행 차량으로 이루어졌다. 반면 제2차 세계대전 시기에 전투 부대는 고도로 다변화되었다. 단순한 보병 대대의 필요 물품에는 소총과 수류탄만이 아니라 두 종류의 박격포와 두 종류의 기관총, 작은 무한궤도 차량과 대전차포, 휴대용 대전차무기, 그리고 다양한 종류의 지뢰가 포함되었다. 기갑부대의 필요 물품은 몇 배로 더 복잡했으며, 상륙부대와 공수부대의 필요 물품은 그보다 훨씬 더 복잡했다. 따라서 서유럽 육군 병력의 상당수는 전투부대가 아닌 그들을 보좌하고 보급을 지원하는 데 배속되있다. 즉 차량과 무기 그리고 통신 체계를 수리·유지하고 보급 차량을 운전하는 데, 병참부와 병원을 운영하는 데, 그리고 이들과 같은 단조로운 일을 담당하는 모든 이를 관리하고 그들에게 음식 및 급료를 제공하는 데 동원되었다.[3] 설령 지상전에서는 해전이나 공중전에서만큼 지식의 최전방에서 일하고 있는 과학자들에게 절대적으로 의존할 필요가 없었다 하더라도, 육군 또한 제대로 기능하기 위해서는 모든 수준과 분야에 걸쳐 기술적 효율성에 의존했다. 가장 뛰어난 전투병도 무선통신이 작동하지 않게 되고 차량이 고장나면 무력해졌다. 그리고 가장 성공적인 장군들 대부분은 적의 무선통신을 가로채서 상대방의 의도에 대한 가장 빠르고 정확한 정보를 손에 넣은 이들이었다.

이렇게 해서 군대에 소집된 상당수의 남성과 여성들은 평시와 다름없는

노르망디 상륙 작전 당시 오마하 해변으로 접근하고 있는 미군 상륙함의 모습을 담은 사진으로, 보병과 더불어 보급품을 실은 트럭으로 가득 차 있다.

1944년 6월 노르망디 상륙 작전의 일부로 보조 낙하산을 포함한 다양한 물품을 메고 강하를 준비하고 있는 미공수부대의 모습을 담고 있다.

1945년 제2차 세계대전이 끝난 후 독일 쾰른의 전경을 담은 사진이다. 1942년에서 1945년 사이 쾰른은 연합군 공군의 공습을 200여 차례나 받았다.

1943년 7월 말 연합군 공군의 공습으로 인한 화염에 초토화된 함부르크 시내의 전경이다.

1944년 독일의 미사일 V-1의 공격을 받아 폐허가 된 런던에서 경찰관이 충격에 빠진 한 노인을 위로하고 있다. 전쟁 기간 동안 독일의 미사일 공격으로 런던에서만 1만여 명이 죽었다.

일―예를 들어 차량 수리공, 무선통신사, 여급, 혹은 요리사―을 하도록 명령받았다. 소집되지 않은 이들은 대체로 광부나 농부 혹은 선박 제조공이었는데, 제복을 입는 것보다 이러한 직업에 종사하는 것이 전쟁을 성공적으로 치러내기 위한 활동에 더 많이 이바지한다고 여겨졌기 때문이다. 18, 19세기 너무나 자명했던 그리고 제1차 세계대전 때까지도 유지되었던 군인과 민간인의 전통적인 구분은 다시 사라졌다. 특히 공중전은 소수의 군인을 제외한 모든 군인이 겪는 위험만큼 큰 위험에 민간인들을 노출시켰다. 리버풀이나 함부르크Hamburg[엘베 강 유역 서북 독일 항구 도시]의 선착장에서 일하는 노동자나 가게 점원보다 군수창고에서 일하는 노동자나 군부대 장교 식당에서 일하는

독일에 맞설 전투기 생산을 독려하고 있는 스탈린을 묘사한 1935년의 소련 전쟁 포스터다.

사환이 훨씬 더 안전할 수 있었다.

따라서 일반 대중의 광적인 민족주의에 의해 지지받는 대중 군대의 시대가 지났다고 해도 제2차 세계대전은 훨씬 더 심원한 의미에서 중세 암흑시대 Dark Ages에 벌어졌던 전쟁만큼이나 모든 사회 구성원이 휘말려든 격돌이었다. 이 같은 전쟁에서 사람들은 모두 자신의 육체적 생존만이 아니라 가치 체계까지도 어떠한 소통이나 합의도 불가능한 외국군에 의해 위협받고 있다고 느꼈다. 이는 제3제국의 지도자들이 1000년 전 자신의 선조들이 품었던바—즉 새로운 영토의 확정과 그 지역 원주민 인구의 몰살과 노예화—를 목표로

1944년 폴란드 크라쿠프Kraków 근처에서 시험 발사하고 있는 독일군 미사일 V-2의 사진이다.

1945년 8월 히로시마에 원폭을 투하한 미공군 B-29 에놀라 게이와 이에 탑승한 승무원의 교육을 담당한 폴 티베츠 대령이다.

채택했던 동부전선에서 가장 극명하게 나타났다. 침략자에 맞서 죽음을 무릅쓴 싸움에서 저울의 추를 움직였던 것은 어느 장군의 기량도, 기술상의 기적도 아니었다. 그것은 막대한 인적, 도덕적, 그리고 물적 자원을 하나도 남김없이 총동원할 수 있었던 소련 정부의 능력이었다. 나폴레옹과 마찬가지로 독일군은 결정적인 승리를 쟁취하기 위해 자신들이 가한 공격의 순수한 관성에 의존했으며, 그것이 실패했을 때 독일군은 소련이나 미국과 같은 규모의 적에 맞서 장기전을 수행할 자원이 부족했다.

그럼에도 기술의 발전은 나폴레옹 시대에는 존재하지 않았던, 그리고 과거와의 어떠한 비교도 매우 미심쩍게 만드는 한 요소를 가져왔다. 만약 독일군이 제트기 개발에 조금만 더 집중했더라면 공중전의 행방은 달라졌을 것이다. 혹은 독일군이 미사일 기술에 좀 더 많은 자원을 투입했더라면 아마도 런던 중심부를 강타하거나 연합군의 노르망디 상륙을 불가능하게 만들었을 로켓 무기를 생산할 수 있었을 것이다. 그리고 만약 독일군의 원자력 연구가 조금만 다른 방향으로 전개되었더라면, 그리고 좀 더 든든한 정치적 후원을 받았더라면 독일군은 핵무기를 개발할 수 있었을 것이며, 그에 직면하여 소련 대중의 영웅적인 희생과 연합군의 막강한 대함대는 옴두르만Omdurman[현재의 수단 중부 지역]에서 키치너[1850~1916]의 군대에 대항했던 마디Mahdi[자칭 이슬람의 구원자 압둘라 알타시Abdullah al-Taashi(1846~1899)]가 거느린 부족들의 돌격만큼이나 아무런 효과도 보지 못했을 것이다.•

하지만 실상 첫 두 원자폭탄은 1945년 8월 미국에 의해 일본에 투하되었고 각기 어지간히 큰 도시를 파괴했으며[히로시마 6일, 나가사키 9일], 눈 깜짝할 사이에 13만 명에 이르는 인명을 살상했다. 유럽 국가들이 단지 보조적으로 참여했던 싸움을 끝낼 목적으로 유럽 바깥의 국가가 같은 비유럽 국가에 사용한 원자폭탄은 약 500여 년 전 콜럼버스와 바스쿠 다가마의 항해와 함께 개시되었던 유럽의 세계 지배 시대의 종결을 고했다. 그리고 이 두 원자폭탄은 산업화된 국가들이 서로를 전복시키고자 전체 인구를 동원해 모든 힘을 쏟아부었던 대중전 시대의 종식을 고했다. 몇 해가 지나지 않아 수소폭탄이 개발되었으며, 이는 기록된 역사를 통틀어 인류가 사용했던 그 어떤 무기보다 더 큰 파괴력을 지닌 것이었다. 이어 지구 표면 어느 곳이라도 몇 분 내에 수소폭탄을 날려 보낼 수 있는 미사일 기술도 개발되었다. 원자력의 시대, 전문 직업군인의 전통적인 기술 혹은 애국적인 국민의 충성스러운 참여가 필

• 알타시의 부대는 첫 기마 공격에서 영국군의 맥심 기관총과 야포 공격으로 4000여 명을 잃었다. 이 전투에서 영국군은 47명, 그에 반해 아프리카군은 1만 명 이상의 희생자를 보았다.

요한 곳이 남아 있을까? 1000년 동안 유럽에서 이해되었고 치러졌던 '전쟁'은 이제 막바지에 다다른 것이 아닐까?

유럽 시대의 종언
(2009)

이 책은 '유럽사 속의 전쟁War in European History'에 관한 책이지 '전쟁사History of War'에 관한 책이 아니다. 따라서 독자들은 앞 장에서 다루었던 수준으로 20세기 후반에 벌어진 전쟁에 대한 개괄을 기대해서는 안 될 것이다. 지난 반세기 동안 유럽 국가들은 서로 싸우지 않았으며, 앞으로도 다시 싸울 것 같지 않다. 하지만 설령 유럽 국가들이 서로 싸웠다 하더라도 1945년을 한 시대의 끝을 고하는 시점으로 볼 근거는 충분히 있다.

첫째, 국가들의 자기충족적인 체제로서 '유럽'은 1945년 이후 더 이상 존재하지 않았다. 진정 그 같은 '유럽사'는 1941년 12월 모스크바 북쪽에서 적군Red Army에 의한 첫 역공으로 소련이 괴력을 과시했을 때, 그리고 진주만에 대한 일본의 공습으로 미국이 제2차 세계대전에 교전국으로 완전히 참여하게되었을 때, 단 일주일 만에 그 끝을 맺었다. 유럽 문화에 뿌리를 두고 있지만 모든 유럽 열강을 왜소하게 만들 정도로 막대한 자원을 보유한 이 두 국가는 유럽을 카롤링거 제국의 동쪽 경계를 따라 나누는 새로운 정치경제 체제를 창건했다. 이와 같은 상황이 지속되는 한 유럽 국가들 사이에 발생하는 모든 전쟁은 이 두 강력한 후원자의 참여를 낳을 것이었으며, 그 역도 마찬가지였다. 만약 유럽에서 전쟁이 발발했다면 이는 전 지구적 차원의 대결 내 지역적 충돌이 될 터였으며, 그와 같은 배경 내에서만 고려되고 계획될 수 있었다.

둘째, 유럽은 더 이상 단순한 국가들의 자기충족적인 체제가 아니었을뿐더러 세계정치 체제의 중심도 아니었다. 15세기까지 유럽 체제는 세계의 다른 많은 체제와 공존했으며, 이들 체제 대부분과의 교류는 간헐적이었고, 아예 존재하지 않는 경우도 있었다. 이후 유럽은 나름의 지리적 지식을 쌓기 시작했으며, 곧 자신의 무역과 군사력을 확장하기 시작했다. 그리고 19세기 말엽에 이르자 단일한 세계정치 체제가 탄생했다. 유럽은 의심할 여지없이 그 중심에 있었고, 유럽의 전쟁에 영향을 받지 않는 지역은 사실 전무했다. 20세기 유럽의 전쟁은 명실공히 '세계 전쟁'이었다. 하지만 제2차 세계대전 이후 그와 같이 유럽에 중심을 둔 세계질서는 '양극bi-polarity' 혹은 '다극multi-polarity'과 같은 명칭들로는 결코 그 복잡성을 적절히 담아낼 수 없는 새로운 세계질서에 의해 대체되었다. 유럽 대륙이 세계에서 가장 부유한 지역 중 하나로 남아있었기에 유럽 국가들은 새로운 체제 내에서 상당한 경제적 중요성을 차지했다. 그러나 이들의 정치적 중요성은 전적으로 두 '초강대국' 사이의 가장 민감한 접촉 지점이라는 자신들의 지리적 위치에서 찾아졌다. 이 같은 민감함으로 인해 이 지역에서의 갈등은 얼어붙었고, 전쟁은 유럽을 '제외한' 거의 모든 지역에서 일어났다.

20세기의 마지막 10년, 유럽의 이 두 '초강대국'에의 예속은 1990년 소련의 붕괴와 함께 끝이 났다. 이전에 양분되었던 독일은 다시 하나가 되었다. 소련의 지배로부터 자유로워진 동유럽 국가들은 서둘러 서유럽 이웃의 번영과 다시 있을지도 모를 러시아의 위협에 맞선 미국의 보호를 같이 누리고자 발 빠르게 움직였다. 전자는 유럽연합European Union, EU에 의해 제공되었으며, 후자는 1949년 이래 그들의 서유럽 이웃에게 미국이 제공했던 군사적 보호 우산이었던 북대서양 조약 기구North Atlantic Treaty Organization, NATO의 회원권 형태로 주어졌다. 그럼에도 그 어느 기구도 세계 무대에 있어 독립적인 군사 행위자로서 유럽의 부활을 수반하지는 않았다. 유럽연합에 군사적인 측면을 더하고자 했던 프랑스의 시도는 계속 실패했다. 한편 14개 회원국에서 26개 회원국으로 늘어난 나토의 팽창은, 1990년대 분열되는 유고슬라비아 영토에 일종의 질서를 복원시키기 위해 개입했을 때[Yugoslav Wars, 1991~1999] 드러났듯이, 이미 믿을 수 없을 만큼 상부의 비중이 커진 조직의 강화보다는 약화를 초래했던 의사결정 과정의 복잡성을 가중시켰다. 오늘날 나토는 대체로 미국의 다루기 힘든 협력자 집단으로 존재할 따름이며, 나토에 대한 미국의 기여는 군사적인 것이라기보다 정치적인 것이다.

이 같은 군사적 쇠퇴의 기저에는 유럽인들의 문화에서 발생한 근본적인 변화가 깔려 있다. 유럽인들은 전쟁을 더 이상 중요한 '정책의 수단'으로 여기지 않았다. 당연히 피할 수 없는 인류의 운명도 아니었다. 제1차 세계대전의 끔찍한 경험을 겪은 뒤인 1939년에도 끝없는 복수심에 불타고 있었던 독일을 제외한다면 유럽인들은 정말 마지못해 무기를 들었다. 그리고 제2차 세계대전 중 벌어졌던 일련의 사건들—특히 러시아에서의 독일군 괴멸과 공중 폭격으로 인한 독일 도시들의 파괴—은 독일인들을 그들의 이웃보다 더 평화를 원하도록 만들었다. 한 세대 사이에 두 번의 끔찍한 침공을 당했던 러시아인들은 또 다른 전쟁의 발발을 어느 누구보다도 우려했다. 하지만 미국의 핵무기

지원 아래 부활한 독일에 대한 공포는 러시아인들로 하여금 동원 상태를 계속 유지하도록 만들었다. 마찬가지 이유로 소련의 침공에 대한 공포는 서유럽 국가들로 하여금 평화가 복구된 지 몇 해 만에 재무장을 하도록 만들었다. 물론 그것은 미국의 보호 보장에 대한 대가이기도 했다.

그럼에도 핵무기의 개발은 '재래식conventional' 군대가 유럽에 굳이 있어야 하는지에 대해 심각히 고민하게 만들었다. 1950년대에 미국과, 곧이어 소련은 히로시마와 나가사키를 파괴했던 원자폭탄보다 수천 배 더 강력한 수소폭탄을 개발했다. 처음에는 장거리 폭격기가 그리고 얼마 지나지 않아 대륙 간 미사일이 즉각 상대편 인구의 상당수를 전멸시키고, 생존자들조차 제대로 된 생활을 영위할 수 없도록 만들기에 충분한 양의 핵탄두를 상대편 영토로 날려보낼 수 있게 되었다. 두 초강대국에게 전략은 핵무기를 어떻게 하면 더 효율적으로 사용할 것인가가 아니라, 어떻게 하면 상대방으로 하여금 핵무기를 사용하지 못하도록 할 것인가의 문제가 되었다. 서유럽 국가들의 경우, 문제는 자국 도시들이 소련의 핵 보복에 노출되어 있는 상황에서 동맹국 미국이 핵무기를 그럴싸한 위협 수단으로 이용해 소련이 '재래식' 군대로 유럽을 공략하지 못하도록 할 수 있는가에 있었다. 영국과 프랑스는 스스로 핵무기를 개발함으로써 확실한 보험을 마련했다. 하지만 독일연방공화국[서독]은 소련의 핵 위협에 노출된 채로 남아 있었다. 군사 전략가들은 어떻게 하면 독일인들에게 미국의 핵우산 보호를 확신시켜, 그들로 하여금 핵무기를 개발하지 않도록 설득할 수 있을 것인가로 30년을 고민했다. 독일이 핵무기를 개발할 가능성은 사실 전무했다. 하지만 그와 같은 문제로 인해 촉발된 엄청난 양의 글은 매우 놀라울 만큼 지적으로 복잡했다.

그 결과, 유럽 대륙의 육군은 미국의 핵무기 대응을 작동시킬 '인계철선tripwire'의 역할을 담당하는 수준으로 축소되었으며, 어느 누구도 그들이 며칠 이상으로 소련의 침공을 막아낼 능력을 갖게 되리라 기대하지 않았다. 그와 같은 전망은 군내에서 별다른 의욕을 자아내지 못했다. 반면 핵무기로 인한 대살상의 가능성은 그 자체로 일반 시민 대중들 사이에서 강력한 저항운동을 불러일으켰다. 그러한 시민운동은 당연히 핵 억제 개념에 대해 비판적이었지만, 그렇다고 해서 실현 가능한 다른 대안을 제시하지는 못했다. 하지만 어쨌든 핵 억제는 작동했다. 아무리 불확실했다고 해도 40여 년 동안 유럽은 평화로웠으며, 그 과정에서 풍요롭게 성장할 수 있었다. 그리고 설령 군사 문제에 대해 확고히 적대적이지는 않더라도 무관심한 새로운 세대가 등장했다. 징병제는 유지되었지만 그것은 군사적인 이유에서라기보다 사회적·정치적인 이유로 인한 것이었다. 대부분 유럽 대륙의 열강들은 전문 직업 군대를 불신할 충분한 역사적 사유를 지니고 있었다. 하지만 그들은 징병제의 부담을 덜기 위해 모든 방법을 동원했다. 이들 국가에서 징병제는 군대를 시민화하기 위해 존재했을 뿐 시민들을 군인화하기 위해 존재한 것은 아니었다. 물론 영국은 해외 파병을 위해 전통적인 정규군 체제로 회귀했지만, 그러한 영국에서조차도 자국 군인의 죽음은 단 한 명일지라도 매우 심각한 공중의 우려를 샀다.

이웃 국가인 프랑스와 마찬가지로 영국은 나름의 문제로 고민했다. 두 국가 모두 자신들의 해외 제국과 관련하여 처리해야 할 일들이 남아 있었다. 경제적으로 소진되었으며, 성공적으로 미얀마를 재정복했음에도 결코 회복할 수 없었던 일본에게 받은 모멸로 인해 기가 죽어 있었던 영국은 재빨리 인도 대륙에 대한 통제권을 유지하는 것이 불가능하다는 사실을 인정했다. 영국은 인도 대륙이 스스로 통치하도록 손을 놓았으며, 그로써 자신들에게 전 지구적 군사력을 지닌 국가의 지위를 부여해줬던 유일한 요소인 인도 육군을 포기했다. 영국의 이웃인 네덜란드는 인도네시아에서 조금 더 오래 버텼다. 하지만 미국의 어떠한 지원도 받을 수 없다는 점이 명백해지자 네덜란드 역시 재빨리 인도네시아를 떠났다. 그러나 영국은 극동과 중동의 두 지역에서 자신의 제국적 헤게모니를 고수하고자 했다. 미국의 도움으로 영국은 이에 성공했지만 미국의 도움이 없었던 경우에는 굴욕적으로 실패했다.

영국의 실패는 중동에서 가장 현저하게 드러났다. 영국은 갈수록 중요해지는 중동의 석유 자원에 대한 접근을 보전함과 동시에 소련의 영향으로부터 지역을 지켜낼 목적으로 중동에서 자신의 존재를 유지하고자 노력했다. 하지만 미국의 자금과 정치적 지원을 받았던 무자비한 유대인 저항운동을 막아낼 힘이 없었기 때문에 팔레스타인에 대한 통제는 신속히 포기했다. 그렇지만 영국은 오랫동안 대영 제국의 '생명줄'이라 여겨졌던 수에즈 운하에 '관병식장place d'armes, parade ground'을 설치했다. 1956년 압델 나세르 대령[1918~1970, 대통령 재임 1956~1970]의 지도 아래 민족주의적 이집트 정부가 수에즈 운하의 통제권 반환을 요구하자 영국은 프랑스와 함께—하지만 미국과는 아무런 상의도 하지 않고—이집트 정권을 전복시킬 목적으로 그릇된 침공을 감행했다. 이 지역에서 영국의 식민주의를 소련의 팽창만큼이나 좋지 않게 보았던 미국은 영국에게 물러나기를 요구했으며, 신속히 자신이 대신 이 지역의 패권국으로 자리 잡기 시작했다. 이후 영국은 그와 유사한 어떠한 군사적 모험도 감행하지 않았다. 물론 여기에는 단 하나의 별스러운 예외가 있었다. 1982년에 아르헨티나 군사 정부는 아르헨티나 해안으로부터 250마일 정도밖에 떨어져 있지 않으며 예전부터 끊임없이 소유권을 주장해왔던 영국의 식민지 포클랜드 제도Falkland Islands[1883년 영국 영토로 확정]를 침공했다. 약화된 해군력에도 불구하고 영국은 8000마일의 대양 너머로 함대를 파견했으며, 군대를 상륙시켜 24일 만에 포클랜드 제도를 재점령했다. 미국 정부는 어찌할 바를 몰라 했지만―아르헨티나 정부의 확고한 반공주의는 미 국무부로 하여금 아르헨티나를 중요한 동맹국으로 여기게끔 만들었다―미 국방부는 영국에게 핵심적인 군사 지원을 제공했다. 영국의 포클랜드 제도 탈환은 놀라운 성과였다. 하지만 이를 위해 쏟아부은 노력은 매우 예외적이었으며, 또 상황 자체도 굉장히 특별했기에 이 전쟁이 이와 유사한 미래의 어떠한 군사 행동에 본보기를 제시했다고 볼 수는 없을 것 같다.

극동 지역에서 영국은 좀 더 확실한 성공의 기록을 남겼다. 영국은 미얀마도 인도처럼 스스로 살아가도록 내버려두었다. 하지만 싸우지 않고 포기하기에 말레이 반도에 있는 점령지는 경제적 가치가 너무나 컸다. 영국의 지배는 다른 식민지에서와 마찬가지로 외국에 의한 통치에 대한 반감과 모스크바보다 중국을 모범으로 삼은 공산주의 이데올로기로 고무된 토착민들의 도전을 받았다. 첫 번째 도전은 궁극적으로 자치를 주겠다는 믿을 만한 약속으로, 두 번째 도전은 공산주의 게릴라 운동을 목표로 하는 군사 작전과 함께 공산주의자들이 약속했던 모든 사회적·경제적 혜택을 제공하는 민간 주도 개혁의 제도화로 응대했다. 말레이시아에서 사람들의 '마음hearts and minds'을 사로잡기 위한 그 같은 노력을 성공시키기 위해 영국군은 20년 동안 정신없이 바빴다. 영국은 결국 성공했으며, 이는 조금 더 북쪽에 위치한 프랑스 식민지의 경험과는 매우 대조적인 것이었다. 베트남이라고 알려진 그곳에서 프랑스는 인도차이나 점령지에 대한 자신의 권위를 다시 정립하고자 시도했다.

영국은 제2차 세계대전에서 연합국의 승리에 대한 기여분으로 인해 자신의 제국주의 점령지들을 가능한 한 우아하게 포기하는 지혜를 받아들이는 데 조금 더 너그러울 수―그리고 현실적일 수―있었을 것이다. 하지만 애석하게도 제2차 세계대전 동안 프랑스의 경험은 이와는 차이가 있었다. 이제 프랑스 육군은 극동 지역에서 일본 육군에 밀려 취할 수밖에 없었던 조정은 물론이거니와 1940년에 겪었던 패배와 비시 정권[1940~1944. 제1차 세계대전 베르됭 전투에서 승리한 필리프 페탱의 지도 아래 프랑스 중부 지역을 거점으로 히틀러에 찬동] 아래에서 맡았던 분명치 않은 역할을 보상해야 할 필요를 느꼈다. 베트남 독립연맹Viet Minh의 강력하고 잘 조직된 독립운동의 도전을 받은 프랑스는 베트남 사람들로부터 반감만 살 뿐이었던 수단들을 동원해 군사 정복정책을 추진했다. 하지만 훌륭한 정치지도자였던 호찌민[1941년부터 베트남 독립연맹 지휘. 북베트남 대통령 1954~1969]과 뛰어난 장군 보응우옌잡[1911~2013]의 지휘 아래 베트남 독립연맹은 프랑스의 베트남 영토에 대한 정치적 통제를 성공적으로 약화시켰을 뿐만 아니라, 1954년 디엔비엔푸Dien Bien Phu[베트남 북서 도시]에서 프랑스 육군에게 결정적인 패배를 안겨줬다. 이에 프랑스 육군은 줄곧 프랑스 국내에서 어떠한 지지도 받지 못했던 전쟁을 포기할 수밖에 없었으며, 그로써 미국으로 하여금 다음 20년 동안 전쟁을 계속 치르도록 남겨뒀다.

프랑스의 호된 시련은 여기서 끝나지 않았다. 혁명적 분투가 북아프리카의 프랑스 식민지로 번져갔다. 지구 반대편에 위치한 베트남은 포기할 수도 있었다. 하지만 상당수의 토착 프랑스인이 살고 있었던 알제리는 포기할 수 없었다. 알제리는 식민지가 아니었다. 알제리는 프랑스 국내 행정 관할의 한 구역으로 통합되어 있었다. 제2차 세계대전이 종결된 후 몇 주가 지나지 않아 저항의 불길이 알제리에서 불타올랐으며, 이 불길은 베트남에서의 패배 이후 더욱더 거세졌다. 베트남의 교훈으로 프랑스 육군은 '대게릴라전counter-insurgency'의 정교한 기술을 고안했지만, 그 또한 먹혀들지 않았다. 프랑스 정부는 알제리인들에게 시간이 지나면 독립을 시켜주겠다고 약속할 수 없었다. 왜냐하면 그렇게 할 경우 알제리에 있는 프랑스인들의 반감을 살 뿐만 아니라 프랑스 내에서도 정치적 격동을 불러일으킬 것이기 때문이었다. 반면 프랑스 정부가 채택했던 수단의 야만성은 프랑스 국내에서만이 아니라 베트남에 투입된 경험이 없었던 프랑스 육군 내 징집병들 사이에서도 불안을 자아냈다. 알제리에서의 전쟁은 고통스러운 심연으로 하강했으며, 프랑스는 1962년 샤를 드골의 가차 없는 결정으로 겨우 구출되었다. 하지만 그 과정에서 프랑스는 거의 내전 상황으로까지 치달았다.

논의의 완성도를 위해 우리는 여기서 1960년 벨기에가 콩고 지역의 식민지를 포기했다는 사실을 언급할 필요가 있다. 그로 인한 혼란은 국제연합에 의해 처리되도록 내버려졌다. 마찬가지로 포르투갈은 1975년에 가장 오래된 유럽의 식민지인 모잠비크와 앙골라에 있는 자국의 영토를 이양했다. 식민지를 떨쳐버린 이후 유럽은 더 건강하고 행복한 지역이 되었다고 말할 수 있을 것이다. 하지만 애통하게도 이전 유럽의 식민지들에 대해서는 그렇게 이야기할 수 없을 듯하다.

관련된 유럽인들에게 이와 같은 유럽 밖에서의 행동은 자신들의 제국을 끝까지 지키고자 이뤄진 지연작전으로 인식되었다. 하지만 워싱턴에서는 이를 세계 공산주의에 맞선 전 지구적 행동의 전위로 보기 시작했다. 유럽에서 소련과의 대치가 안정화되기도 전에 극동 지역에서는 전쟁이 불타올랐다. 이 분쟁으로 미국은 전시 체제에 돌입했으며, 유럽 동맹국들도 동일한 조치를 취할 것을 요구했다. 다음 20년 동안 국제 무력 충돌의 핵은 극동 지역에 자리했으며, 이에 유럽 열강들의 주된 관심사는 미국의 관심이 지나치게 극동 지역에 쏠려 유럽 대륙의 방어가 소홀히 되지 않도록 확실히 하는 것이 되었다.

워싱턴에는 미국 전략가들이 제2차 세계대전 동안 유럽에 우선순위를 둔 것에 분개하는 강력한 로비가 줄곧 있어왔다. 이들 비판론자들은 그로 인해 태평양 지역에 있는 미국 소유지의 회복, 미국의 후견을 받았던 중국 장제스[1887~1975]에 대한 지원, 그리고 일본을 패망시키는 것이 도외시되었다고 보았다. 물론 일본은 패망했다. 하지만 이는 중국을 '잃어버린' 직후였다. 다시 말하자면, 공산주의 지도자 마오쩌둥[1893~1976]은 1937년 이래 일본의 점령에 맞서 사용한 게릴라 전술을 부패하고 무능한 장제스 정권을 향해 겨냥했으며, 1949년 장제스 정부를 타이완 섬으로 쫓아내 망명케 했다. 그리고 그 자리에 공산주의 중화인민공화국을 건국했다. 워싱턴에서 보기에 이는 대실패였다. 하지만 곧 상황은 더 악화되었다. 일본의 아시아 대륙 식민지였던 한국은 미국과 소련의 점령군에 의해 위도 38도선을 따라 분할되어 있었으며, 미국과 소련의 점령군은 각기 자신의 형상에 따라 토착 정부를 출범시켰다. 1950년, 이들 토착 정부 사이의 적대가 남한에 대한 북한의 물리적 침범으로 폭발했다. 북한의 지도자들은 미국이 한반도에서 벌어지는 일에 관심을 갖지 않으리라고 오판했다. 모스크바에 있는 그들의 후원자들은 북한의 남침을 저지하기 위한 어떠한 노력도 기울이지 않았다. 미국은 국제연합에 북한의 침공을 규탄할 것을 청했으며, 성공했다. 하지만 준비되어 있지 않았던 미군은 한반도에서 거의 일소되었다. 노련한 더글러스 맥아더 원수[1880~1964]의 지휘 아래 이루어진 뛰어난 역공은 미군을 중국 국경으로까지 다시 올려다 놓았다. 이에 중국이 참전했으며, 미군은 다시 38도선까지 밀려 내려갔다. 양측은 대등했다. 미군과 국제연합군(여기엔 영국과 영연방에서 파병된 부대가 속해 있었다)이 누린 제공권과 화력의 우세는 중공군의 월등한 지형 활용과 막대한 병력의 손실도 감내하겠다는 의지에 의해 되받아쳐졌다. 많은 이가 이 전쟁을 제3차 세계대전의 서막이라 걱정했다. 만약 맥아더가 자신의 의지를 관철시켜 핵무기를 사용해 중국으로까지 전쟁을 확장했다면 충분히 그렇게 될 수도 있었다. 그러나 전쟁은 제한되었으며, 마침내 1953년, 판문점에서 정전 협정이 맺어지면서 싸움은 끝이 났다.

다음 20년 동안 미국은 자신이 중국과 실질적인 전쟁 상태에 놓여 있다고 보았다. 미국은 베트남을 고수하고자 했던 프랑스를 지원했다. 그리고 1954년 프랑스군이 철수한 뒤 베트남이 하노이를 중심으로 한 북쪽의 공산 정권과 사이공[현 호찌민시]에 자리한 서방 지향의 정권으로 양분되자 미국은 후자의 권리를 수호하기 위해 모든 지원을 약속했다. 하지만 사이공에 위치한 남베트남 정부는 미국의 또 다른 하수인이었던 장제스만큼이나 국민의 신뢰를 얻는 데 실패했다. 1960년대에 접어들면서 남베트남 정부는 붕괴 직전에 처했다. 베트남을 전 지구적인 공산주의의 진격에 맞선 방어의 선봉이라 파악했던 워싱턴은 처음에는 경제적 원조를, 다음에는 군사 고문관을, 그리고 마침내는 대대적인 군사 지원을 제공했다. 미 육군은 무장 헬리콥터를 통해 지형을 지배하고자 시도했다. 미 공군은 전투가 치러지는 지역만이 아니라 북베트남에도 제2차 세계대전의 수준으로 막대한 융단 폭격을 가했다. 하지만 미군도 프랑스군과 별반 다르지 않았다. 항공 폭격은 서방 군대와 산업화된 사회를 괴멸시킬 수는 있지만 짐꾼들이 운반한 한 움큼의 쌀로 연명하는 부대에 대해서는 아무런 효과도 지니지 못했다. 미군은 자신들이 이해할 수 없는 언어를 쓰는, 그리고 당연히 같은 나라 사람에게 동정심을 두는 마을 사람들에게 어떠한 적절한 보호도 제공하지 못했다. 또한 미국은 모든 열정을 쏟아부었음에도 도저히 손쓸 수 없을 정도로 부패하고 무능력했던 남베트남 정부를 동기 유발시키지 못했다. 미국 내에서 베트남 전쟁은 갈수록 인기가 떨어졌다.

1969년에 미국은 남베트남 정부군에게 전쟁을 떠맡기고 자국 군대의 상당수를 철수시킴으로써 전쟁을 '베트남화'했다. 이후 미국은 '명예로운 해결'을 위해 북베트남 정부와 5년 더 협상했다. 하지만 1975년, 남베트남의 저항이 막대한 공세 앞에 무너지자 미국에게는 더 이상의 손실을 막는 것 외에는 다른 방도가 없었다.

베트남 전쟁의 결과는 우려했던 것만큼 파멸적이지는 않았다. 베트남이 다시 통일되자 그 지역 나름의 세력 균형이 잡혀갔다. 베트남의 주적은 중화인민공화국이었으며, 베트남은 자신의 방어를 위해 소련과 동맹을 맺었다. 20세기 말에 이르면서 베트남은 말레이시아, 싱가포르, 인도네시아, 그리고 필리핀과 같은 부유한 이웃 자본주의 국가들 사이에 끼고자 노력했다. 분명 베트남 내부에서의 오랜 갈등은 이들 이웃 국가가 탈식민지 정권을 공고히 다지고 경제를 발전시킬 수 있도록 숨 쉴 공간을 제공했다. 하지만 그럼에도 미국의 유럽 동맹국들은 미국의 베트남 참전을 대놓고 반대하지는 않았을지라도 이를 우려의 눈으로 바라보았다. 그들은 베트남 문제에 결부되고 싶어하지 않았다.

유럽인들의 관심을 산 것은 중동에서의 사건들이었다. 1948년과 1956년 그리고 1967년에 벌어진 세 차례에 걸친 이웃 아랍 국가들과의 전쟁 이후, 국가로서 이스라엘의 공고화는 이 지역에 살아왔던 토착 아랍인들의 상당수를 쫓아내면서 이슬람 세계 전반에 걸쳐 만연된 분노를 샀다. 이스라엘의 아랍 인접국들은 팔레스타인 난민들을 수용하고자 어떠한 노력도 기울이지 않았으며, 이에 난민들은 이스라엘 국경의 혼잡한 정착지에 옴짝달싹 못하며 복수만을 되뇌도록 내버려졌다. 팔레스타인의 젊은 활동가들은 전 세계가 자신들의 비참한 처지에 관심을 가져주길 소원하며 약자의 무기인 테러리즘에 눈을 돌렸다. 그리고 유럽은 이들이 스스로의 해방을 위해 투쟁하는 광활한 전장의 일부분이 되었다. 가장 끔찍한 사건은 팔레스타인 테러리스트들이 뮌헨 올림픽에 출전했던 이스라엘 육상 선수단을 납치한 후 어설픈 구출 작전의 과정 도중 살해했던 1972년 9월에 발생했다. 1985년에는 또 다른 테러리스트 단체가 이탈리아의 정기 순항 여객선인 아칠레 라우로Achille Lauro호를 탈취했다. 이 과정에서 승객들은 난폭하게 다뤄졌으며, 그중 한 명[미국 국적 유대인 사업가인 레온 클링호퍼]은 바다에 내던져졌다. 하지만 이즈음에 이르면서 그와 같은 테러 행위의 목표는 팔레스타인의 해방에서 이스라엘의 후원자 노릇을 하고 있는 미국을 타도하는 것으로 확대되었다. 즉 중동에서 미국의 패권은 타파되어야 했다. 일부에서는 미국의 세속적인 전 세계 지배의 완전한 종식을 목표로 삼기도 했다.

후일 '테러와의 전쟁War Against Terror'이라 명명된 이와 같은 국면은 미국이 후원했던 이란 왕정이 전복되고 이슬람 시아Shiah파• 지도자였던 아야톨라 호메이니[1900~1989]가 교권을 장악한 뒤 이슬람 공화국을 세웠던 1979년에 시작되었다고 할 수도 있다. 정권을 잡은 호메이니는 전 세계 이슬람교도에게 자신과 함께 '거대한 사탄'인 미국의 영향으로부터 벗어나 이슬람을 순화하자고 호소했다. 이에 미국은 이란의 이웃이자 경쟁국이었던 이라크가 세속적인 지도자였던 사담 후세인[1937~2006, 대통령 재임 1979~2003]의 지휘 아래 이란의 영토를 침공하여 10년간 계속된 전쟁을 개시하고자 했을 때 이를 방지하려는 어떠한 노력도 기울이지 않았다. 후세인은 이후 석유가 대량 매장된 이웃 국가 쿠웨이트에 대한 소유권을 주장했으며, 1989년에 쿠웨이트를 침공

• 이슬람 주요 두 교파 중 하나로 무함마드(570?~632)의 사촌인 알리와 그의 후계자들을 진정한 이슬람의 지도자로 숭배한다. 다른 교파는 수니Sunni파로 이슬람 전통법인 수나Sunna의 권위를 중시한다.

하여 점령했다. 하지만 후세인은 시기를 매우 잘못 선택했다. 몇 달 전 일어났던 소련의 붕괴는 국제연합의 능력을 복구시켜놓았으며, 이에 미국은 한국전쟁 이후 처음으로 '집단 안보'의 원칙을 실제로 적용시킬 연합군을 모집할 수 있었다. 미군을 주력으로 한 연합군은 순식간에 이라크 군대를 쿠웨이트 영토에서 몰아냈다[Gulf War, 1990~1991]. 그러나 연합군은 아랍 동맹국들에 의해 더 이상 여세를 몰지 못하도록 제지당했으며, 사담 후세인의 정권은 바그다드에 그대로 남아 있을 수 있었다.

중동 지역에서 미국의 존재 강화는 중동 전역에 걸쳐 이슬람 극단주의자들의 분노에 불을 지폈다. 모든 이슬람 세계의 젊은이들에게 미국과 이스라엘에 맞서 무기를 들고, 미국과 이스라엘을 '이슬람의 성역'으로부터 추방할 것을 명한 '파트와fatwah'[이슬람 지도자에 의한 종교적 명령]를 발행했던 이는 바로 미국의 가장 충성스러운 동맹국이었던 사우디아라비아 출신의 시아파 지도자 오시미 빈라덴[알카에다 조직 1988~1989]이었다. 이스라엘과 미국의 표적에 대한 자살 공격이 잇달았으며, 급기야는 2001년 9월 11일 뉴욕 세계무역센터의 파괴로 정점에 달했다. 후일 9·11이라 알려진 이 공격으로 약 3000명의 일반 시민이 목숨을 잃었다. 이 섬뜩한 사건으로 인해 전쟁의 역사, 그리고 그와 함께 유럽의 역사는 새롭지만 더 어두운 시대로 들어섰다.

당시 미국 대통령 조지 W. 부시는 '테러와의 전쟁'을 선포하며 이에 응대했고, 이를 완수하기 위해 대통령으로서 지니는 전쟁과 관련된 모든 권한을 취했다. 물론 9·11 테러는 미국, 사실 모든 서방 세계의 기반 시설이 테러 공격에 얼마나 취약한지 여실히 보여줬다. 하지만 9·11 테러는 1945년 이래 그 어느 때보다 자신감으로 충만해 있었던 미국을 상대로 이루어진 것이었다. '자유세계'의 지도자로서 미국의 지위는 그 누구에 의해서도 도전받지 않았다.

소련의 붕괴로 인해 미국은 가장 강력한 군사력을 보유한 국가가 되어 있었다. 기술상의 도약은 미군 내에서 '전쟁에 있어서의 혁명Revolution in Warfare'이라 불리는 변화를 가져왔다. 미국은 이제 적의 통신을 감시하고 도청할 수 있었으며, 적의 움직임을 미리 포착할 수 있었다. 이라크에 대한 공격을 통해 이미 밝혀졌듯, 멀리 떨어진 포좌에서 발사되는 정밀 유도 미사일 덕택에 미국은 적의 표적을 최소한의 부수적인 피해로 최대한의 '충격과 공포'를 불러일으키며 타격할 수 있었다. 몇 주 지나지 않아 미국은 9·11 테러 음모의 뿌리를 아프가니스탄과 그 경계 지역으로 추적했으며, 항공력과 특수 부대 그리고 지역 지원부대의 결합을 통해 그들을 패주시킬 수 있었다. 이에 더 자신감을 얻은 부시 대통령은 이라크에서 끝나지 않은 일을 마무리하고자 결심했다. 워싱턴의 조언자들은 사담 후세인을 타도하고 이라크를 서방에 협조적인 민주주의 국가로 재건한다면 미국은 이 지역에서의 지배를 공고히 할 수 있을 뿐만 아니라 그들의 적에 대해서도 영구적인 우위를 점할 수 있을 것이라 부시 대통령을 확신시켰다. 그리하여 2003년 3월, 미군은 이라크를 침공했다[2003~2011]. 예견했듯이 미군은 사담 후세인의 군대를 단 며칠 만에 박살냈다.

서유럽인들은 전율에 휩싸여 9·11을 지켜보았으며, 서유럽 지도자들은 즉시 미국을 도우리라 약속했다. 9·11 테러의 공모자들이 독일에서 사전 모의를 했다는 사실은 이 테러 음모의 국제적인 성격과 더불어 그 잠재적인 목표가 어디를 향해 있었는지 보여주었다. 하지만 서유럽에서는 '테러와의 전쟁' 선포에 대해 어느 정도 거부감이 있었다. 대부분 서유럽 국가에게 9·11 테러는 그들 중 많은 나라가 이미 자국 출신의 테러리스트들에 의해 겪었던 테러 행위의 가공할 확장으로 여겨졌다. 이에 9·11 테러는 군대로 다루어야 할 전쟁이 아니라 경찰과 정보요원들이 해결해야 할 범죄행위로 간주되었다. 서유럽 국가들은 테러 혐의자들을 추적하고 체포하는 데 기꺼이—사실 서유럽 자유지상주의자들libertarians이 보기에 너무나 기꺼이—협조했다. 또한 서유럽 국가들은 아프가니스탄에서의 전쟁을 자발적으로 지원했으며, 마침내는 자국 군대를 파병하기까지 했다. 그러나 이라크 전쟁에 대해서는 매우 회의적이었다. 그들은 이라크 전쟁의 합법성, 이라크 전쟁과 국제 테러리즘 문제의 연관성, 이라크 전쟁에 있어서의 정치적 지혜 모두 의심했다. 국내 여론의 심각한 분열을 대가로 영국 정부는 우방인 미국을 충성스럽게 지원했다. 하지만 다른 유럽 국가들은 국제연합 대부분의 회원국과 마찬가지로 이라크 전쟁 기획 자체가 잘못되었다고 믿었으며, 이에 냉담히 대했다.

일련의 사건들에 비춰볼 때 그들이 옳았다. 베트남에서와 마찬가지로 미군의 흠잡을 데 없는 의도와 기술적 우위는 상당 부분 미군과 이라크인들 사이의 관계를 빠른 속도로 갉아먹은 문화적 불일치로 인해 그 효과가 떨어졌다. 그리고 이제 어기에 임청난 징지적 오판이 너해졌나. '군사 분아 혁명Revolution in Military Affairs, RMA'으로 미군은 전투에서 승리를 거두었을 수도 있다. 하지만 기술적 우위뿐만 아니라 정치적 감각까지도 요구하는 전쟁 전체conduct of wars의 차원에서 볼 때 이러한 가치는 제한적이었다. 군사적 승리 이후의 일들에 대해 제대로 된 계획을 마련하지 못함으로써 이라크는 순식간에 내전으로 치달았다. 이라크에는 야만적인 독재를 피로 물든 무정부 상태로 바꿔 놓은 무능력한 침입자들에 대한 분노가 만연했다. 이라크에 주둔한 미군에 대한 반감은 중동 지역에서만이 아니라 이미 토착 인구와의 동화가 문제시되고 있었던 유럽의 이슬람 이민자들 사이에서도 이슬람 극단주의자들에게 힘을 실어줬다.

'테러와의 전쟁'을 믿은 이들은 오늘날 유럽이 다시 전쟁에 휘말려 있다고 주장할지도 모른다. 그에 동의하지 않을지라도 평화는 안정적이며 적어도 안정적으로 유지될 것이라 주장하기는 대단히 어렵다. 레온 트로츠키[1917년 11월 혁명 지휘. 1917~1924년 외교 및 전쟁 위원으로 적군 창설에 기여]가 지적했듯이, "당신은 전쟁에 별 관심이 없을 수도 있다. 하지만 전쟁은 당신에게 매우 관심이 많다." 이는 자신들이 전쟁을 뒤로하고 있다고 믿는 유럽인들이 심각히 고민해봐야 할 문제다. 더 이상 유럽인들은 스스로 전쟁을 키우거나 세계의 다른 지역으로 이를 수출하지 않을 것이다. 하지만 유럽인들은 스스로가 분리될 수 없는 하나의 부분이 된 국제체제 내에서 벌어지는 갈등으로부터 자신들의 경계를 완전히 봉쇄할 수는 없다.

| 주제 일반 |

서양 전략 사상 및 실제와 관련된 핵심 자료는 Peter Paret(ed.), *Makers of Modern Strategy: From Machiavelli to the Nuclear Age*(1991)와 Williamson Murray, MacGregor Knox, Alvin Bernstein(eds.), *The Making of Strategy: Rulers, States and War*(1994)이다. W. H. McNeil이 쓴 *The Pursuit of Power: Technology, Armed Force and Society since A. D. 1000*(1984)과 Archer Jones의 두꺼운 책 *The Art of War in the Western World*(1987)는 전술상의 발전에 관한 가장 뛰어난 종합적인 소개서다. Hew Strachan의 *European Armies and the Conduct of War*(1983)는 17세기부터 20세기까지 전쟁의 진화에 대해 전문가적인 분석을 하고 있다. 동일한 시기를 다루고 있는 Brian Bond의 *The Pursuit of Victory: From Napoleon to Saddam Husein*(1996) 또한 전문가적인 분석을 제공한다. MacGregor Knox와 Williamson Murray가 편집한 *The Dynamics of Military Revolution, 1300~2050*(2001)에 실린 글들은 이 책에서 다루어진 많은 주제를 더 자세히 고찰하고 있다.

이 분야를 총괄적으로 가장 잘 정리한 연구는 여전히 J. F. Verbruggen, *The Art of Warfare in Western Europe during the Middle Ages: From the Eighth Century to 1340*(1997)이라 할 수 있겠지만, Jim Bradbury, *The Routledge Companion to Medieval Warfare*(2004)는 매우 쉽게 읽힐 뿐만 아니라 잘 정리된 읽을거리 목록을 제공하고 있다. Philippe Contamine의 *War in the Middle Ages*(1987)는 여전히 이 시기에 관련된 정보를 훌륭히 담고 있다. 이 시기에 관한 조금 더 최신의 연구로는 Maurice Keen(ed.), *Medieval Warfare: A History*(1999); John France, *Western Warfare in the Age of the Crusades*(1999)와 Helen Nicholson, *Medieval Warfare: Theory and Practice of War in Europe 300~1500*(2004)를 들 수 있다. 이 주제에 관한 가장 최근의 연구인 Clifford Rogers의 *Soldiers Lives through History: The Middle Ages*(2007)는 서기 500년부터 1500년 사이 중세 전쟁과 군인의 생활에 관한 주제별 연구를 제공하고 있다. 조금 더 구체적인 분석은 다음의 책들에서 찾아볼 수 있다. Matthew Strickland, *War and Chivalry: The Conduct and Perception of War in England and Normandy, 1066~1217*(1996); R. C. Smail, *Crusading Warfare 1097~1193*(1991); Malcolm Vale, *War and Chivalry: Warfare and Aristocratic Culture in England, France and Burgundy at the End of the Middle Ages*(1981); 끝으로 F. H. Russell, *The Just War in the Middle Ages*(1975). 특히 요새와 공성전에 대해서는 최근에 재출판된 Sidney Toy의 *A History of Fortification from 3000 BC to AD 1700*(2005)을 참조하라.

| 제2장 용병들의 전쟁 |

특히 용병들에 대해 가장 잘 정리된 연구는 두 권으로 된 역사서인 Fritz Redlich, *The German Military Enterpriser and His Work Force: A Study in European Economic and Social History*(1964)이다. 좀 더 구체적인 사항들을 자세히 다

룬 책들로는 Michael Mallett, *Mercenaries and Their Masters: Warfare in Renaissance Italy*(1974); R. A. Stradling, *The Spanish Monarchy and Irish Mercenaries: The Wild Geese in Spain, 1618~1668*(1993); 그리고 Kenneth Fowler, *Medieval Mercenaries: The Great Companies*(2001)가 있다. 이 시기를 포함해 더 광범위한 시기에 관한 괜찮은 개괄로는 J. R. Hale, *War and Society in Renaissance Europe, 1450~1620*(2nd edn., 1998)이 있으며, Jeremy Black의 *European Warfare 1494~1660*(2002)은 이 시기 군사상의 발전을 특히 잘 설명하고 있다. 또 유용한 정보를 제공하고 있는 연구로는 Geoffrey Parker, *The Army of Flanders and the Spanish Road, 1567~1659*(1972)와 Michael Mallett이 J. R. Hale과 같이 저술한 *The Military Organisation of a Renaissance State: Venice c.1400 to 1617*(1984)과 Simon Pepper와 Nicholas Adams가 공저한 *Firearms and Fortifications: Military Architecture and Siege Warfare in Sixteenth-Century Siena*(1986)를 들 수 있다. 이 시기 전쟁 기술에 대한 가장 뛰어난 연구로는 Bert Hall, *Weapons and Warfare in Renaissance Europe: Gunpowder, Technology, and Tactics*(1997)와 Christopher Duffy, *Siege Warfare: The Fortress in the Early Modern World, 1494~1660*(1996)을 참조하라.

| 제3장 상인들의 전쟁 |

이 주제에 대한 뛰어난 개관으로는 G. V. Scammell, *The First Imperial Age: European Overseas Expansion 1400~1715*(1989)가 있다. 해양에서의 전쟁과 관련하여 가장 뛰어난 소개서로는 Jan Glete, *Warfare at Sea, 1500~1650: Maritime Conflicts and the Tranformation of Europe*(2000)을 들 수 있다. 이와 더불어 유용한 책으로는 Richard Harding의 *The Evolution of the Sailing Navy, 1509~1815*(1995)과 특히 John Guilmartin이 쓴 *Gunpowder and Galleys: Changing Techonology and Mediterranean Warfare at Sea in the Sixteenth*

Century(1975)가 있다. Peter Earle의 *The Private Wars*(2004)는 사략선과 제국 팽창 그리고 해적의 관계에 대한 훌륭한 학술적 조사를 제공한다. N. A. M. Rodger의 *The Safeguard of the Sea: A Naval History of Britain, Vol. I, 660~1649*(2nd edn., 2004)는 Geoffrey Symcox가 저술한 *The Crisis of French Sea Power, 1688~1697: From the Guerre d'Escadre to the Guerre de Course*(1974)에 대한 좋은 지침서라 하겠다. 영국과 네덜란드 사이의 전쟁에 대해서는 Jonathan Israel의 *Dutch Primacy in World Trade, 1585~1740*(1989)와 함께 J. R. Jones, *The Anglo-Dutch Wars of the Seventeenth Century*(1996)를 참조하라. 포르투갈에 관해서는 C. R. Boxer, *The Portuguese Seaborne Empire, 1415~1825*(1991)과 Malyn Newitt, *A History of Portuguese Overseas Expansion 1400~1668*(2005)을 읽어보길 바란다.

| 제4장 전문가들의 전쟁 |

이전의 두 장과 함께 이 장과 관련된 필독서는 Geoffrey Parker, *The Military Revolution: Military Innovation and the Rise of the West, 1500~1800*(2nd edn., 1996)이다. 하지만 이 책은 Clifford Rogers가 이 주제에 관한 최근의 논의를 담아 편집한 *The Military Revolution Debate: Readings on the Military Transformation of Modern Europe*(1995)과 함께 읽어야 할 것이다. Frank Tallet의 주제 연구서인 *War and Society in Early Modern Europe, 1495~1715*(1997)은 Christopher Duffy, *The Military Experience in the Age of Reason*(1987)과 André Corvisier, *Armies and Societies in Europe, 1494~1789*(1979)를 최신의 연구로 보완하고 있다. 이 모든 책은 제4장의 주제와 관련된 자세한 연구를 제공하고 있다. 프랑스 육군에 대해서는 특히, David Parrott, *Richelieu's Army: War, Government, and Society in France, 1624~1642*(2001)와 André Corvisier, *Louvois*(1983), 그리고 John Lynn, *The Wars of Louis XIV, 1667~1714*(1999)을 참

조하라. 마지막 책은 같은 저자의 *Giant of the Grand Siècle: The French Army, 1610~1715*(1997)을 발전시킨 연구로서 중요한 배경 설명을 더 제공해준다. 이 장과 다음 장들에서 다루는 주제에 대한 교과서적인 연구로는 여전히 Gordon Craig, *The Politics of the Prussian Army, 1640~1945*(1964)을 들 수 있다. 하지만 독자들은 Dennis Showalter, *The Wars of Frederick the Great*(1996); Philip Dwyer(ed.), *The Rise of Prussia, 1700~1830*(2000), 그리고 특히 Robert Citino, *The German Way of War: From the Thirty Years' War to the Third Reich*(2005)를 참고해야 할 것이다. 오스트리아 육군에 대한 핵심적인 연구로는 Christopher Duffy가 자신의 이전 저서인 *The Army of Maria Theresa: The Armed Forces of Imperial Austria, 1740~1780*(1977)을 개정하고 발전시킨 *Instruments of War: The Austrian Army in the Seven Years' War*(2000)이 있다. 이 시기 영국 육군은 John Childs, *The Nine Years' War and the British Army, 1688~1702: The Operations in the Low Countries*(1991)와 동일 저자의 *The British Army of William III, 1689~1702*(1987)에서 다루고 있다. 이 시기 전쟁의 수행에 대한 필독서는 Brent Nosworthy의 *The Anatomy of Victory: Battle Tactics, 1689~1763*(1990)이다. 반면 Azar Gat의 *A History of Military Thought: From the Enlightenment to the Cold War*(2001)는 이 시기 이래 군사 이론의 진화 과정을 포괄적으로 다루고 있으며, 이에 이 장과 다음 장들의 주제와 관련하여 읽어야 할 중요한 연구다.

| 제5장 혁명의 전쟁 |

이 시기에 관한 괜찮은 개괄서로는 Geoffrey Wawro, *Warfare and Society in Europe, 1792~1914*(2000)을 들 수 있다. 또한 조금 오래되기는 했지만 Geoffrey Best, *War and Society in Revolutionary Europe, 1770~1870*(1982)는 여전히 유용한 연구로 남아 있다. 이 시기 발생한 전쟁 자체에 대해서는 T. C. W. Blanning, *The French Revolutionary Wars, 1787~1802*(1996)이 있으며, 가장 훌륭한 소

개서로는 David Gates, *The Napoleonic Wars, 1803~1815*(1997)을 들 수 있다. 이 시기 해군과 관련하여 가장 우수한 연구는 Richard Harding, *Seapower and Naval Warfare, 1650~1830*(1999)이며, Rory Muir의 *Britain and the Defeat of Napoleon, 1807~1815*(1996)은 이 시기 해전의 경제적, 정치적 배경을 능숙한 솜씨로 검토하고 있다. 이 시기 지상전에 관한 좋은 안내서로는 Gunther Rothenberg, *The Art of Warfare in the Age of Napoleon*(1997)을 들 수 있으며, 더 많은 정보는 David Chandler, *Dictionary of the Napoleonic Wars*(1979)로부터 얻을 수 있다. J. P. Bertaud, *The Army of the French Revolution: From Citizen Soldiers to Instruments of Power*(1988)는 특히 프랑스 육군의 정치적 진화 과정을 잘 다루고 있다. Paddy Griffith, *The Art of War of Revolutionary France, 1789~1802*(1998)은 나폴레옹이 권력을 장악하기 이전 시기에 관한 자세한 연구다. 동일 저자의 *Forward into Battle: Fighting Tactics from Waterloo to the Near Future*(1991)는 18세기 후기 전투에 있어 기술적인 분야에 대한 매우 뛰어난 연구다. 이와 함께 읽어야 할 John Lynn의 *The Bayonets of the Republic: Motivation and Tactics in the Army of Revolutionary France, 1791~1794*(1984)에는 당시 프랑스군의 농기 및 선전 활동에 관한 흥미로운 논의가 포함되어 있다. 이 주제와 관련해서는 Brent Nosworthy, *Battle Tactics of Napoleon and His Enemies*(1995)와 Rory Muir, *Tactics and the Experience of Battle in the Age of Napoleon*(2000) 또한 유용하다. 이 시기 프러시아 육군에 대한 연구로는 앞서 언급한 Gordon Craig의 *The Politics of the Prussian Army, 1640~1945*(1964)와 Robert Citino, *The German Way of War: From the Thirty Years' War to the Third Reich*(2005)를 참조하라. 하지만 이 두 연구는 Peter Paret의 뛰어난 업적인 *Clausewitz and the State*(1976)와 *Yorck and the Era of Prussian Reform, 1807~1815*(1966)에 의해 보완되어야만 한다.

제6장 국민들의 전쟁

앞서 언급한 Wawro의 *Warfare and Society in Europe*과 Gat의 연구에 더하여, Brian Bond, *War and Society in Europe, 1870~1970*(1983)와 John Gooch, *The Armies of Europe*(1980)은 이 시기를 개괄적으로 잘 다루고 있다. 이 시기 지상전 수행에 있어서 철도와 라이플총이 가져다준 중차대한 충격에 관해서는 Dennis Showalter, *Railroads and Rifles: Soldiers, Technology and the Unification of Germany*(1975)가 필독서다. 또한 반드시 읽어야 할 책으로는 Steven Ross, *From Flintlock to Rifle: Infantry Tactics 1740~1866*(1996); Geoffrey Wawro, *The Austro-Prussian War: Austria's War with Prussia and Italy in 1866*(1996); 그리고 Michael Howard, *The Franco-Prussian War: The German Invasion of France, 1870~1871*(1988)을 들 수 있다. 이 주제에 있어 Edwin A. Pratt의 *The Rise of Rail-Power in War and Conquest, 1833~1914*(1915)를 뛰어넘는 자세한 연구는 아직 나오지 않았지만, Martin Van Creveld의 *Supplying the War: Logistics from Wallenstein to Patton*(2nd edn., 2004)은 좀 더 거시적인 관점에서 이 주제를 다루고 있다. 이 책과 John Lynn이 편집한 *Feeding Mars: Logistics in Western Warfare from the Middle Ages to the Present*(1993)는 이 중요한 주제에 관한 좋은 소개서 역할을 하고 있다. 이 시기 독일 육군에 대해서는 앞서 언급한 Craig과 Citino의 책을 참조하라. 이들의 연구와 함께 Martin Kitchen, *A Military History of Germany*(1975), 좀 더 자세한 사항을 위해서는 Gerhard Ritter, *The Sword and the Sceptre*(4vols., 1969~1970)을 보라. 프랑스 육군에 대해서는 Gary Cox, *The Halt in the Mud: French Strategic Planning from Waterloo to Sedan*(1994)을 보라. 또한 Richard Challener, *The French Theory of the Nation in Arms, 1866~1939*(1965)은 여전히 유용하다. 하지만 가장 중요한 연구는 Douglas Porch, *The March to the Marne: The French Army 1871~1914*(1991)이다. 이중 군주정dual monarchy의 고유한 문제들을 다룬 Istvan Deak의 *Beyond Nationalism: A Social and Political History of the Habsburg Officer Corps, 1848~1918*(1990)

은 매우 중요한 연구다.

제1차 세계대전의 발발에 관한 유용한 서적으로는 David Hermann, *The Arming of Europe and the Making of the First World War*(1996)과 David Stevenson, *Armaments and the Coming of War: Europe, 1904~1914*(1996)이 있다. 하지만 이 시기와 제1차 세계대전 첫해에 관한 결정판은 이제 Hew Strachan의 *The First World War, Vol. I: To Arms*(2001)이다. 제1차 세계대전 나머지 기간을 다룬 연구로는 다음의 두 책이 있다. 간결한 개괄로는 James Joll, *The Origins of the First World War*(1984), 작전 분야에 관한 논의로는 Arden Bucholz, *Moltke, Schlieffen, and Prussian War Planning*(1990)과 Robert Foley의 중요한 연구인 *German Strategy and the Path to Verdun: Erich von Falkenhayn and the Development of Attrition, 1870~1916*(2005)을 참조하라. 제1차 세계대전의 전반적인 역사에 대해서는 David Stevenson, *1914~1918: The History of the First World War*(2005); Michael Howard, *The First World War*(2001); Ian Beckett, *The Great War: 1914~1918*(2001); 그리고 John Keegan, *The First World War*(1998)을 읽어보라. 경제적인 관점에서 다룬 책으로는 Avner Offer, *The First World War: An Agrarian Interpretation*(1991)과 Niall Ferguson, *The Pity of War*(1998)이 있다. 전술적인 문제에 대해서는 Paddy Griffith의 *Battle Tactics of the Western Front: The British Army's Art of Attack, 1916~1918*(1994)가 필독서다. 반면 Martin Samuels의 *Command or Control?: Command, Training and Tactics in the British and German Armies, 1888~1918*(1995)은 매우 흥미로운 비교 분석을 제공한다. 하지만 Samuels의 책은 Gary Sheffield와 Dan Todman이 공편한 *Command and Control on the Western Front: The British Army's Experience, 1914~1918*(2004)과 함께 읽어야만 한다. Ian Brown의 *British Logistics on the Western Front, 1914~1919*(1998)은 제1차 세계대전 당시 전쟁 수행을 이해하기 위해서는 반드시 읽어야 한다. 당시 프랑스 육군에 대해서는 Robert Doughty, *Pyrrhic Victory: French Strategy and Operations in the Great War*(2005)과 Anthony Clayton, *Paths of Glory: The*

French Army 1914~1918(2003)을 참조하라. Norman Stone의 *The Eastern Front, 1914~1917*(1975)은 아직 많이 연구되어 있지 않은 주제에 대한 기본서로 남아 있으며, Holger Herwig의 *The First World War: Germany and Austria-Hungary, 1914~1918*(1996)은 동맹국의 참호에서의 시각을 제공하고 있다. 각국 내에서 벌어진 일들은 J. M. Bourne, *Britain and the Great War: 1914~1918*(1989); Trevor Wilson, *The Myriad Faces of War: Britain and the Great War, 1914~1918*(1986); Roger Chickering, *Imperial Germany and the Great War, 1914~1918*(1998); Laurence Moyer, *Victory must be Ours: Germany in the Great War*(1995); J. J. Becker, *The Great War and the French People*(1985); 그리고 P. J. Flood, *France 1914~1918: Public Opinion and the War Effort*(1990)에 자세히 다뤄져 있다. 양차 세계대전이 유럽 사회에 가져온 충격은 Arthur Marwick(ed.), *Total War and Social Change*(1988)에서 자세히 다룬다.

| 제7장 기술자들의 전쟁 |

Michael Neiberg, *Warfare and Society in Europe, 1898 to the Present*(2003) 는 이 시기와 관련하여 가장 훌륭한 개략서이며, 유용한 참고 자료 목록을 싣고 있다. 이 시기 지상전의 수행과 관련된 좀 더 자세한 사항은 J. M. House, *Combined Arms Warfare in the Twentieth Century*(2001)와 Robert Citino, *Blitzkrieg to Desert Storm: The Evolution of Operational Warfare*(2004)에서 찾아볼 수 있다. 제1차 세계대전 이전의 발전상에 대한 총괄적인 연구로는 Lawrence Sondhaus 의 *Naval Warfare, 1815~1914*(2001)와 Andrew Lambert가 Robert Gardiner와 함께 편집한 *Steam, Steel and Shellfire: The Steam Warship, 1815~1905*(2001) 을 들 수 있다. 같은 시기에 관한 더 자세한 연구는 아직 Arthur Marder의 *From the Dreadnought to Scapa Flow: The Royal Navy in the Fisher Era, 1904~1919*(5 vols., 1961~1970)을 뛰어넘지 못하고 있다. Marder의 연구에 대한 비판으로는 Jon

Sumida, *In Defence of Naval Supremacy: Finance, Technology and British Naval Policy, 1889~1914*(1993)가 있으며, Eric Grove, *The Royal Navy since 1815*(2005)는 최신 자료에 기초하여 영국 해군의 역사를 간결하게 설명하고 있다. 동일한 시기 대륙에서의 발전 양상에 대한 필수적인 역사서로는 Theodore Ropp, *The Development of a Modern Navy: French Naval Policy, 1871~1904*(1987)이 있다. 잠수함 전쟁에 대한 가장 잘된 일반적인 연구로는 John Terraine, *Business in Great Waters: The U-Boat Wars, 1916~1945*(1989)와 Peter Padfield, *War beneath the Sea: Submarine Conflict 1939~1945*(1997)이 있다. Williamson Murray의 *War in the Air, 1914~1945*(1999)와 John Buckley의 *Air Power in the Age of Total War*(1999)는 공중전에 관한 좋은 소개서이며, 유용한 더 읽을거리 목록을 제공하고 있다. Richard Overy의 *The Air War, 1939~1945*(1980)은 전투기 생산에 관한 장을 포함하여 당시 공중전의 모든 측면을 다루고 있다. 이 주제에 관한 가장 최근의 그리고 가장 포괄적인 연구는 Tami Davis Biddle, *Rhetoric and Reality in Air Warfare: The Evolution of British and American Ideas about Strategic Bombing, 1914~1945*(2002)이다. 영국 공군을 다룬 가장 잘된 한 권짜리 역사서는 여전히 John Terraine의 *The Right of the Line: The Royal Air Force in the European War, 1939~1945*(1997)이며, Williamson Murray가 쓴 *The Luftwaffe, 1933~1945: Strategy for Defeat*(1996)와 함께 읽으면 큰 도움이 된다.

제2차 세계대전에 관한 가장 유용한 일반서는 Williamson Murray와 Alan Millet이 공저한 *A War to be won: Fighting the Second World War*(2000)이다. 하지만 Gerhard Weinberg, *A World at Arms: A Global History of World War Two*(1994)와 Peter Calvocoressi, Guy Wint, John Pritchard가 공저한 *Total War: The Causes and Courses of the Second World War*(1989)도 참조하라. 연합군의 승리를 가져다준 전략적, 정치적, 경제적 토대는 Richard Overy의 *Why the Allies won*(1996)에서 잘 다루어진다. 영국 육군에 관한 자세한 이야기는 David French, *Raising Churchill's Army: The British Army and the War against*

Germany, 1919~1945(2000)과 같은 시기 영국 군사 사상에 대한 필독서인 Brian Holden Reid, *Studies in British Military Thought: Debates with Fuller and Liddel Hart*(1998)를 참조하라. 독일에 대해서는 James Corum의 *The Roots of Blitzkrieg: Hans von Seeckt and German Military Reform*(1993)을 필히 읽어야만 할 것이다. 프랑스에 관해서는 Robert Doughty, *The Seeds of Diaster: The Development of French Army Doctrine 1919~1939*(1985)가 있다. 동부전선에 관해서는 John Erickson의 삼부작 *The Soviet High Command*(1962); *The Road to Stalingrad*(1975); 그리고 *The Road to Berlin*(1983)과 함께 Richard Overy의 *Russia's War*(1998)이 잘 다루고 있다. 양차 대전 사이 러시아군의 발전 과정에 대해서는 Richard Harrison, *The Russian Way of War: Operational Art, 1904~1940*(2001)이 자세히 다루고 있다. Stephen Budiansky, *Battle of Wits: The Complete Story of Codebreaking in World War II*(2000)와 Rebecca Ratcliff, *Delusions of Intelligence: Enigma, Ultra and the End of Secure Ciphers*(2006)는 암호해독법과 암호 첩보를 다루고 있으며, 이들의 작전상의 영향에 대해서는 Ralph Bennett의 *Behind the Battle: Intelligence in the War with Germany, 1939~1945*(1994)에 잘 기술되어 있다.

| 에필로그 |

냉전에 대한 역사적 개요로는 John Gaddis의 *The Cold War*(2005)가 필독서다. 냉전에 관해서는 여전히 Lawrence Freedman의 *The Evolution of Nuclear Strategy*(3rd edn., 2003)를 꼭 읽어야 한다. 한국 전쟁에 대해서는 Callum MacDonald, *Korea: The War before Vietnam*(1986)을 참조하라. 포클랜드 전쟁에 대한 일반사로는 Martin Middlebrook, *The Falklands War*(2001)를 보라. 20세기 후반 '군사 분야 혁명'을 역사적인 배경에서 논의한 연구로는 Tim Benbow, *The Magic Bullet?: Undertanding the 'Revolution in Military Affairs'*(2004)와 특히 Colin Gray, *Startegy for*

Chaos: Revolutions in Military Affairs and the Evidence of History(2002)를 참조하라. 21세기 전쟁에 있어서의 도전에 대한 신중한 개괄로는 Colin Gray의 *Another Bloody Century: Future Warfare*(2005)가 있다. 이 책에는 테러리즘, 대량살상무기, 사이버 전쟁, 그리고 우주전에 관한 장이 포함되어 있다. 하지만 Jeremy Black, *War and the New Disorder in the 21st Century*(2004)도 참조하라. 변화하는 군사력의 성격에 대한 유용한 시각을 제공하는 책으로는 Rupert Smith, *The Utility of Force: The Art of War in the Modern World*(2005)와 Evan Luard, *The Blunted Sword: The Erosion of Military Power in Modern World Politics*(1990)를 들 수 있다. 하지만 제4세대 전쟁의 진화에 관한 가장 저명한 연구는 Thomas Hammes, *The Sling and the Stone: On War in the 21st Century*(2004)이다. 테러리즘에 관한 가장 좋은 소개서로는 Bruce Hoffman, *Inside Terrorism*(개정판, 2006)을 손꼽을 수 있다. Ian Beckett의 *Modern Insurgencies and Counter-Insurgencies: Guerrilas and Their Opponents since 1750*(2001)는 18세기 초기부터 20세기 후반부까지의 반정부 저항에 관한 전쟁의 진화를 추적하고 있다. 20세기에 관한 부분은 Daniel Marston과 Carter Malkasian이 편집한 *Counterinsurgency in Modern Warfare*(2008)에서 상세히 다루고 있으며, 아프가니스탄과 이라크에 관한 장도 있다. 서양의 군대가 과거에 반군 문제를 어떻게 다루었는지에 관한 자세한 검토로는 John Nagl, *Learning to eat Soup with a Knife: Counterinsurgency Lessons from Malaya and Vietnam*(개정판, 2005)을 참조하라. 말레이시아에서의 전쟁에 관한 개괄로는 Robert Jackson, *The Malayan Emergency: The Commonwealth's Wars, 1948~1966*(1991)을 보라. 이 전쟁에서 영국의 경험에 대한 개관은 Thomas Mockaitis, *British Counter-insurgency, 1919~1960*(1990)이 제공하고 있다. 알제리에서의 반정부 저항에 관해서는 Alastair Horne, *A Savage War of Peace: Algeria, 1954~1962*(개정판, 2002)가 가장 뛰어난 기록이며, 더 자세한 이야기들은 Martin Alexander와 J. F. V. Keiger가 편집한 *France and the Algerian War, 1954~1962: Strategy, Operations and Diplomacy*(2002)에 실려 있다.

전쟁과 사회:
마이클 하워드의 전쟁사 연구와 평화의 발명

1922년 11월 29일, 영국 런던 출생으로 아흔을 훌쩍 넘긴 마이클 하워드 경의 삶과 학문적 성과는 지난 20세기 국제정치를 관통하고 있다고 해도 과언이 아니다. 마이클 하워드는 제프리 엘리엇 하워드(1877~1956)와 에디스 줄리아 엠마 에딩거(1891~1977)의 3남 중 막내로 태어났다. 부친 제프리 하워드는 기상학의 아버지로 잘 알려진 증조부 루크 하워드(1772~1864)가 1798년 과학자이자 박애주의자로 노예제 폐지 운동을 이끌었던 윌리엄 앨런(1770~1843)과 함께 런던에 세운 가족 제약 회사 Howards & Sons를 운영했으며, 모친 에디스 에딩거는 1875년 영국으로 건너온 독일계 유대인 사업가 오토 에딩거의 독녀로 영국 상류층의 교육을 받으며 자랐다.[1] 이 둘은 제1차 세계대전의 발발로 독일에 대한 반감이 치솟던 1914년 11월 결혼했다. 마이클 하워드의 친가는 독실한 퀘이커Quaker교 집안이었으며, 이러한 내력은 마이클 하워드의 인생과 저작 곳곳에 스며들어 나타난다. 마이클 하워드의 외가 대다수는 얼마 지나지 않아 나치 독일의 유대인 박해를 피해 영국으로 도망 나왔으며, 그중에는 하워드의 사촌으로 후일 케임브리지대 근대사 흠정 교수직을 맡게 될 제프리 엘턴(1921~1994)[2]도 끼어 있었다.[3]

런던에서 유년기를 보낸 마이클 하워드는 나폴레옹 전쟁 당시 웰링턴 경 (1769~1852)의 공적을 기리기 위해 1853년 영국 육군에 종사하는 이들의 자제들을 위한 자선 남학교로 설립된 사립 웰링턴 칼리지에서 중등 교육을 받았다. 제2차 세계대전 프랑스에서의 전투가 독일의 승리로 끝난 후, 히틀러가 영국에 대대적인 항공 공세를 가하던 1940년 늦여름을 영국 남부에 위치한 웰링턴 칼리지에서 보낸 하워드는 이듬해 옥스퍼드대, 크라이스트 처치Christ Church 칼리지에 역사학 전공으로 진학한다.[4] 옥스퍼드에서 하워드는 근대 초 토리Tory당 연구로 명성을 얻은 키스 페일링(1884~1977)과 후일 제2차 세계대전의 원인에 관한 수정주의적 연구로 커다란 논쟁을 일으키게 될 A. J. P. 테일리(1906~1990)의 지도 이래 역사학에 첫발을 디딘다.[5] 하지만 제2차 세계대전의 급박한 상황은 옥스퍼드의 많은 대학생을 전쟁터로 이끌었으며, 갓 스물이 된 청년 마이클 하워드도 애국심과 종교적 의무감에 휩싸여 1942년 8월 14일 영국 육군에 장교로 자원입대한다.[6]

프랑스와 아프리카 지역의 방어 및 공격을 담당한 콜드스트림 보병 연대 Coldstream Regiment of Foot Guards의 소위로 임관한 하워드는 1943년 늦은 봄 알제리의 수도 알제에서 근무를 시작한다. 그해 9월 마이클 하워드는 연합군의 이탈리아 공세의 첫 공략지 중 하나였던 이탈리아 서남부 작은 항구 도시 살레르노에 투입된다. 살레르노 해안 고지 점령 전투에서의 공으로 마이클 하워드는 무공 훈장을 수여받는다. 이후 하워드는 연합군의 북진 대열의 선두에 서서 나폴리에서 피렌체로, 그리고 이탈리아 동북부 항구 도시 트리에스테Trieste로 올라가며 독일군과 격전을 치른다. 1945년 늦은 봄 미군과 소련군을 주력으로 한 연합군이 베를린을 점령하면서 전쟁이 끝나자 하워드는 2년간의 고되고 위험했던 이탈리아에서의 군 생활을 대위로 마치고 옥스퍼드로 돌아온다.

하지만 옥스퍼드의 많은 친구는 살아 돌아오지 못했으며, 마이클 하워드 자신도 죽은 동료들과 부하들에 대한 죄책감에 시달린다.[7] 전쟁은 모든 것을 바꿔 놓았으며, 무엇보다 젊은 시절의 낭만은 이제 사라지고 없었다.[8] 근대 영국 지성사 연구와 나치 독일에 대한 연구로 곧 이름을 떨칠 휴 트레버로퍼(1914~2003)의 지도 아래 다시 공부를 시작했지만, 하워드는 실망스러운 성적으로 이듬해인 1946년, 옥스퍼드를 졸업할 수밖에 없었으며, 이에 스스로 옥스퍼드에서 박사 과정을 밟기 위한 연구원 과정 지원을 포기한다. 그 대신 친구로부터 자신이 복무했던 콜드스트림 보병 연대의 제2차 세계대전 기간 중 활동에 대한 책의 집필을 부탁받아 쓰기 시작한다.[9]

옥스퍼드의 보장된 미래로부터의 탈출은 마이클 하워드의 학문과 생에 있어 전화위복의 계기가 된다. 일단 콜드스트림 보병 연대의 자료를 조사하고 정리하면서 마이클 하워드는 전쟁사 연구에 있어 여러 문제를 파악할 기회를 갖는다.[10] 무엇보다 하워드는 전투 상황에 대한 자세한 기록이 별로 없다는 사실을 발견한다. 만약 전쟁사 연구의 주요 목표 중 하나가 군인들로 하여금 전투 상황을 간접적으로나마 체험하도록 하는 것이라 한다면, 이는 매우 심각한 문제였다. 하지만 실제 전투가 벌어지면 어느 누구도 제대로 된 기록을 남길 여유를 가지지 못한다는 점을 하워드는 경험으로 알고 있었다. 또한 하워드는 작전 계획과 실제 전투 사이의 건널 수 없는 간극의 존재도 다시금 익혔다. 하워드는 이 책을 준비하면서 친구로부터 우연찮게 런던 킹스 칼리지의 역사학과 강사 자리를 소개받아 맡게 된다. 당시 옥스브리지Oxbridge 중심의 영국 학계의 분위기를 고려할 때 이는 위험한 모험이었다.[11] 게다가 하워드는 자신이 학부 시절 주로 공부했던 17세기 영국사가 아닌 18세기 이후 유럽사를 가르치도록 요청받았다.

그렇게 몇 년을 보낸 1953년 봄, 또 다른 행운의 여신이 마이클 하워드에게 찾아왔다. 제2차 세계대전의 발발과 함께 유명무실해졌던 킹스 칼리지의 '군사학Military Studies' 담당 교수로 추천된 것이다.[12] 이 자리는 제1차 세계대전이 끝난 후 옥스퍼드대의 선례를 따라 런던대가 체계적인 전쟁 연구를 도모하기 위해 1927년에 만든 자리였다.[13] 전임자는 제1차 세계대전 당시 영국군 군사 작전 담당관이었던 육군 소장 프레더릭 모리스 경(1871~1951)이었으나, 후임으로는 퇴역 군인이나 종군 기자가 아닌 체계적으로 역사학 교육을 받은 이를 뽑고자 했다. 물론 콜드스트림 보병 연대의 전사를 집필, 출판하기는 했지만 마이클 하워드는 아직 전쟁사 연구에 별다른 흥미를 갖고 있지 않았을 뿐만 아니라 필요한 공부도 되어 있지 않았다. 하지만 독자적인 연구를 수행할 수 있다는 유혹에 이끌려 하워드는 교수직 제안을 수락하는 동시에 1년간 수업 준비 및 독일어 습득을 위한 연구년을 얻어 오스트리아, 빈으로 떠나게 된다. 이듬해 가을 런던으로 돌아온 마이클 하워드는 당시 옥스퍼드대 전쟁사 담당 교수였던 시릴 펄스(1888~1971)의 도움을 받으며 본격적으로 전쟁사를 공부하기 시작한다. 본 번역서 역시 초판 서문에서 하워드 스스로 밝히고 있듯이 1961년에 출판된 펄스의 『전쟁술: 나폴레옹 시대부터 오늘날까지』의 후속 작업으로 시작되었다.[14]

'전쟁과 사회'라는 테제로 요약될 수 있는 마이클 하워드의 전쟁사 연구의 기본 관점은 이 시기에 형성되었다. 우선 하워드는 전쟁사 연구가 영국사가들에 의해 제대로 진행된 적이 없다는 사실을 발견하고 적잖이 놀란다. 하워드가 이 책의 서문에서도 강조하고 있듯이, 당시 전쟁사 연구는 지금보다 훨씬 더 역사학 분야의 주변부에 있었다. 하지만 그보다 더 중요한 점은 전쟁사가 단순히 군사 작전의 역사가 아니라는 점을 깨달았다는 데 있었다. 하워드가 보기에 "전쟁사는 전체 사회에 대한 연구였다."[15] 다시 말해, "한 사회가 무엇을 위해 싸웠으며, 왜 그러한 방식으로 싸웠는지 이해하기 위해서는 해당 사회의 문화를 공부해야만 했다."[16] 이에 더해 "전쟁은 해당 사회의 전반적인 구조에 영향을 준다" 사실 또한 명심해야만 했다.[17] 이와 같은 인식의 전환은 박사 논문을 대신하여 쓴 자신의 첫 저서 『보불 전쟁: 독일의 프랑스 침공, 1870~1871』에 그대로 녹아들어갔다.[18] 종전된 지 반세기가 흘렀지만 제1차 세계대전은 본격적인 연구의 대상으로 삼기에는 아직 어렵고 복잡한 주제였다. 하지만 1815년 워털루 전투와 1916년 솜Somme 전투 사이의 기간, 특히 재상 오토 폰 비스마르크의 외교 정책과 참모 총장 헬무트 폰 몰트케의 국방 개혁의 성공에 따라 프로이센이 부상함으로써 일어난 유럽 국제 질서의 급작스러운 재편은 하워드의 이와 같은 문제의식이 온전히 표출될 수 있는 최상의 주제였다.[19]

『보불 전쟁』에서 마이클 하워드는 보불 전쟁의 발발과 전개 그리고 결과를 19세기 중반 이후 프로이센과 프랑스 두 사회 내에서의 변화라는 '콘텍스트' 속에서 분석하고자 시도했다. 하워드는 우선 경제적인 측면에서의 발전, 특히 후기 산업혁명을 이끌었던 철강 산업의 성장에 따른 변화에 주목했다. 즉 철도의 군사 목적으로의 활용과 개인 화기 및 야포의 개량이 두 국가의 군사력에 미친 영향을 자세히 살폈다.[20] 다음으로 하워드는 나폴레옹 전쟁 이후 국가state 중심의 민족주의nationalism 감정의 확산과 심화가 불러일으킨 일련의 정치사회적인 변화의 군사적인 함의를 추적하고자 했다. 특히 하워드는 보편적인 병역 의무 체제로 구체화되는 군대를 국가nation의 정수로 이해하는 나폴레옹 전쟁의 이데올로기적 적자가 어떠한 역사적인 요인으로 인해 프랑스가 아니라 프러시아가 되었는지를 밝히고자 했다.[21] 끝으로 그는 프랑스가 군 개혁에 있어 프러시아에 비해 뒤처질 수밖에 없었던 이유를 프랑스의 역사 경험과 정치 문화에서 찾아내고자 했다. 마이클 하워드가 볼 때 프러시아군의 승리는 단순히 프러시아군이 프랑스군보다 뛰어난 무기를 보유하고 있었기 때문이 아니었다.[22] 보불 전쟁의 승패뿐만 아니라 그 과정에 대한 분석은 두 국가의 병력 규모만이 아니라 부대의 규율, 동원 능력, 그리고 작전 수행 능력을 모두 고려해야 했으며, 이를 위해서는 두 사회의 정치·경제·문화 전반에 대한 상세한 연구가 선행되어야만 했다. '전쟁과 사회'는 불가분의 관계를 맺고 있었다. 하워드의 이 책은 1961년에 출판되었다.

Ⅱ

마이클 하워드는 『보불 전쟁』으로 이듬해인 1962년에 더프 쿠퍼상Duff Cooper Prize을 받으며 역사학자로서 이름을 알리기 시작한다.[23] 실력을 인정받은 하워드는 킹스 칼리지에 '전쟁 연구War Studies' 석사학위 과정을 개설할 수 있게 된다. 이에 후일 클라우제비츠 연구의 권위자가 될 피터 파렛과 향후 킹스 칼리지에서 전쟁사 담당으로 교편을 잡을 브라이언 본드 등이 제자로 들어왔다.[24] 이와 더불어 하워드는 런던 정경대 국제정치학과 소속의 학자들과도 정기적으로 만나기 시작한다. 이 모임—'국제관계이론을 위한 영국 위원회British

Committee on the Theory of International Politics'—에서 하워드는 오늘날 국제정치학 분야에서 새로이 주목받고 있는 찰스 매닝(1894~1978), 애덤 왓슨(1914~2007), 헤들리 불(1932~1985), 마틴 와이트(1913~1972), 허버트 버터필드(1900~1979)와 같은 일군의 국제정치 이론가들과 교류한다.[25] 휘호 흐로티위스(1583~1645)로부터 시작되는 국제법적 전통을 비판적으로 계승하고자 한 이들 '영국학파English School'의 제1세대는 국제정치의 무정부적인 속성을 인정하면서도 관계 구성에 있어 역사와 문화의 역할에 방점을 두었다. '국제사회론theory of international society'으로 요약할 수 있는 이들의 관점은 1966년 버터필드와 와이트가 편집한『외교 분석: 국제정치 이론에 관한 글들』에서 본격적으로 개진된다.[26] 국제정치이론의 부재에 관한 와이트의 분석 논문과 불의 그로티우스의 국제사회론 논의로 널리 알려진 이 책에 모임의 막내였던 마이클 하워드는 정책의 수단으로서 전쟁과 극단적인 평화주의 사이의 간극에 관한 두 편의 비평 논문을 보태었다.[27] 이들의 교류는 다시 1984년 불과 왓슨이 편집한『국제사회의 팽창』이라는 책으로 또 다른 결실을 맺는다.[28]『국제사회의 팽창』에 실린 하워드의 논문은 근대 유럽 제국의 식민지 정복을 과학 기술 발전에 따른 군사력의 압도적인 우위로만 설명하는 통념에 대한 비판이었다.[29]

그러나 이 시기 마이클 하워드의 학문적인 그리고 개인적인 삶에 있어 가장 중요한 전환은 1954년 가을, '기갑전 이론theory of armoured warfare'과 '간접접근전략indirect approach'으로 유명한 영국의 군사 전략가이자 군사사가인 배질 리들 하트 경(1895~1970)과의 만남을 통해 왔다.[30] 물론 하워드는 해당 사회와는 별개로 군사 문제에만 주목하는 리들 하트의 기본 입장에는 찬동하지 않았다.[31] 하워드가 보기에 리들 하트는 프랑스 대혁명이 불러일으킨 모든 변화의 중심에서 사고하고자 애썼던 클라우제비츠가 아닌 나폴레옹 보나파르트의 참모로 활약하며 『전쟁술 강요』를 쓴 앙투안-앙리 조미니(1779~1869)에 가까웠다.[32] 이러한 근본적인 관점의 차이는 1965년 마이클 하워드가 편집하여 리들 하트에게 헌정한 논문집festschrift 『전쟁의 이론과 실천』에 잘 드러나 있다.[33] 하워드는 전쟁 연구를 군사 작전에만 국한시키는 조미니 류의 전통적인 군사 사상을 비판한 자신의 글을 맨 앞에 배치함으로써 리들 하트와 존 프레더릭 풀러(1878~1966)의 연구를 넘어서야 할 장애물로 정리했다.[34] 무엇보다 그는 전통적인 군사 사상의 한계를 제1차 세계대전이 너무나 뚜렷이 드러냈다고 보았다.[35] 제1차 세계대전은 클라우제비츠가 『전쟁론Vom Kriege』에서 이론화하고자 했던 나폴레옹의 '국민 무장군nation in arms'과 산업혁명에 따른 군사 기술의 혁신 위에서 치러졌으며, 따라서 이 전대미문의 정치적 열망과 파괴력의 배경을 고려하지 않는 조미니 류의 접근법은 근본적으로 문제가 있었다. 그러나 이러한 비판적인 입장에도 불구하고 리들 하트와 하워드의 우정은 깊었으며, 리들 하트 소유의 책과 논문은 하트 사후 하워드의 주선으로 킹스 칼리지에 모두 기증되었다.[36] 또한 하트를 통해 하워드는 좁은 학계를 벗어나 영국군과 영국 정부의 고위 관료들을 소개받을 수 있었다. 물론 1956년에 일어난 수에즈 사태Suez Crisis에 대한 하워드의 비판적인 입장, 즉 이집트에 대한 무력 사용으로 영국은 양차 대전 동안의 희생으로 그나마 지켜냈던 "선량한 열강good power"의 명예와 자부심마저도 내버렸다는 주장은 당시 영국군과 영국 정부 내에서 결코 좋게 받아들여지지 않았다.[37]

이집트에서의 잘못된 정책에 대한 자괴감과 더불어, 같은 시기 영국을 포함한 모든 주요 서방 도시에서 폭발했던 미·소 핵무기 경쟁을 반대하는 평화 운동은 마이클 하워드에게 또 다른 기회를 제공했다. 런던에서 막대한 지지를 받고 영향을 떨친 '핵무장 철폐 운동Campaign for Nuclear Disarmament, CND'

이 결집된 이듬해인 1958년, 하워드는 후일 '국제전략문제연구소International Institute of Strategic Studies, IISS'로 확장될 '전략문제연구소Institute of Strategic Studies, ISS'를 런던에 창립한다.[38] 그리고 4년 후인 1962년에는 기존에 운영되고 있었던 '전쟁 연구' 석사학위 과정을 확대하여 오늘날 전쟁 및 군사 분야 연구에 있어 널리 인정받고 있는 '전쟁연구학과Department of War Studies'를 킹스 칼리지에 신설한다. 이 두 가지 시도는 외무부와 국방부의 극소수 관료와 일부 정치인들에게 전체 사회의 운명을 맡길 수 없다는 하워드의 깨어 있는 시민의식의 표출이었다.[39] 하워드는 핵무기 경쟁으로 인한 인류 공멸의 위협이 전쟁의 성격을 바꾸어 놓았으며, 이에 따라 교육받은 시민의 적극적인 대응을 역설적으로 강제했다고 생각했다. 당시 『타임스Times』에 보낸 글은 하워드의 전쟁사 연구와 관련 분야 대외 활동을 관통하는 문제의식을 잘 담아내고 있다.

> 작전 수준에 있어 군의 전문성은 군을 벗어나 획득될 수 없으며, 또 그렇게 되어서도 안 된다. 하지만 전략 수준에 있어서는, 다시 말해 군이 무엇을 필요로 하는지, 어떻게 육성되고 무장되어야 하는지, 군이 어떻게 국가 정책의 수단으로 다루어져야 하는지, 그리고 무엇보다 국가 정책은 어떠해야 하는지에 관한 문제에 있어서는 교육받은 일반인의 의견은 필수불가결하다. 그리고 국가 기밀 정보에 접근할 수 없다고 하더라도 이와 같은 문제에 대해 올바른 판단에 도달하는 것은 충분히 가능하다.[40]

'전략문제연구소'의 활동을 인정받은 마이클 하워드는 1960년 '포드 재단Ford Foundation'의 지원을 받아 미국 강연 여행길에 오른다. 이때는 소련과의 핵 경쟁과 핵억제nuclear deterrence 문제로 인해 미국 도처에서 전략 연구에 대한 관심이 폭증하던 때였다.[41] 1946년에 미 공군에 의해 설립된 '랜드 연구소 Research and Development, RAND'를 포함한 여러 국제문제연구소 및 대학을 방문한 하워드는 미국의 외교 정책과 군사 전략에 있어 과도한 선악의 구도가 지니는 위험을 신경 써서 지적했다. 헨리 키신저에 앞서 하워드는 미국의 정책 담당자들과 국제정치학자들에게 소련을 '악의 세력'이 아니라 나름의 공포와 문제를 지닌, 과거의 역사와 현재의 취약함으로 고민하는 '러시아'로 바라볼 것을 호소했다.[42] 하지만 하워드의 이러한 설득은 제대로 받아들여지지 않았으며, 미국의 마니교적인Manichean 사고방식은 여전히 건재하다.[43]

영국으로 돌아온 하워드는 1960년대 중반 옥스퍼드의 시릴 펄스와 함께 '육군교육개혁위원회Army Education Advisory Board'의 일을 떠맡는다.[44] 특히 하워드는 군사 교육에만 매몰되어 있는 군 교육의 폐쇄성과 군 내부에 만연한 비밀주의를 타파하기 위한 빙인으로 징교 계급을 대상으로 한 민간 고등 교육 기관으로의 위탁 교육 제도에 대한 전면적인 개혁과 확대를 제안했다. 군 교육의 후진성과 편협성은 군만이 아니라 전체 사회의 발전 차원에서 볼 때 결코 득이 되지 않는다고 하워드는 굳게 믿었다.[45] 하워드의 이러한 군 개혁을 위한 노력은 1968년에 영국 국방부의 지원으로 마련된 '국방 연구 특별 연구원'의 직책으로 되돌아왔으며, 이로써 하워드는 20여 년 만에 모교인 옥스퍼드대, 올 소울스 칼리지로 뜻밖의 방식으로 자리를 옮기게 된다.[46]

옥스퍼드로 돌아온 하워드는 미국 외교관으로 후일 『포린 어페어스Foreign Affairs』를 발행하는, 뉴욕에 위치한 싱크 탱크 '외교 위원회Council on Foreign Relations'의 의장직을 맡게 될 리처드 하스, 근·현대 군사 전략 사상사 분야 전문가로 이름을 떨칠 이스라엘 출신의 아자르 갓, 그리고 최근까지 본인에 이어 킹스 칼리지 전쟁연구학과를 책임졌던 로런스 프리드먼 등을 박사과정 학생으로 받는다.[47] 특히 프리드먼의 왕성한 활동으로 킹스 칼리지는 발전을 거듭하며 오늘날 전쟁 및 군사 연구의 국제적인 메카로 우뚝 서게 된다.

옥스퍼드에서 하워드는 연구와 강연에 있어서도 큰 성과를 이룬다.[48] 무엇보다 이제 프린스턴대에 자리를 잡은 런던 시절의 제자 파렛과 함께 클라우제비츠의 『전쟁론』 영역본 출판에 착수한다.[49] 이는 하워드의 비엔나 어학연수 시절로까지 거슬러 올라가는 오래된 구상이었다. 1976년에 프린스턴대 출판부에서 출판된 이 수려한 영역본에 하워드는 클라우제비츠 사상의 영향에 대한, 파렛은 『전쟁론』의 기원에 대한, 그리고 핵억제 전략 이론가로 잘 알려진 버나드 브로디(1910~1978)는 핵시대에 있어 『전쟁론』의 함의에 대한 장문의 소개글을 실어 클라우제비츠 사상을 전면 재조명했다.[50] 현대 영국사 분야에서 학술적인 공헌을 인정받은 하워드는 1971년에 옥스퍼드 대학에서 '포드 Ford 강좌'를 맡아 양차 세계대전 사이 영국 국방 정책의 문제점을 논하기도 했다.[51] 같은 해 하워드는 다시 파렛과 함께 1943년 에드워드 얼(1894~1954)이 편집, 출판했던 군사학 분야의 고전 『근대 전략의 이론가들』의 증보 개정판을 내놓는다. 같은 제목의 이 책은 르네상스 이후부터 18세기 계몽주의와 19세기 산업혁명 시기를 거쳐 20세기 핵무기의 탄생에 이르는 동안 군사 전략 및 사상의 고민과 변화를 역사적으로 논한 군사학 분야의 필독서가 되었다.[52] 이듬해인 1972년, 하워드는 영국 정부의 청탁을 받아 공식 역사서로 쓴 제2차 세계대전 시기 영국 군사 전략에 대한 기록서 『대전략: 1942년 8월 ~1943년 9월』로 명예로운 울프슨 역사상Wolfson History Prize을 수상한다.[53] 3년 후인 1975년에는 워릭대에서 본 번역서의 기초가 된 '레드클리프Redcliffe 강좌'를 맡았으며, 그로부터 2년 후인 1977년에는 케임브리지대, '트레벨랸

Trevelyan 강좌'의 연사로 초청받는다. 16년 전인 1961년, E. H. 카(1892~1982)의 『역사란 무엇인가』의 초고가 발표되었던 이 유서 깊은 케임브리지에서의 강연에서 하워드는 '자유주의 국제정치사상의 역사와 실천'을 주제로 이야기 했으며, 이 강의록은 1978년에 『전쟁과 자유주의 양심』이란 제목으로 출판되었다.[54]

이 모든 학문 내외적인 공헌으로 1977년에 마이클 하워드는 옥스퍼드대, 올 소울스 칼리지 전쟁사 담당 치첼리 교수직Chichele Professorship에 선출된다. 그리고 3년 후인 1980년, 『종교와 마술의 쇠퇴: 16~17세기 잉글랜드 대중 신념에 대한 연구』의 저자로 유명한 영국 문화사가이자 동료였던 키스 토머스 경을 제치고 옛 스승인 트레버로퍼에 이어 옥스퍼드 대학의 근대사 담당 흠정 교수로 임명된다.[55] 다시 6년 후에는 영국 왕실로부터 지금까지의 공로를 인정받아 기사 작위를 부여받았으며, 1988년까지 옥스퍼드 근대사 흠정 교수로 재직한다. 이후 『강대국의 흥망: 경제 빌진과 군사 길등, 1500~2000』으로 잘 알려진 예일대의 폴 케네디 교수의 초청으로 예일대 군사 및 해군사 담당 명예 교수로 자리를 옮겨 1989년 여름부터 4년을 더 후학 양성과 강의에 매진한 후 은퇴했다.[56] 고령에도 불구하고 하워드는 은퇴 후 현재까지도 자신이 설립한 '국제전략문제연구소'의 평생 고문으로 어느 때보다 왕성하게 강연 및 저술 활동을 계속하고 있다.[57]

Ⅲ

마이클 하워드의 전쟁사 연구가 이렇게 대서양 양편에서 널리 인정을 받으며 오랫동안 커다란 지적 반향을 일으킬 수 있었던 까닭은 어디에 있을까? 바꿔 말해, 하워드가 생각하는 학문으로서 전쟁사란 무엇이며, 어떻게 연구되어야 하며, 어떠한 기여를 할 수 있을까? 앞서 지적했듯이, 하워드에게 전쟁사는 좁은 전장에만 국한되는 '군사 작전의 역사' 혹은 '작전사operational history'가 아니었다. 하워드에게 전쟁사는 그의 킹스 칼리지 후임자 중 한 명인 미국 남북 전쟁American Civil War(1861~1865) 전문가인 브라이언 레이드가 최근 헌정 논문에서 정확히 집어냈듯이, "전쟁을 사회 현상의 하나로 다루는 인문학적인 연구humane study of war as a social phenomenon"였다.[58] 이러한 점에서 하워드는 엄밀히 말하자면 "군사 전문가가 아니라" "전쟁이 사회 일반에 미치는 영향에 주된 관심을 두는 전문 역사가"라 칭할 수 있을 것이다.[59]

'전쟁과 사회'라는 테제로 요약되는 하워드의 전쟁사 연구의 출발점은 무엇보다 자신의 연구를 비롯한 전쟁사 분야 자체의 역사화에 있다. 하워드는 해당 사회와 분리하여 군사 행동에만 착목하는 좁은 의미의 전쟁사로서 군사사military history의 탄생을 18세기로 추적해 내려간다.[60] 하워드는 오늘날 우리가 이해하는 형태의 군사사는 18세기 이전에는 존재하지 않았다고 강조한다. 왜냐하면 유럽은 줄곧 전사들의 사회였기 때문이다. 그리스 도시국가와 로마 공화국의 정신의 중추를 구성했던 것은 전장에서의 용맹 혹은 남성다움virtù이었다. 시민은 곧 군인이었으며, 자신의 땅과 공동체를 위해 무기를 들고 싸우지 않는 자는 인간으로서의 삶이 완성되는 장인 정치Polis에 참여할 수 없었다. 중세 기독교 유럽도 별반 다르지 않았다. 귀족의 지위는 기사의 지위에 다름 아니었으며, 이 시기 기독교는 평화의 종교라기보다 전쟁의 종교에 가까웠다. 18세기까지 유럽에서 '전쟁과 사회'는 분리되어 존재하지 않았으며, 따라서 별개로 사고되지도 않았다. 이에 마이클 하워드는 "전문 연구 분야로서

'군사사'는 특별나게 평화로운 사회에서만 누릴 수 있는 사치 중 하나다"라고 단언한다.[61] 다시 말해, 독립적인 연구 분야로서 전쟁사의 등장은 16세기 중반 이래 유럽 전역을 무대로 했던 종교 전쟁(1560~1648)의 종식 이후 국내적인 평화와 안정의 확립과 궤를 같이했다. 따라서 오늘날의 군사사는 유럽 대륙 전체를 포괄하는 일종의 내란의 성격을 띠었던 종교 전쟁이 1648년 웨스트팔리아 평화 조약에 의해 종결되고, 주권국가의 원칙Cujus regio, eius religio에 입각한 국가들의 체제가 정립되면서 탄생한 대단히 근대적인 연구 분야라 하겠다.

영국의 경우를 들어보자면, 군사사는 스튜어트 왕조에 맞선 한 세기에 걸친 내전이 1688년의 명예 혁명Glorious Revolution으로 일단락된 후 9년 전쟁(1688~1697)과 곧이어 스페인 왕위 계승 전쟁(1702~1713)의 일환으로 말버러 경(1650~1722)의 영국군이 유럽 대륙에서 루이 14세(1638~1715)의 프랑스군과 대적히어 치른 전투에 대한 기술로 처음 등장하기 시작했으며, 1815년 웰링턴 경이 이끈 영국군이 워털루 전투에서 나폴레옹의 대군을 격파함과 같이하여 틀을 잡았다고 할 수 있다.[62] 그럼에도 19세기 중반 군사사는 영국 육군이나 해군이 치른 전투의 기록에 다름 아니며, 19세기 후반 역사학 전 분야의 급속한 성장에도 불구하고 군사사는 주제와 저자, 독자의 모든 측면에 있어 군대라는 극히 한정된 공간에 머물러 있었다.[63] 경제 발전이나 정치 변동이 전쟁의 형태에 미치는 영향은 일반사가들에게 분석은커녕 관심의 대상조차 되지 못했다. 전쟁의 사회적 여파도 마찬가지였다. 영국은 섬이라는 지리상의 위치로 인해 프랑스 혁명 전쟁(1792~1802)과 잇따른 나폴레옹 전쟁의 폭풍을 피할 수 있었으며, 이에 역설적으로 프러시아를 비롯한 유럽 대륙의 국가에서와는 달리 군사 문제 전반에 걸친 획기적인 인식의 전환을 맛볼 기회를 갖지 못했다.[64] 19세기 영국 제국의 산업경제력과 전 지구적 차원의 군사력의 상징으로서 대영 해군의 눈부신 활약에도 불구하고 군사 문제는 여전히 전체 사회와 분리되어 논의되었다.[65]

이를 양차 대전이 완전히 뒤바꿔 놓았으며, 바로 그 중심에 하워드의 선구자적인 연구가 있다.[66] 제1차 세계대전을 겪은 뒤에야 영국의 군인과 관료, 그리고 학자들은 서서히 전쟁의 승패뿐만 아니라 군사 전략, 심지어는 세부 작전까지도 다양한 요인—정치, 경제, 기술, 행정, 사회, 문화—에 의해 결정된다는 사실을 깨닫기 시작했다. 19세기 산업혁명은 사회의 모든 분야가 승리를 위해 철저히 동원되는 '총력전total war'의 시대를 열었으며, 제2차 세계대전은 제1차 세계대전의 경험과 교훈을 다시 한번 뼈저리게 확인시켰다. 이와 더불어 양차 대전으로 인한 영국 사회의 대변동은 '전쟁과 사회'라는 테제의 중요성을 한층 더 부각시켜놓았다. 이렇게 볼 때, 하워드의 전쟁사 연구는 18세기 말 그 가공할 모습을 드러내고, 양차 대전을 통해 급기야는 영국까지도 집어삼킨 '국민전'의 지적 산물이라고 할 수도 있다.[67]

하지만 이와 동시에 하워드의 전쟁사 연구는 18세기 말 찬란한 희망을 선보였던 계몽주의에 굳건히 발을 딛고 있다.[68] 2000년에 출간된 『평화의 발명: 전쟁과 국제 질서에 대한 성찰』의 서론에서 헨리 메인 경(1822~1888)의 말을 빌려 애써 강조하고 있듯이, "전쟁은 인류의 역사만큼 오래되었지만, 평화는 근대의 발명품"이었다.[69] "자신들의 문제를 스스로 해결하고자 하는 합리적인 인간의 숙고로부터 나온 질서"라 할 수 있는 평화는 18세기 계몽주의 사상가들에 의해 고안되었으며, "정치 지도자들에게 그러한 평화가 실현 가능한 것으로, 또 진실로 추구해야 할 목표로 받아들여지기 시작한 것은 단지 과거 200여 년 사이에 일어난 변화"라고 하워드는 누차 지적한다.[70]

특히 하워드는 이마누엘 칸트가 1795년에 출판한 짧은 논고 『영구평화론』에서 전개한 입장을 견지한다.[71] 그러나 하워드는 칸트의 『영구평화론』에 기초하여 근래 유행했던 소위 '민주평화론democratic peace theory'의 기계론적인 해석과 적용에 대해서는 극히 비판적이다.[72] 칸트는 민주주의 국가, 좀 더 엄밀히 말하자면 입법부와 행정부가 독립되어 서로 견제하고, 헌법에 의해 인간으로서 그리고 시민으로서의 권리가 보장되는 공화정republic은 군주정과 여타의 독재정과는 달리 공중public의 의견을 존중하기에 함부로 전쟁에 임할 수 없다고 언명했다.[73] 이에 더해 칸트는 자유 무역과 왕래는 공화정을 정부 형태로 하는 나라들 사이의 상호 교류와 신뢰를 증진시켜 국제 평화의 토대를 더욱 공고히 다질 것이라 예언했다.[74]

크게 보면 칸트가 옳았다고 할 수 있다. 하지만 역사학자로서 하워드는 칸트의 『영구평화론』을 도식적으로 이해하지 않았다. 역사는 누구보다도 역사학자에게 "섣부른 예측을 삼가야 할 이유를" 되풀이해 가르쳐준다고 그는 누차 강조한다.[75] 프랑스 대혁명의 정치적 이상의 전파는 상당히 공통된 문화와 전통을 지녔으며 지리적으로 극히 한정된 공간인 유럽 내에서도 폭력으로 점철된 저항과 순응의 과정을 거쳐야만 했다.[76] 또한 칸트는 "상업의 정신은 전쟁과 공존할 수 없다"고 낙관했지만,[77] 하워드는 상업혁명에 이어 일어난 산업혁명이 20세기의 '총력전'을 가능케 했으며, 경제 성장이 낳은 전 지구적인 부의 불평등은 오히려 더 뿌리 깊은 갈등의 씨앗이 되었다는 사실에 초점을 맞춘다.[78]

따라서 하워드는 인간의 "반사회적 사회성unsocial sociability"을 핵으로 하는 칸트의 역사 철학을 더 중요하게 여긴다.[79] 즉 "자연이 인간의 모든 능력을 만개시키기 위해 사용하는 수단은 사회 내에서 그들 사이의 대립이다. 단 이 대립이 궁극적으로 사회 내에서 법적 질서의 원인이 되는 한에서 말이다."[80] 하워드는 칸트의 이러한 개념을 "아무리 끔찍한 퇴보가 있다 해도 전쟁을 일으키지 않고 언제나 불완전할 수밖에 없는 평화를 유지하기 위해 끊임없이 노력하는 것"으로 풀이한다.[81] 다시 말해, 필자가 이미 지적한 바 있듯이, 하워드는 칸트를 따라 "유적 존재로서 인간이 스스로를 깨우칠 능력과 의지를 지니고" 있기를, "지난 전쟁의 역사가 조금이라도 인간을 일깨웠기를," 그리고 "앞으로 일어날지도 모르는 전쟁에서 인간이 무엇인가를 배우기를" 기원한다.[82] 최근 출판된 연설 및 강의록 모음집 『해방 혹은 파국: 20세기 역사에 대한 성찰』의 서문에서 그는 지난 반세기 동안 자신의 전쟁사 연구와 대외 활동을 다음과 같이 칸트의 "반사회적 사회성" 논의를 빌려 회고한다.

> 나는 모든 문제에 대한 해결이 또 다른 도전을 일으킨다고 보는 역사적 변증법에 대한 헤겔의 신념과 함께 새로운 도전에 직면하고 이를 극복하는 과정에서 인류는 적어도 도덕적으로 진보할 기회를 갖는다는 좀 더 논쟁의 소지가 있는 칸트의 신념을 따르고자 했다.[83]

그렇다면 하워드가 추구하고자 한 전쟁사는 구체적으로 어떤 모습이며, 어떤 기여를 할 수 있을까? 18세기 계몽주의의 지적 전통 위에서 '전쟁과 사회'라는 테제는 어떻게 연구되고 쓰일 수 있을까?

1961년 「군사사의 활용과 남용」이라는 제목으로 런던 소재 '왕립합동군사연구소Royal United Services Institute'에서 행한 강연에서 하워드는 이 질문에 답하고 있다. 하워드는 우선 군사사를 군사주의militarism의 시녀로 보는 역사학계 일반의 비판이 일면 타당하다고 인정한다.[84] 군사사는 시초부터 국민–국가nation-state의 '신화 만들기'의 선봉에 서 있었다. 군사사는 애국심과 충성심을 고취하기 위한 목적으로 자국의 과거를 미화하는 영웅 사관에 도취되어왔다. 이는 소속 부대에 대한 자부심을 키워 전투력을 증강시키고자 쓰이는 연대사regimental history의 경우도 마찬가지였다. 하워드가 보기에 이와 같이 과장되고 부풀려진 역사 기술의 문제는 단순히 군사주의를 옹호하는 데 그치지 않는다. 과도한 '신화 만들기'는 전쟁의 참혹성과 복잡성을 바로 알려주지 않음으로써 실제 상황에 직면하여 그릇된 판단과 엄청난 혼동을 초래한다고 하워드는 강조한다.[85] 그는 이러한 주입된 환상의 역사를 "보육원 역사nursery history"라 칭하며, 성숙한 성인들의 사회에 어울리는 "제대로 된 역사histories proper"가 아니라고 말한다.[86] 시민들이 현실을 직시하도록 한 뒤 각자가 이성적으로 판단을 내릴 수 있도록 돕는 역사를 추구한다는 점에서 하워드의 전쟁사는 계몽의 시작은 "모든 일을 스스로 생각하고 논하는 데 있다Sapere aude"는 칸트의 유명한 격언을 충실히 따르고 있다.[87]

다음으로 하워드는 체계적으로 교육받지 못한 상당수의 군사사가들, 특히 군 및 기자 출신 아마추어 역사학자들이 종종 시·공간의 특수성을 고려하지 않은 채 행하는 비교 연구를 극도로 경계해야 한다고 강조한다.[88] 각 상황이 지니는 차이의 본질적인 중요성을 무시하고 외관상의 유사점을 확대 해석하는, 특히 최고 지휘관을 중심으로 이루어지는 이러한 비교 연구는 일반 대중의 흥미를 자극할 수는 있어도 역사 연구의 기본이라 할 수 있는 과거의 "타자성otherness"에 대한 이해가 전무한 사이비 역사학이라 하워드는 일갈한다.[89] 물론 모든 전쟁은 다른 사회 현상과는 달리 시작과 끝이 있으며, 승자와 패자가 있다는 점에서 같은 틀을 지니고 있다고 말할 수 있다.[90] 따라서 18세기 군사 사상의 모든 전투를 설명하고, 모든 전쟁을 포괄하는 '거대 이론grand theory'에 대한 집착에서 볼 수 있듯이, 승리와 패배의 요인을 개별 전쟁의 구체적인 상황과 분리하여 추출하고자 하는 유혹이 클 수밖에 없다.[91] 하지만 "사회와 기술의 변화를 충분히 고려하지 않는 무지한 군사사 연구는 차라리 아예 없는 것이 나을 정도로 매우 위험하다"고 하워드는 누차 경고한다.[92] 군 지휘관 교육에 있어서도 성급한 교훈 도출을 목적으로 하는 연구는 종국에는 전쟁과 전투에 대한 잘못된 허상을 심어줘 극한 상황이 닥쳤을 때 올바른 판단을 저해할 따름이라고 하워드는 말한다.[93]

이에 하워드는 다음의 세 가지 기준이 전쟁사 연구의 기본이 되어야 할 것이라 조언한다.[94] 첫째로 폭width이다. 연구자는 "전쟁이 오랜 역사의 과정 속에서 어떻게 발전되어왔는지 관찰해야만 한다."[95] "변화를 알아야만 무엇이 변화하지 않는지 추론할 수 있으며, 시대를 뛰어넘는 위대한 장군들의 전쟁술이 보여주는 외견상의 유사성보다 군사사에서의 주요한 단절로부터 더 많은 것을 배울 수 있다."[96] "전쟁의 원칙에 대한 지식은 변화에 대한 이해를 통해 조절되어야 하며, 폭넓은 독서만이 제공할 수 있는 유연한 생각의 바탕 위에서 적용되어야 한다."[97] 둘째로 깊이depth다. 전쟁사 공부를 통해 미래의 전쟁을 대비하고자 한다면 교과서만이 아닌 개별 전투와 관련된 모든 자료, 자서전, 편지, 일기, 심지어는 문학 작품(특히 전쟁문학)까지도 섭렵해야 한다.[98] 그래야만 실제 전투 상황의 혼란과 공포를 간접적으로나마 체험할 수 있다. 전쟁은 혼동과 우연으로 점철되어 있으며, 결코 지휘관의 작전 능력과 병력의 사기 그리고 우월한 무기만으로 치러지는 것이 아니다.[99] 끝으로 콘텍스트다. "전쟁은 대규모 전술 훈련이 아니다."[100] 전쟁은 외부 환경과 질연된 체스 게임이나 축구 시합이 아니라 사회와 사회의 충돌이며, 그렇기에 전쟁의 승패를 가르는 궁극적인 요인은 종종 전장이 아닌 교전국의 정치, 경제, 사회, 문화

영역에서 찾아진다.[101]

하워드는 이러한 방식으로 철저히 연구될 때만이 군사사가 자신에게 부여된 역사적 효용을 다할 수 있다고 보았다. 왜냐하면 그와 같은 연구만이 일반 시민 독자와 관련해서는 전쟁의 본질과 더불어 전쟁이 자신이 속한 사회의 형성에 좋든 나쁘든 어떠한 역할을 했는지 이해하도록 돕는 한편, 직업군인과 관련해서는 만일의 사태에 있어 더 효과적으로 임무 수행을 할 수 있도록 준비케 하기 때문이다.[102] 이로써 인간 사회의 극한 대립을 연구 대상으로 하는 '북과 나팔의 역사drums and trumpets history'로 통칭되는 군사사는, 칸트의 표현을 빌리자면, "영리한clever" 인간이 아니라 "현명한wise" 인간을 기르고자 하는 '자연'의 '보편사universal history'적인 의도에 부합하게 된다.[103]

IV

마이클 하워드의 이 책은 그가 2009년 개정판 후기에서 되풀이하여 강조하고 있듯이, "전쟁사"가 아니라 "유럽사 속의 전쟁"에 관한 책으로 '전쟁과 사회'라는 테제에 착실히 의거해 집필되었다. 따라서 하워드의 주된 관심은 유럽이 치른 전쟁의 승패 분석에 있지 않으며, 마찬가지로 각 시대별 전쟁의 구체적인 양태를 나열식으로 기술하는 것 또한 하워드가 이 책에서 의도하고 있는 바가 아니다. 로마 제국의 멸망 이후 중세 봉건 질서의 성립에서부터 시작하는 이 책은 2001년 9·11 테러 이후까지 유럽이라는 한정된 지리적 공간 속에서 일어난 '전쟁과 사회'의 복합적인 상호 영향관계를 다루고 있다.

특히 이 책의 초점은 오늘날 정치체제의 규준이 된 근대국가의 등장에 있어 전쟁의 역할에 맞춰져 있다. 이는 무엇보다도 오늘날 유럽 사회의 토대가 바로 근대국가이며, 이 독특한 정치체제의 구성이 전쟁과 불가분의 관계를 맺고 있기 때문이라 할 수 있다. 또한 앞서 보았듯이, 영국에서 '전쟁 수행war making'과 '국가 형성state making'의 유기적 관계에 대한 본격적인 논의는 양차 대전에 따른 사회적 고통을 톡톡히 치른 이후에야 이루어지기 시작했으며, 하워드의 전쟁사 연구 역시 이와 분리하여 이야기할 수 없다.[104]

학문적으로 볼 때, 마이클 하워드의 '전쟁과 사회'라는 테제는 한스 델브뤼크, 오토 힌체(1861~1940), 막스 베버 등으로 이어지는 20세기 초 독일 역사사회학과 맥을 함께하고 있다.[105] 특히 본 책은 하워드 자신이 서문에서 잠깐 언급하고 있는 것처럼 델브뤼크의『정치사의 관점에서 본 전쟁사』와 뜻을 같이하고 있다.[106] 이러한 학문적 교감은 하워드의 제자 엘리엇 코언과 레이드에 의해서도 지적된 바 있다.[107] 그렇기에 옥스퍼드의 스승 펄스의『전쟁술』에 대한 후속작으로 집필되기는 했지만, 마이클 하워드의 이 책을 델브뤼크의 총 네 권으로 구성된 대작 중 중세 이후 부분의 축약본으로 불러도 아주 틀린 말은 아니다.

하지만 마이클 하워드의 '전쟁과 사회'라는 테제의 뿌리는 나폴레옹 전쟁의 여파로 급격한 변화의 중심에 놓였던 프러시아로 더 거슬러 올라간다. 하워드의 전쟁사 연구의 지적 원천은 클라우제비츠의『전쟁론』이다. 하워드는 클라우제비츠의『전쟁론』을 유럽 근·현대사 속에서 비판적으로 독해함으로써 근대국가의 성격과 함께 이들 사이의 대립 관계의 변화하는 속성을 고찰하고자 했다. 따라서 이 책을 포함한 다른 모든 글을 관통하는 하워드의 핵심 논지를 제대로 파악하기 위해서는 클라우제비츠의『전쟁론』에 대한 개괄이 필수적이다. 이 점에서 하워드가 클라우제비츠의『전쟁론』을 제자 파렛과

함께 영역하고, 이어 클라우제비츠에 대한 자세한 소개서까지 썼다는 사실은 결코 우연이 아니다.[108]

앞서 언급했듯이, 클라우제비츠의 활동 시기는 정확히 프랑스 혁명 전쟁에서 나폴레옹 전쟁 사이의 기간, 즉 1792년에서 1815년 사이다.[109] 1780년 프러시아 육군 장교의 아들로 태어난 클라우제비츠는 12살이 되던 1792년 프러시아 보병 연대 장교로 임관한다. 프랑스 혁명군과 여러 차례의 전투를 치른 클라우제비츠는 19살이 되던 1801년, 게르하르트 폰 샤른호르스트(1755~1813)의 지도 아래 새로이 설립된 베를린 소재의 군사 학교Kriegsakademie에 입학한다. 클라우제비츠의 군사 사상의 정수는 샤른호르스트의 교육철학에서 연유한다.[110] 무엇보다 샤른호르스트는 프랑스군의 승리는 프랑스 사회 전체의 변혁, 즉 1793년 국민 총동원령levée en masse으로 상징되는, 프랑스 대혁명과 혁명 전쟁에 따른 프랑스 국민국가의 탄생과 밀접히 관련되어 있다고 보았다.[111] 따라서 프랑스를 패퇴시기기 위해서는 단순히 프랑스 군대의 군사 기술과 작전을 공부하는 것만으로는 부족하다고 샤른호르스트는 생각했다.[112] 프랑스군의 혁신의 정치적 배경을 이해하지 않고서는 프랑스군의 놀라운 승리를 설명할 수 없었다. 1803년에 우수한 성적으로 군사 학교를 졸업한 클라우제비츠는 이 시기부터 군사 문제에 대해 방대한 양의 글을 쓰기 시작했으며, 이 원고는 후일 『전쟁론』의 토대가 된다. 하지만 1806년, 클라우제비츠는 아우어슈타트Auerstadt 전투에서 프랑스군의 포로로 잡혀 이듬해 러시아와 프랑스의 프러시아 분할 조약인 틸지트 평화 조약Tilsit Peace Treaty에 따라 1808년 본국으로 송환될 때까지 적국 프랑스에서 치욕의 나날을 보내게 된다.

프랑스에 대한 클라우제비츠의 적대감은 곧 강렬한 프러시아 애국주의로 나타났다. 프랑스에서 풀려난 후 클라우제비츠는 샤른호르스트를 도와 대대적인 프러시아군 개혁을 추진했으나, 1812년 충성을 맹세했던 국왕 프리드리히 빌헬름 3세(1770~1840)가 변심하여 프랑스와 동맹을 맺자 이에 크게 실망하여 몇몇 동료들과 함께 러시아 황제 알렉산드르 1세(1777~1825) 밑으로 들어간다. 같은 해 12월, 나폴레옹 휘하에 있던 프러시아군 지휘관 요르크 폰 바르텐부르크(1759~1830) 장군이 러시아군에 투항하자 클라우제비츠는 그를 도와 프러시아 저항군을 조직했으며, 이듬해인 1813년 빌헬름 3세가 나폴레옹과의 동맹 관계를 청산하고 제6차 대불 동맹 전쟁(1812~1814)에 뛰어들자 베를린으로 귀환한다.[113] 하지만 국왕은 클라우제비츠를 포함해 러시아로 망명했던 장교들을 신뢰하지 않았으며, 클라우제비츠의 조언자이자 후원자였던 샤른호르스트 또한 죽고 없었다. 그러나 클라우제비츠는 곧 샤른호르스트에 이어 프러시아 군내 개혁 세력을 이끌고 있었던 서부 지역 총사령관 아우구스트 폰 그나이제나우(1760~1831)의 참모 장교로 발탁된다. 이후 1818년, 클라우제비츠는 독일 군사 학교 교장으로 부임했으며, 1830년에 폴란드 국경 지역 담당 야전 지휘관으로 배치되기 전까지 이곳에서 『전쟁론』의 원고를 다시 손에 잡았다.[114] 하지만 1년 뒤인 1831년 11월 16일, 클라우제비츠는 미완성 원고를 남기고 급성 콜레라로 인해 51세의 나이로 생을 마친다. 유작 『전쟁론』은 미망인 브륄Marie von Brühl(1779~1836)에 의해 편집되어 이듬해 출판된다.

　『전쟁론』에 내재된 클라우제비츠의 군사 사상은 흔히 "전쟁은 다른 수단에 의한 정책의 연장에 지나지 않는다"는 명제로 요약된다. 하지만 하워드는 전쟁은 "다른 수단들이 혼합된 정책의 연장에 불과하다"는 클라우제비츠의 주장이 사실 클라우제비츠의 독창적인 주장이 아니라고 말한다. 하워드에 따르면 이 언명은 샤른호르스트를 위시한 프러시아군 내 개혁론자들 사이에서 널리 받아들여졌던 관점이었다.[115] 이들은 프랑스 대혁명과 혁명 전쟁 그리고 나폴레옹 전쟁을 통해 국가 정책이 전쟁의 성격뿐만 아니라 형태까지도 결정하며, 따라서 군사 전략은 정치 상황에 따라 달리 수립된다는 사실을 깨우쳤다. 바꿔 말해, 전투에서의 승리보다 전쟁에서의 승리가 중요하며, 전쟁에서의 승리도 국가의 장기적인 정치적 목표 달성에 이바지하지 못한다면 아무런 소용이 없다는 사실을 배웠다. 따라서 클라우제비츠는 전략에 대한 평가는 군사적인 성취가 아니라 정치적인 성취에 비춰 이루어져야 한다고 믿었다.[116] 하워드의 독해에 따르자면, 클라우제비츠가 간명히 요약한 당시 개혁 성향 프러시아 장교단의 이와 같은 사고방식은 전쟁을 국가 정책의 핵심이자 완성으로 보는 군사주의의 표명이 아니었다.[117] 오히려 클라우제비츠는 오늘날에는 상식이 된 정책의 연장으로서 전쟁에 대한 책임은 궁극적으로 정치 영역에 귀속되며, 전쟁은 외교의 중단을 의미하지도, 혹은 초래하지도 않는다는 점을 명료히 확인했을 따름이라고 하워드는 정리한다.[118]

요약하자면, 마이클 하워드가 볼 때『전쟁론』의 핵심은 전쟁이 정부와 군대 그리고 국민의 삼각관계 속에서 치러진다는 주장에 있었다. 나폴레옹 전쟁은 전쟁이 "(1) 전쟁을 정책의 도구로 하는 정부와 (2) 전쟁을 자신의 실력을 발휘하는 장으로 삼는 군대, 그리고 (3) 자신의 참여를 통해 전쟁의 강도를 정하는 국민"의 관계 속에서 치러진다는 점을 보여줬으며, 이를 클라우제비츠가 체계적으로 정리했다고 파악한다.[119] 당연 하워드에게『전쟁론』의 정수는 전쟁의 본질에 관한 제1권, 제1장 마지막 단락에 있는 다음과 같은 분석에 있었다.

전쟁은 … (1) 맹목적 본능과 같은 증오 그리고 적대감의 원초적 폭력성, (2) 자유로운 정신이 마음대로 거닐 수 있는 기회와 우연의 조합, (3) 정책의 도구로 전쟁을 종속시킴으로써 전쟁을 순수한 이성의 영역에 위치시키는 요소의 기묘한 삼위일체로 구성된다. 이 가운데 첫 번째는 주로 국민, 두 번째는 지휘관과 군대, 그리고 세 번째는 정부와 관련된다. 전쟁중 타오르는 열정은 국민의 마음속에 자리 잡고 있어야 하며, 우연과 기회의 영역에서 용기와 재능이 발휘되는 범위는 지휘관과 군대의 특성에 달려 있다. 하지만 전쟁의 정치적 목표는 오로지 정부의 일이다. (…) 이중 어느 하나라도 고려하지 않는 또는 인위적으로 이들의 관계를 확정지으려는 이론은 현실에 배치될 것이며, 그 이유 하나만으로도 쓸모없는 이론이 된다. 따라서 우리의 과제는 세 자력 사이에 매달려 있는 물체와 같이 이 세 경향 사이에서 균형을 유지하는 이론을 고안하는 것이다.[120]

전쟁을 정부와 군대 그리고 여론의 삼각관계 속에서 파악하는 클라우제비츠의 분석틀은 당연히 마이클 하워드의 '전쟁과 사회'라는 테제와 합치하며, 이를 이용하여 하워드는 제1차 세계대전의 발발과 전개과정을 명쾌히 분석하기도 했다.[121]

『전쟁론』의 영향은 하워드의 전략 논의에도 녹아 있다. 예를 들어, 베트남전쟁(1955~1975)의 예상치 못한 결과에 대한 분석이 쏟아져 나오던 1979년, 『포린 어페어스』에 실린 「전략의 잊혀진 차원들」이라는 논문을 언급할 수 있다.[122] 이 논문에서 하워드는 클라우제비츠가 『전쟁론』에서 명료히 제시한, 그리고 오늘날에도 별다른 의문 없이 널리 통용되는 '주어진 정치적 목표의 성취를 위해 군사력을 동원하고 사용하는 일련의 행위'로서 전략에 대한 정의를 근·현대 서양사에 비춰 비판한다. 이를 통해 하워드는 '전쟁과 사회'라는 테제를 전략의 논의에 있어 중심적인 위치에 올려놓고자 했다.[123]

우선 하워드에 따르면, 전략 연구에서 클라우제비츠의 공헌이면서 동시에

폐해는 무엇보다 군사력의 유지와 사용을 엄밀히 구분한 후, 후자만을 전략의 구상에서 고려할 가치가 있는 대상으로 확정지었다는 데 있다.[124] 클라우제비츠를 직접 인용하자면, "전략은 전쟁의 목적을 달성하기 위한 전투의 운영이다."[125] 클라우제비츠 이전의 정치가들과 군인들이 전쟁을 치르는 데 필요한 병력을 양성하는 데 요구되는 자원의 동원, 즉 병참의 문제logistics에 과도히 집착했다고 한다면, 클라우제비츠 이후의 정치가들과 군인들은 병력의 동원과 배치 그리고 활용의 문제operation에만 천착했다고 하워드는 서술하고 있다. 또한 전략을 '작전 전략operational strategy'과 동일어로 취급하는 현재의 일반적인 양태를 하워드는 나폴레옹 전쟁을 바탕으로 사상을 전개시켰던 클라우제비츠의 지적 유산이라 파악한다.[126]

하지만 작전적 측면만을 고려하는 클라우제비츠의 이와 같은 전략 개념은 미국 남북 전쟁에서 그랜트 장군(1822~1885)이 이끈 북군의 승리에 의해 사실상 무너졌다고 하워드는 지적한다. 에드워드 리 장군(1807~1870)을 중심으로 한 남부군은 뛰어난 군사 작전과 지휘에도 불구하고 종국에는 북부 연합의 월등한 산업 및 수송 능력 그리고 막대한 병력의 우위 앞에 무릎을 꿇을 수밖에 없었다. 병참의 중요성은 이후 미군의 막대한 물량을 바탕으로 한 양차 대전에서의 연이은 승리를 통해 재차 입증되었으며, 이에 미국 전략 교리의 주요 축의 하나로 확고히 들어섰다고 하워드는 말한다.[127]

다음으로 하워드는 미국 내전이 종결될 즈음하여 일어났던 또 다른 중대한 변화에 주목한다. 하워드는 보불 전쟁을 기점으로 본격화된 산업혁명, 특히 철강 산업의 군사적 활용이 전략에 또 다른 차원을 가미했다고 분석한다.[128] 야포와 개인 화기의 놀라운 개량은 곧이어 제1차 세계대전과 제2차 세계대전을 거치면서 바다와 하늘로 범위를 확장했으며, 이러한 전략의 기술적 차원은 냉전 시기 미·소 핵 경쟁과 냉전의 종식에 때를 맞춰 미군을 중심으로 전개된 군사분야혁명Revolution in Military Affairs, RMA을 거치면서 오늘날 전략 사고에 있어 주된 고려 대상으로 자리 잡았다고 하워드는 적고 있다.[129] 다시 말해, 상대편보다 더 우수한 성능의 무기를 가진 군대만이 승리할 수 있다는 기술 변혁 시대의 믿음은 그 출발점이 미국 남북 전쟁과 보불 전쟁 사이의 5년 (1865~1870) 동안 일어난 변화로 거슬러 올라가며, 또한 이는 18, 19세기 서양 제국주의의 팽창을 통해서도 어느 정도 증명된 바 있다고 하워드는 분석한다.

하지만 하워드는 오늘날 상당수의 군 지휘관들과 정치가들이 전략의 기술적 차원과 병참적 차원에만 매몰되어 클라우제비츠가 전쟁의 삼위일체론을 통해 일찍이 강조했던 전략의 좀 더 본질적 차원이라 할 수 있는 사회적 차원을 간과하고 있다고 비판한다. 우선 전략의 병참적 차원과 관련하여 하워드는 북군과 연합군의 승리를 낳았던 근본 요인은 다름 아닌 성공적인 전쟁 수행을 위해 어떠한 희생이든지 감내하고자 했던 시민 정신이라 지적한다.[130] 또한 전략의 기술적 차원과 관련하여 하워드는 제2차 세계대전 당시 상대편의 산업 및 수송 체계뿐만 아니라 전쟁 수행 의지까지 와해시킬 목적으로 독일군과 연합군에 의해 공히 행해졌던 상대편 주요 도시에 대한 무차별적인 항공 폭격이 사실상 어마어마한 민간 피해와 손실에도 불구하고 의도했던 소득을 얻지 못했다는 사실을 기억해야 한다고 말한다.[131] 하워드는 그 연장선상에서 엄청난 물량과 무기의 절대적인 우위에도 불구하고 미국이 인도차이나 반도에서 굴욕적으로 물러설 수밖에 없었던 이유를 전략의 사회적 차원에 대한 무시에서 찾는다.[132]

분명 클라우제비츠의 『전쟁론』은 병참과 기술이라는 두 가지 중대한 문제를 다루지 않고 있으며, 전략을 군사 작전의 문제로 축소하고 있다. 하지만 마이클 하워드는 전쟁을 정부와 군대 그리고 여론의 삼위일체로 파악한 『전쟁론』의 분석틀은 베트남 전쟁뿐만 아니라 상호확증파괴Mutually Assured Destruction, MAD의 교리로 상징되는 핵전략의 수립에 있어서도 여전히 유효하다고 주장한다.[133] 왜냐하면 하워드가 보기에 전쟁의 승패를 궁극적으로 갈랐던 것은 무엇보다 자신의 삶과 이상을 쉽게 포기하지 않으려는 이들의 의지, 곧 여론의 향방이었기 때문이다. 클라우제비츠를 따라, 그리고 자신의 경험에 비추어, 하워드는 본질적으로 "전쟁은 불확실성과 우연의 영역"에 속하며, 이에 전방만이 아니라 후방의 사기 또한 전략의 주요 고려 대상이 되어야 한다고 주장한다.[134] 다시 말해, 하워드는 예측 불가능한 고통을 끝까지 감내할 의지를 해당 사회가 담지하고 있는가의 여부가 전쟁의 승패를 궁극적으로 좌우한다고 보았다.[135]

정리하자면, 하워드의 전쟁사 연구는 혁명 전쟁과 나폴레옹 전쟁을 바탕으로 집필된 클라우제비츠의 『전쟁론』이 보여준 사회학적인 통찰을 역사학적으로 풀어내고자 한다. 물론 이러한 시도에도 나름의 어려움이 있다. 첫째, 영국이 낳은 또 다른 저명한 전쟁사가인 존 키건이 1976년에 출판된 자신의 초기 역작 『전쟁의 얼굴: 아쟁쿠르, 워털루, 그리고 솜에 대한 한 연구』에서 이미 지적한 바 있듯이, 하워드의 전쟁사 연구는 근대국가의 형성과 성장에 있어서의 전쟁의 역할에 초점을 두고 있다는 점에서 일반 독자들의 관심을 끌기에 다소 난해한 부분이 없지 않다.[136] 그렇지만 하워드 자신이 계속 열변하듯이, 전쟁사 연구의 궁극적인 목표는 전투에서의 승리가 아니라 전쟁의 예방과 방지, 그리고 더 나아가 전체 사회의 건강한 발전에 있으며, 이를 위해서는 전쟁의 원인과 과정, 결과에 대한 분석만이 아니라 '전쟁과 사회'의 관계에 대한 심도 있는 고찰이 반드시 필요하다. 다음으로 이와 같은 연구는, 키건이 같은 책에서 연이어 지적하고 있듯이, 국가 및 사회 구성에 있어서의 군사적인 요소에 대한 강조로도 읽힐 수 있다.[137] 특히 영국과 같이 자국 군대에 가능한 한 모든 정치적 제약을 가하고자 한 나라나 자국 혹은 외국의 군대에 의해 폭력적으로 통치를 받은 경험이 있는 대부분의 제3세계 나라에서 이러한 연구는 상당한 거부감을 불러일으킬 수도 있다. 하지만 키건의 우려와는 달리 하워드의 전쟁사 연구는 강력한 군사력에 대한 열망으로 집약되는 군사주의로 흐르지 않는다. 이유인즉, 하워드의 '전쟁과 사회'라는 테제의 뿌리를 프러시아의 군사적 성장에서 찾을 수 있다고 해도, 이는 칸트로 대변되는 프러시아의 철학적 성장에 의해 철저히 조율되고 있기 때문이다.[138]

∨

'전쟁과 사회'라는 테제에 입각한 하워드의 전쟁사 연구는 오늘날 국제정치 상황을 이해하고 여러 난제를 푸는 데 있어서도 사려 깊은 조언을 제공한다. 특히 오사마 빈라덴(1957~2011)이 이끈 이슬람 극단주의 국제 조직의 테러에 대한 미국의 혼동에 찬 대응은 하워드의 성찰적인 전쟁사 연구에 힘을 더하고 있다. 본 번역서의 후기에서도 적고 있듯이, 하워드는 무엇보다 뉴욕에서의 사태 이후 조지 부시 대통령에 의해 즉각적으로 선포된 '테러와의 전쟁War against Terror'이 매우 잘못된 개념이라 비판한다. 하워드의 중심 논지는 테러 발생 한 달 후인 2001년 10월 런던 소재 '왕립합동군사연구소'에서 행한 강연에 잘 나타나 있다. 대서양 양편에서 상당한 논란을 불러일으킨 이 발표에서 하워드는 미국 정부와 국민의 분노 어린 반응은 십분 이해할 수 있지만, '테러와의 전쟁'은 문제를 해결하기보다는 오히려 더 많은 문제를 초래할 "되돌릴 수 없는 큰 실수"라고 경고했다.[139] 제2차 세계대전 이후 팔레스타인과 아일랜드 등지에서 겪은 영국의 뼈아픈 경험에 비추어볼 때, 테러의 진압과 예방을 전통적인 의미의 전쟁과 혼동한다면 이는 대단히 위험한 일이다.[140] 아무리 주도면밀한 집단에 의해 오랫동안 준비되고 엄청난 규모로 이루어졌다고 해도 테러는 범법 행위이지 전쟁 도발이 아니다. 그러므로 하워드는 전자에 준하는 조치를 취해야 마땅하다고 보았다. 다시 말해, 테러는 평시 시민의 삶을 방해하지 않는 범위 내에서 특별 수사권을 위임받은 경찰과 정보 당국이 처리해야 할 "위급 상황emergency"이지 "전쟁"이 아니었다.[141] 이에 하워드는 부시 대통령의 '테러와의 전쟁'은 마치 "암세포를 제거하기 위해 용접용 버너를 사용하는 것과 같다"고 비유했다.[142]

히워드는 이 같은 비판에 다음의 두 이유를 든다. 첫째로 테러를 자행한 이들에 대해 혹은 테러리즘 자체에 대해 전쟁을 선포한다면 이는 그들이 궁극적으로 얻고자 하는 정치적 정당성을 부여하는 것과 마찬가지라고 하워드는 강조한다.[143] 오늘날에도 여전히 통용되고 있는 전통적인 의미의 전쟁은 동등한 주권을 가진 정치체 사이의 공식적인 무력 충돌이다. 그러므로 '테러와의 전쟁'은 정의상 테러를 준비하고 저지르는 자들을 자국의 이익 확보를 위해 무력을 동원한, 따라서 협상의 여지를 지닌 국제법상 인정받는 정치체로 대함을 의미한다.[144] 물론 부시 대통령은 미국의 전면적인 군사 조치를 '악에 대항한 십자군 전쟁crusade against evil'이라 칭하며 이들이 어떠한 정당성도 지니지 못한다는 점을 힘써 부연했다. 하지만 하워드는 이는 불필요한 수사에 지나지 않을 뿐만 아니라 오히려 '테러와의 전쟁'에서보다 훨씬 더 극명히 미국 외교의 협소한 시야를 드러내고 있을 따름이라고 반박한다.[145] 또한 그는 부시 행정부가 전쟁을 선포함으로써 미국 전체를 전시 상황에 놓는 우를 범했다고 지적한다. 특히 전쟁을 선언함으로써 테러 행위의 근절과 예방이라는 주어진 목표의 달성에 전혀 도움이 되지 않을 "전쟁 심리war psychosis"를 유발시켰다고 하워드는 혹독히 꾸짖는다.[146] 이로써 부시 대통령은 미국인들로 하여금 명확히 식별되는 적군에 대한 대대적인 군사 행동을 통한 결정적인 승리를 기대하도록 유도했다. 최후의 수단이 되어야 할 폭력의 사용은 즉시 정당화되었고, 전면적인 침공이 개시되었다. 여기에 더해 미국 언론은 자국 군대의 모든 활동을 할리우드 영화처럼 보도하며 이러한 그릇된 태도와 자세를 한층 더 공고히 다졌다. 테러 진압과 예방에 있어 핵심이라 할 수 있는 비밀 유지와 신중성은 당연히 내버려졌다.[147]

하워드가 보기에 이라크 전쟁(2003~2011)은 이처럼 잘못 인도된 미국 심리 상태의 비극적 반영이었다. 물론 하워드는 아프가니스탄에서의 작전은 좀 더 확실한 정보와 올바른 목표에 따라 좀 더 장기적인 시각을 갖고 수행되고 있다고 평한다. 하지만 하워드는 여전히 미국은 이 '테러와의 전쟁'에 있어 전통적인 의미의 '승리'란 존재하지 않는다는 점을 잘 모르고 있는 것 같다고 우려한다.[148] 하워드에 따르면 '테러와의 전쟁'은 테러의 주범들과 숙주들을 축출하고 제거한다고 끝나는 싸움이 절대 아니다.[149]

특히 하워드는 1950년대 말레이 사태Malayan emergency에 비추어 이 문제에 접근해야 한다고 조언한다.[150] 말레이 공산당 지휘 아래 말레이 민족해방군이 제국의 변방 식민지에서 일으킨 반란을 진압하는 과정에서 영국군과 영국 정부는 문제의 본질이 정글에서의 전투에 있지 않고 말레이 사람들의 '마음hearts and mind'을 사는 데 있다는 점을 인지했다.[151] 10년이 넘는 오랜 시간과 막대한 인적·물적 자원이 소모되었지만 영국은 성공적으로 지역민들의 마음을 구했으며, 종국에는 이들의 도움으로 반란군을 소탕하고 지역의 안정을 되찾을 수 있었다.[152] 다시 말해, 말레이 사태의 교훈은 대부분의 테러리스트들이 이들의 출신 혹은 활동 지역에서 '자유의 전사Freedom fighter'로 추앙받고 있다는 사실에 있었다. 이에 하워드는 미국이 테러와의 전쟁을 성공적으로 마무리하려면 무엇보다 이슬람 극단주의자들의 분노의 원인을 제대로 파악하는 것이 급선무라고 힘주어 말한다.[153] 그리고 이를 위해서는 역사에 대한 반성적인 이해가 필요하다고 주장한다. 하워드는 이미 베트남 전쟁 직후 발표한 「전략의 잊혀진 차원들」이란 논문에서 똑같은 조언을 미국의 전략가들과 정치가들에게 한 바 있다. 하지만 반세기가 흘렀음에도 안타깝게도 문제는 다시 하워드 자신이 '전쟁과 사회'라는 테제에서 도출한 전략의 사회적 차원에 있다.

더 근래에 하워드는 2000년 런던데 '역사연구소Institute for Historical Research'에서 개최되었던 전쟁과 평화를 주제로 한 영·미 학술회의 기조 강연을 바탕으로 집필한 『평화의 발명』의 마지막 장에서 냉전 종식 이후 제3세계 지역에서 불타오른 이와 같은 충돌 양상을 자세히 분석하고 있다. 하워드의 요점은 이 장의 제목인 "토마호크Tomahawk와 칼라시니코프Kalashnikov"에 잘 녹아 있다.[154] 즉 미국의 압도적인 군사 기술의 집약체로서 토마호크 순항 미사일과 제3세계 저항 세력의 희생정신의 응집체로서 칼라시니코프 반자동 소총의 대결이 탈냉전 이후 주된 갈등 양상이라 파악한 것이다. 특히 하워드는 전략의 기술적 차원이나 병참적 차원에서 볼 때 의심할 여지없이 비대칭적인 이 싸움이 너무나 오랫동안 비등하게 진행되고 있다는 사실에 논의의 초점을 맞춘다. "토마호크 순항 미사일이 하늘을 주름잡을지는 몰라도 땅을 지배하는 것은 여전히 칼라시니코프 반자동 소총이다."[155]

하워드가 보기에 '테러와의 전쟁'은 미국의 언론 매체가 흥분하여 보도한 것과는 달리 앞선 군사력과 경제력으로 해결될 수 있는 사안이 절대 아니었다. 문제의 본질은 유럽의 근대 물질문명 앞에서 양자택일의 기로에 선 전통 사회의 운명에 있었다.[156] 즉 영국의 저명한 마르크스주의 역사학자 에릭 홉스봄(1917~2012)이 '이중 혁명Dual Revolution'이라 칭한 18세기 프랑스 대혁명과 19세기 산업 혁명의 정신과 산물이 다른 지역에 폭력적으로 전파되는 과정에서 필연적으로 나타나는 저항과 모방, 변용과 수용의 과정, 아픔과 고통이 문제의 본질이라 하워드는 이해한다.[157] 이에 하워드는 『평화의 발명』에서 "아직도 세계에는 서양의 가치들과 그것과 결합된 경제적 근대화의 전반적인 과정이 문화적으로 낯선 지역, 따라서 그들의 고유한 가치들과 사회적 응집을 위협하는 것으로 여겨지는 곳들이 많이 있다"고 재차 강조한다.[158] 그리고 이러한 분석에 따른 경고조의 예언은 1년 뒤 놀라울 정도로 정확히 들어맞았다.

근대화된 서양에서는 오래전에 사라졌던 종교적 광신주의와 같은 것에 의해 고취된 극단적인 소규모 집단들의 느슨하게 엮어진 국제적 조직들이 최신 현대 무기들로 무장하고 미국이 주도하는 세속적 세계 질서를 전복시키고자 [한다.][159]

하워드의 논지는 많은 부분 미국의 정치학자 새뮤얼 헌팅턴(1927~2008)의 '문명의 충돌'이라는 테제와 접하고 있다.[160] 헌팅턴의 주장은 폴란드 민주화와 베를린 장벽의 붕괴가 있었던 1989년에 미국이 대표하는 자유민주주의 세력의 역사적 승리를 선포하기 위해 쓰인 프랜시스 후쿠야마의 「역사의 종언?」

이라는 논문과 3년 후 증편되어 출판된『역사의 종언과 마지막 인간』이라는
논저에 대한 비판이었다. 후쿠야마와 달리 헌팅턴은 싸움은 아직 끝난 것이
아니라고 웅변했다. 하워드는 헌팅턴의 비판에 분명 동의한다. 하지만 하워드
는 대결의 양태를 문명을 중심으로 파악하고 논하지는 않는다. 하워드는 후
쿠야마의 오류는 18세기 유럽에서 시작된 정치, 경제, 사회, 문화 모든 분야
에 걸친 계몽의 과정에 끝이란 없다는 점을 파악하지 못한 데 있다고 지적한
다.[161] 반면 헌팅턴의 오류는 이 근대화의 과정이 유럽 문명 내부에서도 목숨
을 건 쟁투로 점철되었다는 역사적 사실을 놓친 데 있었다.[162] 이에 더해 문명
의 작위적인 구별이 아닌 특정 문화의 전파와 수용 과정에 초점을 맞추고 있
다는 점에서 하워드의 논지는 오히려『오리엔탈리즘』의 저자인 에드워드 사이
드(1935~2003)의 헌팅턴 비판과 더 통하는 점이 많다고 할 수 있다.[163]

　분명 이 모든 문제의 뿌리는 유럽의 폭력적인 팽창에 있다. 하지만 그럼에도
하워드는 특히 영국의 식민지 팽창과 통치 과정을 다시 한번 면밀히 성찰해볼
필요가 있다고 말하고 있다. 하워드는 18세기 계몽주의와 19세기 산업 혁명의
진정한 의미를 널리 알리고자 했던 이들의 인류애에 입각한 사명감과 희생 자
체를 모두 제국주의로 몰아 처분해서는 안 된다고 조심스럽게 조언한다.[164] 하
워드는 이들의 숭고한 열망을『정글북』의 저자인 영국의 문호 조지프 러디어드
키플링(1865~1936)이 구현하고 있다고 보고 이를 "키플링적인 책무Kiplingesque
burden"라 표현한다.[165] 풀어 말하자면, 민주주의와 자본주의를 먼저 구현한 나
라들의 도덕적인 의무는 정치적으로나 경제적으로 낙후된 사회를 올바른 방법
으로 인내심을 가지고 계도하는 데 있다고 하워드는 주장한다.[166]

　물론 하워드의 이와 같은 입장조차 변형된 제국주의의 한 모습으로 해석
할 수 있다. 하지만 그렇다고 기본적인 인권마저도 무시하는 폭압적인 정치 체

제와 운영 방식을 지역 고유의 문화 혹은 전통이라고, 아니면 국가 주권의 불가침의 영역이라 말하며 무책임하게 방치할 수는 없는 일이다. 그러므로 다시 문제는 이러한 18세기 프랑스 대혁명과 19세기 영국 산업혁명으로 촉발된 두 역사적인 과제—정치 해방과 경제 발전—에 접근하는 앞선 나라들의 자세와 태도에 있다고 할 수 있다.[167] 이들은 어떻게 저들의 '마음'을 살 것이며, 또 이들은 어떻게 저들을 "근대화의 빛"을 향해 이끌 수 있을 것인가?[168]

이에 하워드는 역사학자로서 자신의 오랜 공부에 비추어 국제정치 연구와 운영에 반드시 수반되어야 할 두 가지 덕목을 1989년에 웨일스, 애버리스트 위드대에서 행한 'E. H. 카 기념 강연'에서 꼽고 있다.[169] 우선 하워드는 진정으로 전 지구적인 공동체의 구축이 현실적으로 요원할 뿐만 아니라 심지어는 바람직하지 않을 수도 있다고 지적하면서도 국제정치의 본질은 현실주의 이론가들이 이야기하고 있는 것과는 달리 "국가들 사이inter-state의 관계가 아니라 나라들 사이inter-national의 관계"에 있다고 말한다.[170] 국제정치의 본질은 곧 다른 "국가들states"을 대하는 데 있는 것이 아니라 "다른 나라 사람들foreigners"을 대하는 데 있다고 하워드는 강조한다.[171] 그리고 국제정치를 단순히 힘을 추구하고 자신의 이익을 방어하고 증대시키고자 하는 속성을 지닌 일련의 정치체들 사이에서 벌어지는 현상으로 이해하는 오늘날 주류 국제정치학의 논의를 시공간을 뛰어넘는 보편적인 진리로 받아들여서는 대단히 위험하다고 되풀이해서 말한다. 하워드에 따르면 이는 앵글로색슨적 정치 사고로서 특수한 문화의 산물이며, 따라서 다른 문화에 귀속된 이들이 쉽사리 받아들일 수 있는 사고방식이 절대 아니다.[172]

하워드는 이러한 문제의식에서 출발해 국제정치를 공부하는 이들과 이에 직접 관여하고 있는 이들의 첫 번째 덕목으로 상대편과의 공감을 꼽는다.[173]

즉 다른 이들의 마음을 읽고, 자신들과는 상이한 역사와 문화 속에서 태어나 자라고 생활하는 이들의 사고방식을 이해할 수 있는 능력을 필히 배양해야만 한다고 마이클 하워드는 조언한다. 물론 이를 위해서는 상대방의 언어를 배워야만 한다. 영어로 별다른 어려움 없이 소통을 할 수 있다고 해도 상대편의 의도와 요구, 행동을 제대로 이해하려면 상대방의 언어를 배워야만 한다.[174] 다음으로 이들이 가져야 할 두 번째 덕목은 자신들이 상대하고 있는 이들의 역사를 공부하는 것이라고 말한다.[175] 상대의 "언어를 모른다면 우리는 색맹이며," 상대의 "역사를 모른다면 우리는 칠흑과 같은 어둠 속에서 헤맨다"고 하워드는 비유한다.[176] 역사는 특히 "상대의 문화뿐만 아니라 우리 자신도 더 잘 이해하도록 도우며," 또한 "우리 자신의 한계를 보여줌으로써 겸손함을 가르친다"고 하워드는 적고 있다.[177]

따라서 이 책 『유럽사 속의 전쟁』을 포함한 하워드의 전쟁사 연구는 전쟁의 발발과 과정 그리고 영향에 대한 단순한 기술이나 분석이 아니다. 이는 칸트의 역사철학과 클라우제비츠의 전쟁 이론에 뿌리를 두고 있는 인문학으로서, 폭력의 역사 속에서 인류의 도덕적 진보를 찾아내고자 하는 야심찬 시도다. 곧 하워드의 '전쟁과 사회'라는 테제의 기저에는 무엇보다 "어떠한 일이 벌어져도 '계몽의 씨앗'만은 언제나 살아남아주기를 바라는" 염원이 굳건히 놓여 있다고 하겠다.[178]

이 책의 번역과 출판에 앞서 역자는 마이클 하워드의 『전쟁과 자유주의 양심』을 먼저 내놓고자 했다. 2002년에 역자가 번역하여 출판한 『평화의 발명: 전쟁과 국제 질서에 대한 성찰』과 함께 국제정치사상에 대한 소개서로 읽기에, 그리고 유럽과 미국의 자유주의 외교 정책의 이데올로기적 근간과 모순을 이해하는 데 있어 『전쟁과 자유주의 양심』이 『유럽사 속의 전쟁』보다 더 적합하다고 판단했기 때문이다. 하지만 사정이 여의치 않아 하워드의 삼부작 중 첫 저작인 이 책을 조심스럽게 먼저 내놓기로 결정했다. 물론 하워드가 2009년 개정판 후기를 통해 초판에는 잘 나타나지 않았던 자신의 전쟁사 연구의 정치철학적 근간을 어느 정도 드러내주고 있기는 하지만, 이 책이 전쟁사에 대한 또 다른 책이 아니라는 점을 그리고 하워드가 단순한 전쟁사가가 아니라는 점을 명확히 하기 위해 어쭙잖은 장문의 글을 더하기로 했다. 이 책의 출판을 먼저 제안해주시고, 하워드와 전쟁사 연구에 대한 논문을 덧붙일 수 있도록 허락해주신 강성민 대표님을 비롯한 글항아리 출판사의 관계자 여러분께 다시 한번 감사드린다.

이 책의 번역을 준비하고 마무리하면서 많은 분의 도움을 받았다. 우선 영국 영어 특유의 난해한 문장 해석에 여러 조언을 준 런던대의 앤디 맨스필드 박사님께 감사한다. 다음으로 옮긴이 글을 준비하고 작성하는 데 있어 많은 조언과 격려를 해주신 케임브리지대 브랜던 심스 교수님과 세인트 앤드루스대 리처드 와트모어 교수님께 고마움을 전하고 싶다. 또 이 번역을 포함하여 역자가 하는 연구라면 언제나 관심과 격려를 아끼지 않는, 이제는 은퇴하신 서식스의 크누드 하콘센 교수님과 글래스고대 헤미시 스콧 교수님, 그리고 지난 2013년 3월 안타깝게 작고하신 케임브리지의 이스테반 혼트 교수님께도 감사할 따름이다. 끝으로 너무나 많이 모자란 역자를 언제나 너그러이 제자로 대해주시는 아산정책연구원의 함재봉 원장님과 따뜻이 동료로 받아들여주신 서울대 정치외교학부 외교학 전공 모든 선생님께 이 역시로 다시 한번 깊은 감사의 인사를 드린다.

하지만 그 누구보다도 어설픈 번역 초고와 옮긴이 글을 2012년 여름부터 수차례나 꼼꼼히 읽고 날카로운 지적과 평을 해준 아내이자 동료인 박혜경 박사가 없었다면 이 책은 마무리될 수 없었을 것이다. 책에 들어간 모든 삽화는 지난 봄과 여름, 매일 저녁 함께 골랐다. 힘들고 고되었지만 행복했던 추억이 곳곳에 서려 있다. 언제나 역자의 일을 먼저 걱정하고 챙겨주었던 박혜경 박사에게, 그녀가 원했듯이 학자의 삶을 살겠다는 약속과 함께 이 번역서를 바친다. 또한 새 가족이자 이제는 유일한 가족이 된 화이트 테리어 레오는 이 책의 마무리를 졸린 눈으로 끝까지 지켜보았다. 고마울 따름이다. 물론 이 번역서의 모든 오류와 문제는 분명 역자 홀로 짊어져야 할 책임이다.

마지막으로 이 자리를 빌려 지금은 애석하게도 사라진 '전통과 현대' 출판사를 통해 지난 2002년에 내놓았던 『평화의 발명』 번역본의 여러 문제점을 다시 한번 사과드리고자 한다. 기회가 주어진다면 언제라도 이 책을 다시 번역하여 내놓겠다고 관심 있는 독자 여러분께 약속드린다. 또한 빠른 시일 내에 『전쟁과 자유주의 양심』의 번역서와 함께 '옮긴이 글'에서 약속했듯이 마이클 하워드와 '영국학파'와의 관계에 대한 연구로 다시 만나볼 수 있기를 기원한다. 끝으로 한국에서의 (유럽) 전쟁사 및 국제관계사 연구와 교육에 대한 상세한 논의는 다음으로 미루고자 한다. 이 점에 대해서는 관심 있는 분들의 양해를 구하며, 우선 '옮긴이 해제'와 함께 마이클 하워드가 이 책의 말미에 새로이 고쳐 더한 주요 연구 목록이 조금이나마 도움이 되길 바라는 바다.

| 제1장 |

1 R. A. Brown, *The Origins of Modern Europe*, London, 1972, p. 93.

2 Lynn White, *Medieval Technology and Social Change*, Oxford, 1966, p. 2.

3 프랑스어의 chevalier와 독일어의 Ritter가 이 단어의 의미를 정확히 살리고 있는 데 반해, 영어에서는 단지 근대 독일어에서 '가신retainer' 혹은 '말구종groom'을 지칭하는 'Knecht'만 살아남았다는 사실은 매우 흥미롭다.

4 J. Huizinga, *The Waning of the Middle Ages*, London, 1937, *passim*.

5 M. H. Keen, *The Laws of War in the Late Middle Ages*, London, 1965, pp. 154 ff.

6 Sir Charles Oman, *The Art of War in the Middle Ages*, Vol. 2, London, 1924, p. 145. 평소 영국 학자들의 주장을 경멸했던 독일 역사가 한스 델브뤼크조차 프랑스 사상자의 수를 1283명으로 잡고 있다. *Geschichte der Kriegskunst*, Vol. 3, Berlin, 1891, pp. 464~473.

7 Oman, *op.cit.*, Vol. 2, p. 384. Ferdinand Lot, *L'Art Militaire et les Armées au Moyen Age*, Paris, 1946, Vol. 2, pp. 8~15.

| 제2장 |

1　Honore Bonet, *L'Arbre des Batailles*, ed. G. W. Coopland, Liverpool, 1949. 1382년에서 1387년 사이에 처음으로 쓰인 이 책은 순식간에 수많은 필사본과 판본을 낳으며 필독서가 되었다.

2　Ian Brownie, *International Law and the Use of Force by States*, Oxford, 1963, pp. 8~12의 논의를 참조하라.

3　*De Jure Belli ac Pacis*, ed. William Whewell, Cambridge, 1853, Vol. 1, p.lix.

4　Niccolò Machiavelli, *The Art of War*, Book 3, Chapter 7, Thomas Digges; *Four Paradoxes*, 1604, C. H. Firth, *Cromwell's Army*, London, 1902, p. 145에서 재인용.

5　Machiavelli, *The Art of War*, Book 7, Chapter 1.

| 제3장 |

1　R. Ehrenberg, *Capital and Finance in the Age of the Renaissance: A Study of the Fuggers and Their Connections*, London, 1938, *passim*을 보라.

2　K. R. Andrews, *Elizabethan Privateering 1585~1603*, Cambridge, 1964, p. 16.

3　C. R. Boxer, *The Dutch Seaborne Empire 1600~1800*, London, 1965, p. 86.

4　E. H. Kossmann, 'The Low Countries', *The New Cambridge Modern History*, Vol. IV, Cambridge, 1970, p. 368을 참조하라.

5　Herbert Richmond, *Statesmen and Sea Power*, London, 1964, p. 9에서 재인용.

6　C. W. Cole, *Colbert and a Century of French Mercantilism*, New York, 1939, Vol. I, p. 343에서 재인용.

7　Charles Wilson, *Profit and Power*, London, 1957, p. 46에서 재인용.

8　Wilson, *loc. cit.*, p. 107. 몽크의 전기를 준비하고 있는 모리스 애슐리 박사는 몽크가 진정 이런 말을 했다는 사실 자체를 회의적으로 보고 있다.

9　두 인용구 모두 Richard Pares, *War and Trade in the West Indies 1739~1763*, Oxford University Press, 1936, pp. 62~63에 인용되어 있다.

10　Charles Davenant, *Essay upon Ways and Means of Supplying the War*, London, 1695, p. 16; Edmond Silberner, *La Guerre dans la Pensée Économique du XVI au XVIII Siècle*, Paris, 1939, p. 69에서 재인용.

11　G. N. Clark, *War and Society in the Seventeenth Century*, Cambridge University

Press, 1958.

12 Andrews, *Elizabethan Privateering*, p. 171.

13 J. H. Parry, *The Age of Reconnaissance*, London, 1963, p. 324.

14 J. H. Owen, *War at Sea under Queen Anne*, Cambridge University Press, 1938, pp. 61~63.

| 제4장 |

1 S. E. 파이너 교수는 이와 같은 주장을 Charles Tilly(ed.), *The Formation of National States in Western Europe*, Princeton, 1975에 실린 논문에서 상세히 설명하고 있다.

2 Hans Delbrück, *Geschichte der Kriegskunst*, Vol. IV, Berlin, 1920, p. 281.

3 Hans Delbrück, ibid., p. 280.

4 두 책 모두 영어로 번역, 출판되어 있다. T. R. Phillips, ed., *The Roots of Strategy: A Collection of Military Classics*, London, 1943. 특히 pp. 161, 173, 213을 보라.

5 Comte de Guibert, *Essai Générale de Tactique*, Liege, 1775, I, p.xiii.

| 제5장 |

1 이 주제에 관한 권위 있는 연구로는 Peter Paret, *Yorck and the Era of Prussian Military Reform*, Princeton University Press, 1966, pp. 28~48을 보라.

2 Robert S. Quimby, *The Background of Napoleonic Warfare*, Columbia University Press, New York, 1957, p. 296.

3 Marcel Reinhard, *Le Grand Carnot*, Paris, 1950, Vol. II, pp. 100~108.

4 Jean Morvan, *Le Soldat Impérial*, Paris, 1904, Vol. I, p. 479, *passim*.

5 Philip Henry, 5th Earl Stanhope, *Notes of Conversations with the Duke of Wellington, 1831~1851*, London, 1888, p. 81.

6 Yorck von Wartenburg, *Napoleon as War Lord*, London, 2 Vols., 1902, Vol. 1, p. 38에서 재인용.

7 William Blackstone, *Commentary on the Laws of England*, Book I, Chapter 13, 4th edn., London, 1777, Vol. I, p. 412.

8 E. F. Heckscher, *The Continental System*, London, 1922, p. 120.

| 제6장 |

1 Carl von Clausewitz, *Vom Kriege*, Book 8, Chapter 3.

| 제7장 |

1 이와 같은 예로는 독일군에서는 Ernst Junger, *Storm of Steel*, London, 1929를, 영국 군에서는 Guy Chapman, *A Passionate Prodigality*, London, 1933을 보라.

2 거의 모두이지 다는 아니다. 힐레르 벨록Hillaire Belloc[1870~1953. 프랑스 출신 영국 작가]이 1898년에 발표한 시 「현대의 여행가The Modern Traveller」에 등장하는 블러드 대장의 경우처럼 "무슨 일이 벌어지든, 우리에게는 맥심 총Maxim gun[미국 출신 영국 발명가 하이럼 스티븐스 맥심 경(1840~1916)이 1884년에 발명한 기관총]이 있으며, 그들에게는 없다"는 자신만만한 확신이 언제나 타당했던 것은 아니었다. 이에 대해서는 아마도 1879년 이산들와나Isandhlwana[남아프리카 지역 산]에서의 줄루족의 승리에서 살아남은 영국군들과 1896년 아도와Adowa[북 에티오피아 도시]에서 에티오피아인들에 대패를 당한 이탈리아 생존병들이 증언할 수 있었을 것이다. 제아무리 뛰어난 무기도 만약 전술적 기량 없이 지휘력이나 용기에 있어 우세한 적에 맞서 사용될 경우 반드시 승리를 보장하지는 않았다. 식민지 정복은 여전히 유럽인들의 무기만큼이나 그들의 뛰어난 응집력과 조직 그리고 철저한 자기 확신에 따른 것이었다.

3 소련에서는 '주력 부대teeth'의 비중이 '후속 부대'보다 훨씬 더 컸다. 상당수의 소련 보병대는 제1차 세계대전 당시 서부전선의 보병대들이 보유했던 무기와 같은 것을 들고 그들과 비슷한 규모로 작전을 수행했다. 그리고 이들의 수송 수단은 거의 전적으로 말이었다. 단지 장갑 지원을 받는 엘리트 보병 사단들만이 당시 서유럽 국가들의 기술적 복잡성에 근접했다.

| 옮긴이 해제 |

1 가족 회사의 설립에 대해서는 The National Archives(TNA): London Metropolitan Archives(LMA) ACC/1037. 마이클 하워드의 가족사에 대한 더 자세한 사항은 자서전, *Captain Professor, A Life in War and Peace: The Memoirs of Sir Michael Howard*(London, 2006), pp. 1~7을 보라.

2 1940년 영국 육군에 자원하면서 개명. 독일 이름은 Gottfried Rudolf Otto Ehrenberg.

3 *Captain Professor*, p. 15. 엘턴의 주요 저서로는 튜더Tudor 왕조 시기 영국에서의 근

대 행정부의 성장을 다룬 *Tudor Revolution in Government: Administrative Changes in the Reign of Henry VIII*(Cambridge, 1953)과 2년 후 동일 주제로 출판된 교과서 *England under the Tudors*(London, 1955)가 있다. 엘턴의 주요 논저로는 1967년 출판된 *The Practice of History*(Sydney and London)가 있다. 2002년 재출판된 이 책은 공화주의 republicanism 연구로 널리 알려진 영국 지성사 및 정치사상사 학자인 퀜틴 스키너의 비판에 이어 그의 후임으로 2008년 케임브리지대 근대사 흠정 교수직을 맡게 된 독일 근대 사학자인 리처드 에번스의 반박 발문으로 다시 역사학 방법론 논쟁을 불러일으켰다. Quentin Skinner, 'Sir Geoffrey Elton and the Practice of History', *Transactions of the Royal Historical Society*, 6th Series, 7(1997), pp. 301~316; Richard J. Evans, 'Afterword', *The Practice of History*(Oxford, 2002), pp. 165~203; *In Defense of History*(London, 1997).

4 *Captain Professor*, pp. 28~48.

5 Ibid., p. 49. Keith Feiling, *A History of the Tory Party, 1640~1714*(Oxford, 1924); *The Second Tory Party, 1714~1832*(London, 1938); A. J. P. Taylor, *The Origins of the Second World War*(London, 1961).

6 *Captain Professor*, p. 55.

7 Ibid., p. 109.

8 Ibid., p. 128. 이 시기 마이클 하워드는 또한 전쟁 중 걸린 말라리아와 자신의 성 정체성 문제(동성애)로 고생했다.

9 Ibid., pp. 130~131.

10 Michael Howard & John Sparrow, *The Coldstream Guards 1920~1946*(Oxford, 1951).

11 *Captain Professor*, pp. 131~132, 134~139. 하지만 이 또한 오히려 행운이었다. 하워드는 당시 런던대를 중심으로 모여들고 있었던 역사학자들의 철저한 사료 연구를 바탕으로 한 전문주의를 배우게 된다.

12 Ibid., pp. 140~141.

13 옥스퍼드대, 올 소울스 칼리지의 전쟁사 담당 첫 치첼리 교수직은 19세기 말 독일과의 전면적인 해군력 경쟁을 주창한 스펜서 윌킨슨(1853~1937)이 1909년부터 맡았다. 그러나 이 직위의 기원은 두 차례의 보어 전쟁(1880~1881, 1899~1902)에서의 치욕에서 찾을 수 있다. 마이클 하워드는 1977년부터 3년 동안 이 교수직을 맡게 된다. 현재 이 자리는 제1차 세계대전에 관한 한 최고 권위자로 인정받고 있는 휴 스트라찬이 맡고 있다.

14 Cyril Falls, *The Art of War from the Age of Napoleon to the Present Day*(Oxford,

1961).

15 *Captain Professor*, p. 145.

16 Ibid.

17 Ibid.

18 Ibid., pp. 145~146; Michael Howard, *The Franco-Prussian War*(London, 1961). 앞으로의 모든 인용 및 언급은 1991년판에 기초한다.

19 프러시아 육군 개혁의 정치적 중요성은 이미 1955년 고든 크레이그에 의해 인지되었으며 면밀히 연구되었다. 이제 군사 사회학의 고전이 된 Gordon Craig, *The Politics of the Prussian Army, 1640~1945*(Oxford, 1964), pp. 136~298을 보라. 하워드의 연구의 주요한 기여는 이를 프랑스와의 관계 속에서 고찰했다는 데 있다. *Captain Professor*, p. 146.

20 *The Franco-Prussian War*, pp. 1~8.

21 Ibid., pp. 8~18.

22 Ibid., pp. 18~39.

23 더프 쿠퍼상은 1956년 이래 매년 비소설 분야 최우수 도서를 선정하여 주어졌으며, 참고로 1993년 수상작은 John Keegan, *A History of Warfare*(New York, 1993)였다.

24 *Captain Professor*, pp. 146~147. 특히 파렛의 *Clausewitz and the State: The Man, His Theories, and His Times*(Oxford, 1976)는 그의 *Yorck and the Era of the Prussian Reform, 1807~1815*(Princeton, 1966)과 더불어 클라우제비츠 사상뿐만 아니라 근대 독일 국가 형성의 정치적, 지성사적 기초에 관한 필독서다.

25 *Captain Professor*, pp. 147~148, 159~160. 마이클 하워드와 '영국학파'에 관한 더 자세한 논의는 조만간 그의 『전쟁과 자유주의 양심』의 한국어판 옮긴이 글에서 다루기로 한다.

26 Herbert Butterfield & Martin Wight, eds., *Diplomatic Investigations: Essays in the Theory of International Politics*(London, 1966).

27 Bull, 'The Grotian Conception of International Society', Ibid., pp. 51~73; Wight, 'Why is There No International Theory?' Ibid., pp. 17~34; Howard, 'War as an Instrument of Policy', Ibid., pp. 193~200; 'Problems of a Disarmed World', Ibid., pp. 206~214.

28 Hedley Bull & Adam Watson, eds., *The Expansion of International Society* (Oxford, 1984).

29 Michael Howard, 'The Military Factor in European Expansion', *The Expansion of International Society*, pp. 33~42.

30 *Captain Professor*, pp. 153~155.

31 리들 하트의 업적과 삶에 대한 하워드의 자세한 논의는 Michael Howard, 'Three People', *The Causes of Wars and Other Essays*(2nd edn. enlarged, Cambridge, Massachusetts, 1984), pp. 198~208에서 찾아볼 수 있다.

32 *Captain Professor*, p. 154; Jomini, *Traité de grande tactique*(Paris, 1805); *Précis de l'art de la guerre*, 2 vols.(Paris, 1838).

33 Michael Howard, ed., *The Theory and Practice of War: Essays presentd to Captain B. H. Liddell Hart*(London, 1965), pp. ix~x.

34 Michael Howard, 'Jomini and the Classical Tradition in Military Thought', Ibid., pp. 5~20. 이는 자신의 제자 파렛의 두 번째 논문, 'Clausewitz and the Nineteenth Century', Ibid., pp. 21~41에서 다시 한번 강조된다. 또한 Michael Howard, 'The Classical Strategists', *Studies in War and Peace*(London, 1970), pp. 154~183을 참조하라. 리들 하트의 군사 사상에 대한 최근 연구로는 '공격적 현실주의offensive realism'의 이론가로 유명한 존 미어샤이머의 *Liddell Hart and the Weight of History*(Ithaca, 1988)를 보라. 풀러의 대표적인 연구로는 *The Foundations of the Science of War*(London, 1926); *Armament and History: The Influence of Armament on History from the Dawn of Classical Warfare to the End of the Second World War*(London, 1945); *The Second World War, 1939–1945: A Strategical and Tactical History*(London, 1948); 그리고 *The Decisive Battles of the Western World and Their Influence upon History*, 3 vols.(London, 1954~1956)을 들 수 있다.

35 Howard, 'Jomini and the Classical Traditon in Military Thought', pp. 18~19.

36 영국 중요 군사 자료 및 방위 문서 보관서로 1964년에 세워진 '리들 하트 군사 사료 센터Liddell Hart Centre for Military Archives'가 그것이다. 또한 하워드의 제자 본드는 리들 하트에 관한 책을 저술했다. Brian Bond, *Liddell Hart: A Study of His Military Thought*(London, 1977).

37 *Captain Professor*, pp. 155~156.

38 1964년 확장된 '국제전략연구소'의 현재 활동에 대해서는 www.iiss.org을, '핵무장철폐운동'에 대해서는 www.cnduk.org를 참조하라.

39 *Captain Professor*, p. 161. 그렇다고 해서 하워드가 즉각적인 핵무기 철폐를 주장하는 측을 적극 옹호했던 것은 아니다. 하워드는 평화주의자들의 도덕적 순수성은 인정하고 그에 대해 큰 존경을 표했지만 국제정치의 현실을 무시하고 부정하는 일부 극단주의자들의 견해

에는 오히려 우려를 표명했다. Michael Howard, 'Two Controversial Pieces: Surviving a Protest & On Fighting a Nuclear War', 'Weapons and Peace', *The Causes of War*, pp. 116~150, 265~284.

40   *Captain Professor*, pp. 160~161에서 재인용. 하워드의 이러한 주장은 뒤에 논의하겠지만 국제 평화 구축에 있어서 여론의 중요성을 강조한 이마누엘 칸트의 『영구평화론』(1795)의 주장을 따른다고 할 수 있다. 또한 하워드의 '교육받은' 일반인의 조언에 대한 강조는 칸트의 '철학자'의 조언에 대한 다음의 비밀 조항과 동일선상에서 이해될 수 있다. "전쟁을 준비하는 국가들은 어떠한 상태에서 공적 평화가 가능한지에 관한 철학자들의 규준들을 참고해야만 할 것이다." Immanuel Kant, 'To Perpetual Peace: A Philosophical Sketch', *Perpetual Peace and Other Essays on Politics, History, and Morals*, trans. Ted Humphrey(Indianapolis, 1983), p. 126(369).

41   이즈음 마이클 하워드의 '전략문제연구소' 활동의 결과로 출간된 연구서로는 Michael Howard, *Disengagement in Europe*(Harmondsworth, 1958); Alastair Buchan, *NATO in the 1960s: The Implications of Independence*(London, 1960); Hedley Bull, *The Control of the Arms Race: Disarmament and Arms Control in the Missile Age*(London, 1961)가 있다.

42   *Captain Professor*, p. 167. 키신저의 학문적 업적과 외교적 성과에 대한 하워드의 평으로는 'Three People', pp. 22~245를 보라. 미국의 외교 정책에 대한 키신저의 입장에 대해서는 예컨대 Henry Kissinger, *Diplomacy*(New York, 1994), pp. 17~55를 참조하라.

43   마이클 하워드, '후기: 전쟁의 재발명', 『평화의 발명』, pp. 140~152를 참조하라.

44   *Captain Professor*, pp. 182~187.

45   이러한 입장은 이미 1956년 킹스 칼리지 가을 강연을 모아 하워드 자신이 편집한 일본과 소련을 비롯한 주요 국가의 민군 관계를 비교한 연구서, *Soldiers and Government: Nine Studies in Civil-Military Relations*(Westport, 1957), pp. 11~24에서 전개되었다.

46   *Captain Professor*, pp. 194~198.

47   Ibid., pp. 202~204; Azar Gat, *A History of Military Thought: From the Enlightenment to the Cold War*(Oxford, 2001).

48   이하의 논의는 *Captain Professor*, pp. 202~206에 기초한다.

49   오늘날 클라우제비츠의 군사 사상과 배경을 논함에 있어 마이클 하워드와 피터 파렛의 연구는 필독서다. 영역본 서문 이외에도 Paret, *Clausewitz and the State*; *Understanding War: Essays on Clausewitz and the History of Military Power*(Princeton, New Jersey,

1993); Michael Howard, *Clausewitz: A Very Short Introduction*(Oxford, 1983, 개정판 2002)을 보라. 또 다른 중요한 연구로는 하워드가 존경해 마지않는 프랑스의 정치사상가 레몽 아롱(1905~1983)의 *Penser la Guerre, Clausewitz*(2 vols., Paris, 1976)를 들 수 있다. 또 한 아롱의 *Paix et Guerre entre les Nations*(Paris, 1962)를 참조하라. 아롱에 대한 하워드 의 평가는 *Captain Professor*, pp. 156, 181을 보라. 이외 클라우제비츠에 대한 최근 연구에 대해서는 아래 각주 108번을 참조하라.

50　Peter Paret, 'The Genesis of *On War*', Carl von Clausewitz, *On War*, ed. & trans. Michael Howard & Peter Paret(Princeton, New Jersey, 1976), pp. 3~25; Michael Howard, 'The Influence of *On War*', Ibid., pp. 27~44; Bernard Brodie, 'The Continuing Relevance of *On War*', Ibid., pp. 45~58.

51　이 강의는 이듬해 책으로 출판되었다. Michael Howard, *The Continental Commitment: The Dilemma of British Defence Policy in the Era of the Two World Wars*(London, 1972). 이 책은 20세기 초·중반 영국 외교 정책에 관한 기본서가 되었다.

52　Peter Paret, ed., *Makers of Modern Strategy from Machiavelli to the Nuclear Age*(Princeton, New Jersey, 1971). 이 책에 실린 논문에서 하워드는 제1차 세계대전 처참 한 참호전을 낳은 양측의 공격 중심의 군사 교리를 비판적으로 논했다. Michael Howard, 'Men against Fire: The Doctrine of the Offensive in 1914', Ibid., pp. 510~526.

53　이 상의 주요 수상자로는 퀜틴 스키너(1979), 폴 케네디(1988), 에릭 홉스봄(1996) 등이 있다.

54　E. H. Carr, *What is History?*(London, 1961); Michael Howard, *War and the Liberal Conscience*(London, 1978). 2008년에 개정판이 다시 출간된『전쟁과 자유주의 양 심』의 한국어 번역판은 현재 준비 중이며, 마이클 하워드의 국제정치 연구의 이론적 특성과 기여에 대한 자세한 옮긴이 글이 첨부될 예정이다.

55　Keith Thomas, *Religion and the Decline of Magic: Studies in Popular Beliefs in Sixteenth and Seventeenth Century England*(London, 1971).

56　이상의 기록은 *Captain Professor*, pp. 210~217에 기초했다. 참고로 하워드와 케네디 의 인연은 리들 하트에 의해 맺어졌다. 케네디는 1966년부터 1970년까지 옥스퍼드에서 리들 하트의 연구 조교로 일하면서 박사 논문을 작성했다.

57　은퇴 이후의 저서로는 2000년에 출판된 *The Invention of Peace: Reflections on War and International Order*(New Haven), 2002년에 출판된 *The First World War: A Very Short Introduction*(Oxford, 2007), 그리고 1988년부터 2003년까지 세계 각지에서 행한

강연을 묶은 *Liberation or Catastrophe? Reflections on the History of the Twentieth Century*(London, 2007) 등이 있다.

58   Brian Holden Reid, 'Michael Howard and the Evolution of Modern War Studies', *The Journal of Military History*, Vol. 73, No. 3(2009), p. 869. 하워드의 치첼리 교수직 후임자인 스트라찬이 '리들 하트 군사 사료 센터'에서 행한 기념 강연과 더불어 레이드의 이 논문은 마이클 하워드의 업적에 대한 최상의 안내글이다. Hew Strachan, 'Michael Howard and the Dimension of Military History', *Annual Liddell Hart Centre for Military Archives Lecture*(King's College London, Liddell Hart Centre for Military Archives, 3 December 2002). 더 최근의 글로는 2012년 11월 27일 하워드의 졸수연을 축하하기 위해 레이드가 같은 곳에서 'Michael Howard and Evolving Ideas about Strategy'라는 제목으로 행한 기념 강연이 있다. 더 간략한 소개로는 헌정 논문집, Lawrence Freedman & Robert O'Neill, eds., *War, Strategy, and International Politics: Essays in Honour of Sir Michael Howard*(Oxford, 1992)에 실린 Michael Brock, 'Michael Howard's Contribution to Historical Studies', pp. 295~298과 Robert O'Neill, 'In Appreciation of Michael Howard: Remarks offered at the Modern History Faculty Farewell Dinner, 29 June 1989', pp. 299~302를 보라.

59   이는 하워드 본인의 말이다. Reid, 'Michael Howard and the Evolution of Modern War Studies', p. 875에서 재인용.

60   Michael Howard, 'What is Military History?' *History Today*, Vol. 34(1984), pp. 5~6.

61   Ibid., p. 6.

62   Ibid., p. 5. 웰링턴의 업적과 영향에 대한 하워드의 관심은 특별하다. Michael Howard, ed., *Wellingtonian Studies: Essays on the First Duke of Wellington*(Aldershot, 1959).

63   'What is Military History?' p. 6.

64   Ibid. 18세기 말에서 19세기 초, 유럽 대륙, 특히 프러시아의 국가적인 관심사로서 군사 사상의 획기적인 발전에 대해서는 Gat, *A History of Military Thought*, pp. 56~68을, 이 이전의 발전에 대해서는 R. R. Palmer, 'Frederick the Great, Guibert, Blow: From Dynastic to National War', *Makers of Modern Strategy*, pp. 91~119를, 나폴레옹의 등장에 따른 변화는 Peter Paret, 'Napoleon and the Revolution in War', Ibid., pp. 123~142를 참조하라.

65   'What is Military History?' p. 6. 하워드는 영국 해군력과 경제력의 관계에 대한 체계

적인 연구는 1976년에 출판된 폴 케네디의 『영국 해군력의 성장과 쇠퇴』를 기점으로 시작되었다고 강조한다. Paul Kennedy, *The Rise and Fall of British Naval Supremacy*(London). 더 최근의 논의로는 John Brewer, *The Sinews of Power: War, Money and the English State, 1688~1783*(New York, 1989); Lawrence Stone, ed., *An Imperial State at War: Britain from 1689~1815*(Routledge, 1994). 특히 전자에 따르면, 1688년 혁명 이후 영국은 프랑스와의 전쟁을 치르면서 가장 효율적이고 강력한 '재정-군사 국가fiscal-military State'로 거듭 태어났다. 그러나 해군을 중심으로 한 전통적인 영국 전략Blue-Water Strategy의 효과와 성과에 대해 마이클 하워드는 상당히 비판적인 입장을 취하고 있다. Michael Howard, 'The British Way in Warfare', *The Causes of Wars*, pp. 169~187.

66 'What is Military History?' p. 6. 좀 더 상세한 논의로는, Michael Howard, 'Empire, Race and War in Pre-1914 Britain', *The Lessons of History*(New Haven, 1991), pp. 63~80; 'The Edwardian Arms Race', Ibid., pp. 81~96을 참조하라. 기존 연구와 하워드의 연구의 차이는 케임브리지대 군사사 담당 교수였던 J. W. 포르테스큐(1859~1933)의 1914년 3월 강연, *Military History*(Cambridge, 1914)와 비교할 경우 더욱 선명하게 나타난다. 참고로 양차 대전의 여파는 대서양 건너에서도 감지되었다. 찰스 라이트 밀스(1916~1962)의 '군산복합체military-industrial complex' 논의는 1956년, 양차 대전에 따른 변화를 더 심화한 한국전쟁(1950~1953)이 끝난 직후에야 나왔다. *The Power Elite*(Oxford).

67 Michael Howard, 'War and the Nation State', *The Causes of Wars*, pp. 23~35; 'War and Social Change', *The Lessons of History*, pp. 166~176. 앞의 글은 1977년 옥스퍼드 치첼리 교수직 취임 강연에 기초한 것이다.

68 Howard, 'The Enlightenment and Its Enemies', pp. 3~12.

69 『평화의 발명』, p. 12.

70 Ibid., pp. 14, 18~19 또한 p. 47을 보라. 참고로 미국 온라인 잡지 『살롱Salon』과 2001년 봄에 행한 대담을 보라. www.salon.com/2001/04/12/howard_5 (최종 검색일: 2015년 3월 28일).

71 『평화의 발명』, pp. 46~47.

72 민주평화론에 대해서는 Michael W. Doyle, 'Kant, Liberal Legacies, and Foreign Affairs', *Philosophy and Public Affairs*, Vol. 12, Nos 3 & 4(1983), pp. 205~235, 323~353. 더 자세한 사항은 도일의 글이 포함된 Michael E. Brown, Sean M. Lynn-Jones, & Steven E. Miller, eds., *Debating the Democratic Peace*(Cambridge, Massachusetts, 1996)를 참조하라.

73 Kant, 'To Perpetual Peace: A Philosophical Sketch', pp. 112~115(350~353).

74 Ibid., pp. 118~125(358~368).

75 『평화의 발명』, p. 151. 참고로 이는 하워드의 『전쟁과 자유주의 양심』의 핵심 주장이기도 하다.

76 Michael Howard, 'War in the Making and Unmaking of Europe', *The Causes of Wars*, pp. 151~168. 이러한 점에서 유럽연합을 낳은 산파는 일부 논자들의 주장과 달리 유럽의 공통된 문화적 유산이 아니라 제2차 세계대전과 냉전이라는 사실을 다시 한번 상기할 필요가 있다. 『평화의 발명』, pp. 118~119.

77 Kant, 'To Perpetual Peace', p. 125(368).

78 『평화의 발명』, pp. 116~118.

79 Ibid., p. 13; Kant, 'Idea for a Universal History with a Cosmopolitan Intent', *Perpetual Peace and Other Essays*, p. 32(21).

80 Kant, 'Idea for a Universal History', p. 31(21).

81 '후기: 전쟁의 재발명', pp. 151~152.

82 안두환, 「사회 현상으로서 전쟁과 평화의 발명」, 『평화의 발명』, p. 166.

83 Michael Howard, 'Forward', *Liberation or Catastrophe*, p. vii. 1989년 행한 옥스퍼드대 고별 강연에서도 하워드는 동일한 이야기를 하고 있다. 'Structure and Process in History', *The Lessons of History*, p. 200.

84 Michael Howard, 'The Use and Abuse of Military History', *The Causes of Wars*, p. 188.

85 Ibid., pp. 189~190.

86 Ibid.

87 Ibid., p. 190; Kant, 'An Answer to the Question: What is Enlightenment?' *To Perpetual Peace and Other Essays*, p. 33(35). 하워드는 한발 더 나아가 이러한 구분을 자유국가와 독재국가의 차이로 간주한다.

88 Howard, 'The Use and Abuse of Military History', p. 191. 이에는 막대한 유명세와 초기 주요 연구에도 불구하고 존 키건 또한 속한다고 볼 수 있다. 참고로 인류사에 있어서 모든 전쟁을 가진 자와 가지지 못한 자 사이의 계급 대결로 성급히 특징짓는 1994년 사우스햄프턴대에서 행한 그의 연설을 보라. 'A Brief History of Warfare: Past, Present, Future'(The Sixth Wellingtonian Lecture).

89 Howard, 'The Use and Abuse of Military History', pp. 191~192.

90 Ibid., pp. 193~194.

91 계몽주의의 과학적인 세계관의 영향 아래에서 나타난 이러한 경향에 대해서는 Gat, *A History of Military Thought*, pp. 27~137를 보라.

92 Howard, 'The Use and Abuse of Military History', p. 195.

93 Ibid.

94 이와 관련하여 최근 전쟁사 연구에 대한 광범위한 고찰로는 Jeremy Black, *Rethinking Military History*(London and New York, 2004)를 보라. 오늘날 전쟁사 연구에 있어서 유럽중심주의와 군사 기술에 대한 맹신 그리고 전장에의 과도한 집착에 따른 문제와 한계를 지적하는 블랙의 백과사전적인 지식에 기초한 논의에 대한 비판적인 반론으로는 Mark Moyar, 'The Current State of Military History', *The Historical Journal*, Vol. 50, No. 1, pp. 225~240을 보라. 미국에서의 군사사 연구 경향에 대해서는 Robert M. Citino, 'Military Histories Old and New: A Reintroduction', *The American Historical Review*, Vol. 112, No. 4(2007), pp. 1070~1090을 참조하라.

95 Howard, 'The Use and Abuse of Military History', p. 195.

96 Ibid., pp. 195~196.

97 Ibid., p. 196.

98 Ibid. 하워드의 전쟁 문학 논의로는 'Military Experience in European Literature', *The Lessons of History*, pp. 177~187을 보라.

99 Howard, 'The Use and Abuse of Military History', p. 196.

100 Ibid.

101 Ibid., pp. 196~197.

102 Ibid., p. 197.

103 Ibid. 여기서 하워드는 스위스 역사학자인 야코프 부르크하르트(1818~1897)를 인용하고 있다. 하지만 이는 토머스 홉스(1588~1679)의 '자연상태state of nature'와 인간 본성에 대한 논의를 발전적으로 계승한 칸트의 '반사회적 사회성'을 핵으로 하는 역사 철학의 논지와도 정확히 일치한다. 예컨대, Kant, 'Idea for a Universal History with a Cosmopolitan Intent', pp. 29~40의 논의를 보라.

104 '전쟁 수행'과 '국가 형성'이라는 용어법에 대해서는 Charles Tilly, *Coercion, Capital, and European States, A. D. 990~1992*(Cambridge, Massachusetts, 1990), pp. 67~95; 'Reflections on the History of European State-Making', Chales Tilly, ed., *The Formation of National States in Western Europe*(Princeton, 1975), pp. 3~83을 참조

하라. 이에 대한 비판적 검토로는 Benno Tescke, 'Revisiting the "War–Makes–States" Thesis: War, Taxation and Social Property Relations in Early Modern Europe', *War, the State and International law in Seventeenth–Century Europe*, Olaf Asbach and Peter Schröder, eds.(Farnham, Surrey, 2010), pp. 35~62.

105 영어권 연구로는 Samuel E. Finer, 'State– and Nation–Building in Europe: The Role of the Military', *The Formation of National States in Western Europe*, pp. 84~163와 William H. McNeil, *The Pursuit of Power: Technology, Armed Force, and Society since AD 1000*(Chicago, 1984)를 참조하라.

106 Hans Delbrück, *Geschichte der Kriegskunst im Rahmen der politischen Geschichte*, 4 Vols.(Berlin, 1920~1924). 델브뤼크의 전쟁사 연구에 대한 소개로는 Arden Bucholz, 'Hans Delbrück and Modern Military History', *The Historian*, Vol. 55, No. 3(1993), pp. 517~526을 참조하라. 마이클 하워드와 마찬가지로 부숄츠 역시 크레이그의 선구자적인 연구를 통해 델브뤼크의 연구를 처음으로 만나게 된다. 크레이그의 글은 하워드가 후일 다시 편집한 에드워드 미드 얼의 책에 처음으로 실렸다. Gordon Craig, 'Delbrück, the Military Historian', *Makers of Modern Strategy*, ed. Edward Mead Earle(Princeton, 1943), pp. 270~287.

107 Eliot A. Cohen, 'Book Review', *Journal of Cold War Studies*, Vol. 12, No. 4(2010), pp. 181~182; Reid, 'Michael Howard and the Evolution of Modern War Studies', pp. 877~878.

108 하워드의 뒤의 책은 1983년 옥스퍼드대 출판부의 유명한 '짧은 소개A Very Short Introduction' 시리즈의 하나로 나왔으며, 클라우제비츠의 군사 사상과 그 역사적 배경에 대한 가장 뛰어난 소개서로 널리 인정받고 있다. 이하 클라우제비츠 군사 사상에 대한 논의는 하워드의 소개서와 파렛의 'The Genesis of *On War*', Carl von Clausewitz, *On War*, pp. 3~25를 바탕으로 한다. 이 둘의 번역서가 등장하기 전까지 클라우제비츠의 군사 사상에 대한 연구 목록은 Peter Paret, 'Clausewitz: A Bibliographical Survey', *World Politics*, Vol. 17, No. 2(1965), pp. 272~285를 참조하라. 근래에 주목할 만한 클라우제비츠의 『전쟁론』에 관한 연구로는 마이클 하워드에 이어 옥스퍼드대에서 치첼리 교수로 재직하고 있는 스트라찬의 *Clausewitz's On War: A Biography*(New York, 2007)와 그가 편집에 참여한 Hew Strachan & Andreas Herberg–Rothe, eds., *Clausewitz in the Twenty–First Century*(Oxford, 2007)가 있다.

109 Howard, *Clausewitz*, p. 5.

110 샤른호르스트의 지적 영향에 대해서는, Ibid., pp. 7~8, 17~20을 보라. 더 자세한 사항은 피터 파렛의 책, *Clausewitz and the State*를 참고하라.

111 프랑스 혁명 전쟁과 연이은 나폴레옹 전쟁이 프러시아에 미친 정치적 영향에 대해서는 Brendan Simms, *The Struggle for Mastery in Germany, 1779−1850*(Cambridge, 1998), pp. 54~104를 참조하라. 국민 총동원령과 프랑스 국민국가의 등장에 대해서는 T. C. W. Blanning, *The French Revolutionary Wars, 1787−1802*(London, 1996), pp. 37~105를 보라.

112 클라우제비츠는 샤른호르스트를 '정신적인 아버지'로 존경했지만, 후자의 저서에서 보이는 조미니 류의 전투 교범 도출을 목적으로 하는 연구 방법은 따르지 않았다. Gerhard von Scharnhorst, *Militärisches Taschenbuch zum Gebrauch im Felde*(Hanover, 1792)와 비교하라. 클라우제비츠에 따르면, "전쟁은 기술과 과학의 영역에 속하지 않는다. 전쟁은 오히려 인간의 사회적 존재의 한 부분"이다. 이에 클라우제비츠는 이해관계의 충돌이라는 측면에서 "전쟁은 상업 행위와 유사하다"고 말하고 있다. Clausewitz, *On War*, p. 149(Book 2, Chapter 3).

113 요르크 장군의 투항과 프러시아 민족 운동에 대해서는 파렛의 *Yorck and the Era of the Prussian Reform*을 참조하라.

114 이 직위는 행정직이었으며, 이에 클라우제비츠는 자신의 교육관에 따라 생도들을 교육시킬 수 없었다. Howard, *Clausewitz*, pp. 10~11.

115 Ibid., p. 36.

116 Ibid., pp. 38~39.

117 Howard, *Clausewitz*, pp. 70~77. 이와 같은 편견에 휩싸인 해석의 단적인 예로는 1993년에 출판된 키건의 *A History of Warfare*를 들 수 있다. 특히 이 책 pp. 18~22, 46~47을 보라. 이 책에 대한 하워드의 서평은 'To the Ruthless belong the Spoils', *The New York Times Book Review*(14 November 1993).

118 참고로 Clausewitz, *On War*, pp. 603~610(Book 8, Chapter 6)의 논의를 보라.

119 Howard, 'Europe on the Eve of the First World War', *The Lessons of History*, p. 115.

120 Clausewitz, *On War*, p. 89; Howard, *Clausewitz*, pp. 76~77.

121 Howard, 'Europe on the Eve of the First World War', pp. 113~126. 이 글에서 하워드는 유럽 주요 국가의 외교 정책과 군사 전략 그리고 여론에 대한 분석을 통해 제1차 세계대전의 원인과 과정에 대한 다층적인 분석을 하고 있다. 더 심층적인 논의로는 Howard, *The*

First World War를 참조하라.

122 *Foreign Affairs*(Summer 1979). 이 논문은 Michael Howard, 'The Forgotten Dimensions of Strategy', *The Causes of Wars*, pp. 101~115에 그대로 다시 실렸다.

123 Ibid., pp. 114~115.

124 Ibid., pp. 101~104.

125 Clausewitz, *On War*, p. 177(Book 3, Chapter 1).

126 Howard, 'The Forgotten Dimensions of Strategy', p. 102. 물론 이는 조미니의 교훈 도출을 중심으로 하는 작전 분석의 영향이기도 하다. Howard, *Clausewitz*, p. 63.

127 Howard, 'The Forgotten Dimensions of Strategy', p. 103.

128 이 점에서 클라우제비츠의 『전쟁론』을 군사 분야에 있어 필독서로 만든 이가 보불 전쟁에서 독일의 승리의 발판을 마련했던 몰트케라는 사실은 상당히 역설적이다. 물론 몰트케의 클라우제비츠의 『전쟁론』 이해는 상당히 피상적이고 선택적이었다. Howard, *Clausewitz*, pp. 62~65.

129 Howard, 'The Forgotten Dimensions of Strategy', pp. 104~107.

130 Ibid., pp. 103~104.

131 Ibid., pp. 106~109.

132 Ibid., pp. 107~109. 이러한 측면에서 하워드는 제2차 세계대전 이후 식민지 지배를 겪은 제3세계에서의 전쟁에 있어서는 마오쩌둥(1893~1976)을 위시한 마르크스주의 전략가들이 한층 더 뛰어난 분석력을 보여주었다고 지적한다. 참고로 근래 마르크스주의적인 입장에서 '전쟁과 사회'의 관계를 분석하는 학자로는 단연 서식스대의 마틴 쇼를 꼽을 수 있다. www.martinshaw.org를 참조하라.

133 Howard, 'The Forgotten Dimensions of Strategy', pp. 112~115. 기술 중심의 핵전략에 대한 하워드의 비판은 Howard, 'The Relevance of Traditional Strategy', *The Causes of War*, pp. 85~100을 보라.

134 Howard, *Clausewitz*, pp. 25~27.

135 Clausewitz, *On War*, p. 483.

136 John Keegan, *The Face of Battle: A Study of Agincourt, Waterloo and the Somme*(London, 1976), p. 62. 1980년대 후반 마이클 만의 역사사회학 연구, 특히 *The Sources of Social Power*, 2 Vols.(Cambridge, 1986 & 1993)에 의해 다시금 논쟁이 되었던 이 주제에 대한 명쾌한 정리로는 Hans Joas, 'Is There a Militarist Tradition in Sociology?' *War and Modernity*, trans. Rodney Livingstone(Cambridge, 2003), pp.

141~162를 참조하라.

137 Keegan, *The Face of Battle*, p. 56.

138 이에 대해서는 특히 하워드의 강권정치Machtpolitik 개념에 대한 분석을 참조할 필요가 있다. Howard, 'Prussia in European History', *The Lessons of History*, pp. 49~62. 또한 Howard, 'The Influence of *On War*', p. 44를 보라.

139 Michael Howard, 'War against Terrorism(October 2000)', *Liberation or Catastrophe*? p. 175.

140 Ibid.

141 Ibid.

142 Ibid., p. 178.

143 Ibid., p. 175.

144 분명 '테러와의 전쟁'은 '범죄와의 전쟁'이나 '마약과의 전쟁'과 유사한 의미로 사용되었다. 하지만 하워드는 범죄자들이나 마약상들과는 달리 테러리스트들의 활동은, 후술하겠지만, 해당 지역 혹은 집단의 합당한 애환에 근거한다는 점에서 중대한 차이가 있다고 지적하고 있다. Ibid., p. 177.

145 Ibid., pp. 175~176.

146 Ibid., p. 175.

147 Ibid., p. 176.

148 Ibid., p. 179.

149 Michael Howard, 'September 11 and After(February 2002)', *Liberation or Catastrophe*? pp. 181~190. 이 논문은 런던대에서 행한 강연이다.

150 Howard, 'War against Terrorism', p. 177.

151 하워드는 지역민들의 '마음을 얻기 위한 싸움battle for hearts and minds'이라는 용어가 이 과정 중 만들어졌다는 사실을 강조한다. Ibid.

152 말레이 사태에 대한 자세한 소개로는 Robert Jackson, *The Malayan Emergency and Indonesian Confrontation: The Commonwealth's Wars, 1948~1966*(London, 1991)을 보라.

153 Howard, 'September 11 and After', pp. 184~188.

154 『평화의 발명』, pp. 115~139.

155 Ibid., p. 126.

156 Michael Howard, 'September 11 and After', pp. 184~187. 이 논문은 2002년 2월

런던대에서 행한 강연록이다.

157 '이중 혁명'에 대해서는 Eric Hobsbawm, *The Age of Revolution, 1789–1848*(New York, 1996)을 참고하라. '이중 혁명'의 전파를 둘러싼 여러 문제를 간명히 논한 책으로는 뉴욕에서의 테러 직후 출간된 Bernard Lewis, *What Went Wrong?: Western Impact and Middle Eastern Response*(London, 2002)를 꼽을 수 있다.

158 『평화의 발명』, pp. 118~119.

159 Ibid., p. 119와 같은 책에 실린 '후기: 전쟁의 재발명', p. 141.

160 Samuel Huntington, 'The Clash of Civilisations?' *Foreign Affairs*(Summer 1993); *The Clash of Civilisations and the Remaking of World Order*(New York, 1996); 『평화의 발명』, p. 148.

161 Michael Howard, 'The Enlightenment and Its Enemies: Reflections at the Close of the Twentieth Century', *Liberation or Catastrophe?* pp. 10~11. 이 논문은 1998년 옥스퍼드대, 세인트 에드먼드 홀 칼리지에서 행한 '엠덴Emden 강연'이다.

162 Ibid., pp. 3~10; 'September 11 and After', pp. 183~185.

163 Edward W. Said, 'The Clash of Ignorance', *The Nation*(4 October, 2001); *Orientalism*(London, 1978).

164 이러한 주장은 식민지 팽창에 있어 기술이 아니라 헌신의 역할을 강조한 1984년 글에서도 찾아볼 수 있다. Howard, 'The Military Factor in European Expansion', pp. 33~42.

165 '후기: 전쟁의 재발명', p. 150.

166 Ibid., pp. 151~152.

167 Michael Howard, 'Keeping Order in a Global Society: Pax Americana or Global Policing?', *Liberation or Catastrophe?* pp. 191~198을 보라. 이 논문은 2003년 6월 '스위스 국제문제연구소Swiss Institute for International Studies'에서의 강연록이다.

168 '후기: 전쟁의 재발명', p. 150.

169 Michael Howard, 'Ideology and International Relations', *Review of International Studies*, 15(1989), pp. 1~10. 참고로 1916년부터 1936년까지 20년 동안 영국 외무성에서 일한 카는 애버리스트위드 소재 웨일스대에 1936년부터 1947년까지 우드로 윌슨 국제정치 담당 교수로 재직했으며, 그곳에서 오늘날 고전적 현실주의 전통의 고전이 된 *The Twenty Years' Crisis, 1919~1939: An Introduction to the Study of International Relations*(London, 1939)을 내놓았다.

170 Howard, 'Ideology and International Relations', p. 9. 탈냉전과 지구화에 따른 전통

적인 국가 체제의 재편과 와해에 주목하여 장밋빛 미래를 제시하는 최근 일련의 논자들에 비해 하워드는 극히 신중한 자세를 취하고 있다. 하워드는 전쟁과 평화의 문제를 비롯한 대부분의 국제정치의 문제는 여전히 근대 국민 국가에 의해 다루어지고 있다는 사실을 명심해야 한다고 조언한다. 또한 하워드는 정치적인 권위 소재의 급속한 변화는 오히려 엄청난 혼란을 초래할 수 있다고 경고한다. 이에 대한 자세한 논의로는 『평화의 발명』, pp. 115~139를 보라.

171 Howard, 'Ideology and International Relations', p. 9. 바로 이러한 점에서 '영국학파'의 입장은 구성주의constructivism 국제정치이론과 더 부합될 여지가 있다. 구성주의 국제정치이론과 그 적용에 대해서는 Alexander Wendt, *Social Theory of International Politics*(Cambridge, 1999); Peter J. Katzenstein, ed., *The Culture of National Security: Norms and Identity in World Politics*(New York, 1996)을 참조하라. '영국학파'와 구성주의 국제정치이론에 대한 자세한 논의는 하워드의 『전쟁과 자유주의 양심』의 번역본 '옮긴이 글'에서 다루기로 한다.

172 Howard, 'Ideology and International Relations', p. 9.

173 Ibid.

174 Ibid.

175 Ibid.

176 Ibid.

177 Ibid.

178 『평화의 발명』, p. 139.

──────────── ㅈ ────────────

유럽사 속의 전쟁

1판 1쇄	2015년 6월 10일
1판 7쇄	2023년 2월 17일

지은이	마이클 하워드
옮긴이	안두환
펴낸이	강성민
편집장	이은혜
마케팅	정민호 이숙재 박치우 한민아 이민경 박진희 정경주 정유선 김수인
브랜딩	함유지 함근아 박민재 김희숙 고보미 정승민
제작	강신은 김동욱 임현식
독자 모니터링	황치영

펴낸곳	(주)글항아리	출판등록 2009년 1월 19일 제406-2009-000002호
주소	10881 경기도 파주시 회동길 210
전자우편	bookpot@hanmail.net
전화번호	031-955-1936(편집부) 031-955-2689(마케팅)
팩스	031-955-2557

ISBN	978-89-6735-219-6 93900

* 이 논문 또는 저서는 2013년 정부(교육부)의 재원으로 한국연구재단의 지원을 받아 수행된 연구임(NRF-2013S1A3A2053683).
* 이 책에 실린 사진 중 저작권 협의를 거치지 못한 것은 추후 게재 허락 절차를 밟고 사용료를 지불하겠습니다.

geulhangari.com